Dany Eschenbüscher

Natürliche DEKO

Blumige DIY-Ideen
regional · saisonal · nachhaltig

BLOOM's

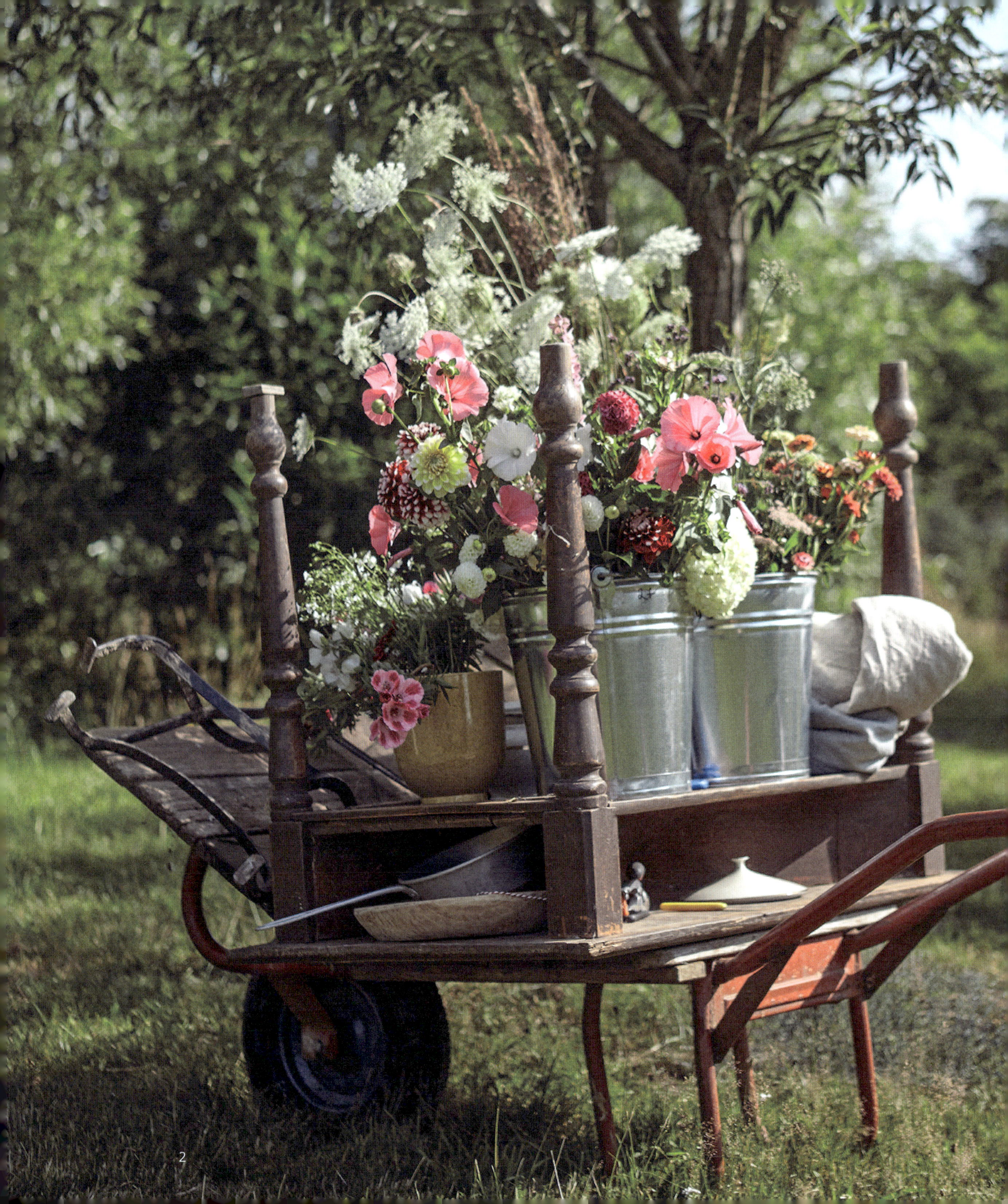

Ihr möchtet plastikfrei, regional, saisonal und insgesamt nachhaltig dekorieren? Euer perfektes Werkstück besteht aus ökologisch angebauten Blumen und Naturmaterialien, aus dem eigenen Blumenfeld, Garten oder vom Flowerfarmer in Eurer Nähe? Die Blumen, für die Ihr Euch entscheidet, sind frei von Pestiziden, immer jahreszeitlich passend und die Hilfsmittel, die Ihr bei der Gestaltung benötigt, sind ohne Kunststoff und können wieder verwendet werden – vielleicht sind es sogar Upcyclingmaterialien?

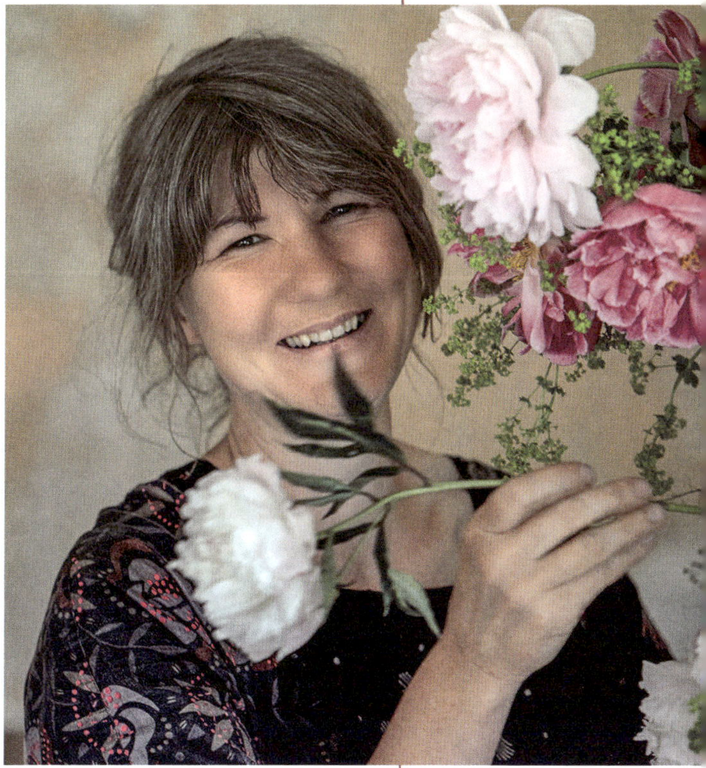

Wusstet Ihr, dass Steckschaum sich zu Mikroplastik zersetzt und zum Kleben heißer Kunststoff benutzt wird? Ist es natürlich, wenn Pflanzen gebleicht werden? Entsprechen künstlich eingefärbte Pflanzen dem Prinzip von Nachhaltigkeit?

In diesem Buch versuche ich mit meinen Ideen, Antworten auf diese Fragen zu geben. Denn ich habe mich entschieden, dass ich in meiner Werkstatt, dem „WerkRaumNatur“, Schritt für Schritt eine nachhaltige Floristik entwickeln möchte.

So übe ich mich selbst im naturbelassenen Anbau von Blumen und bin glücklich, dass ich darüber hinaus von Flowerfarmen, die zum Beispiel der „Slowflower-Bewegung“ (siehe Seite 15) angehören, biologisch angebaute Blumen und Pflanzen beziehen kann. Mein dauerhaftes Ziel ist es, im „WerkRaumNatur“ eine Floristik zu entwickeln, die dem Anspruch einer ökologisch wertvollen Arbeitsweise und Ästhetik entspricht.

Ich hoffe, Ihr werdet in diesem Buch fündig und begleitet mich auf meinem eigenen Weg zu einer nachhaltigen Floristik und bekommt viele neue Ideen und Anregungen.

Eure Dany

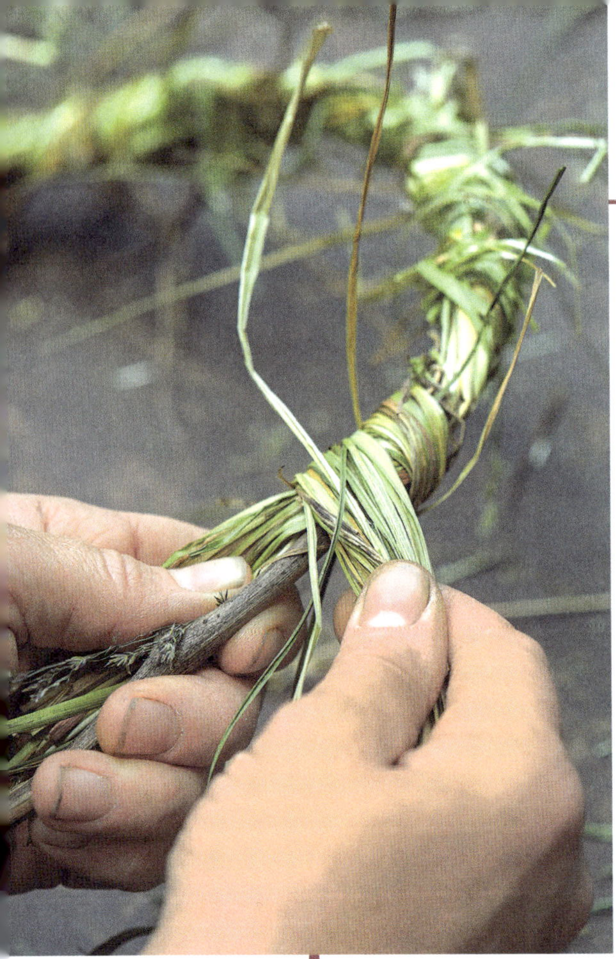

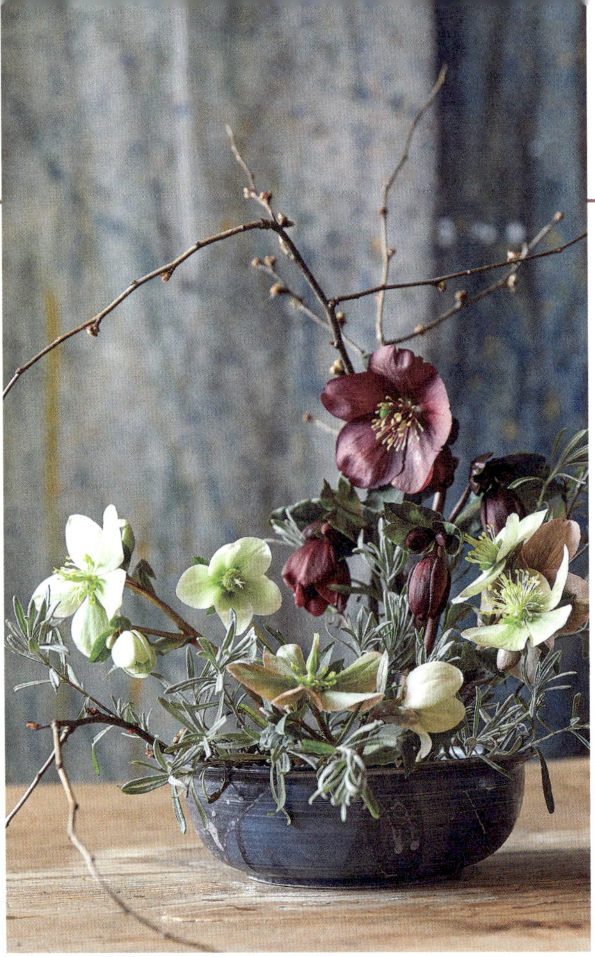

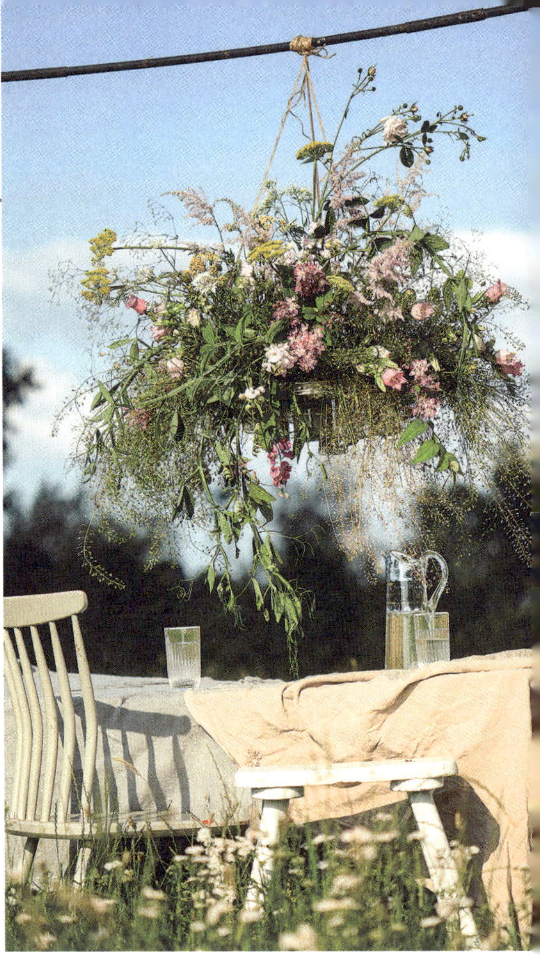

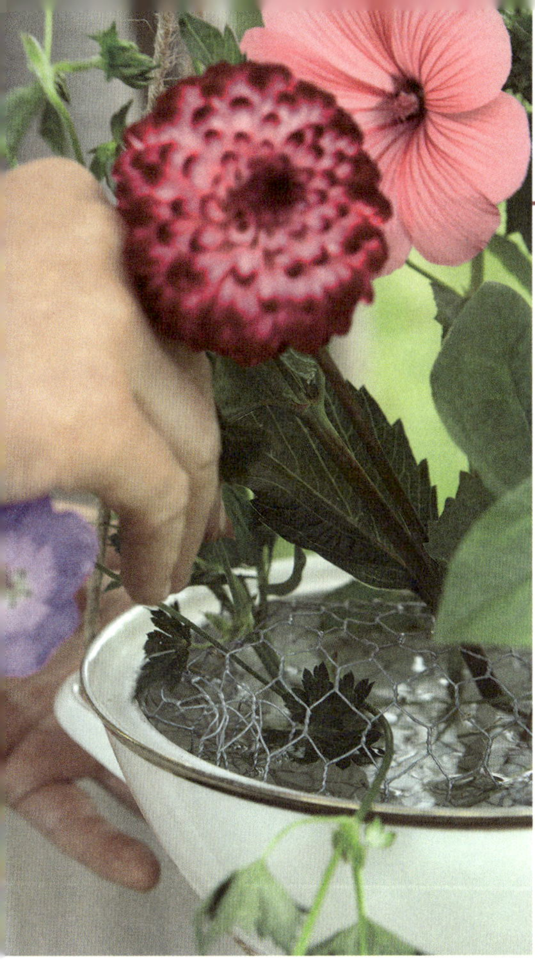
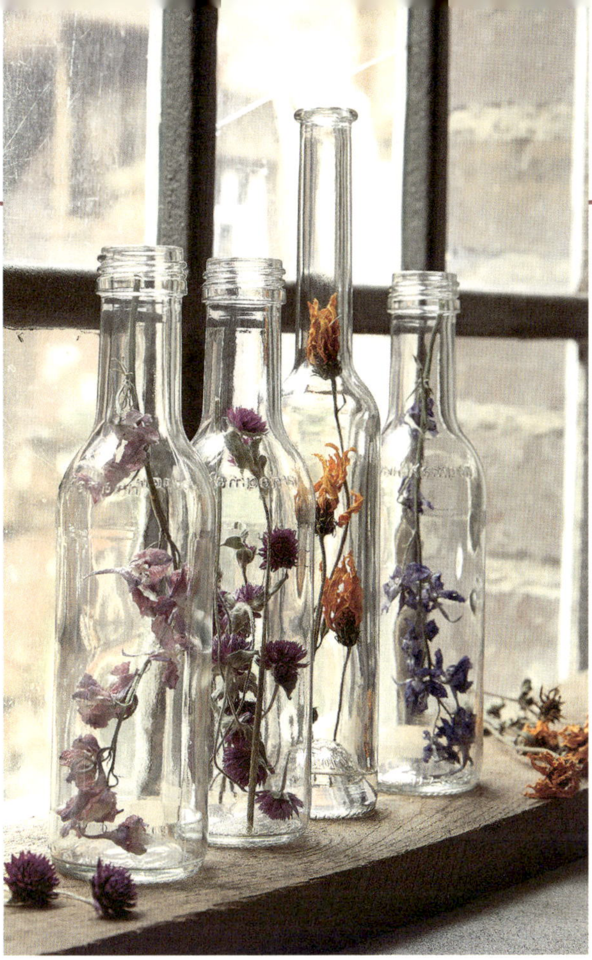
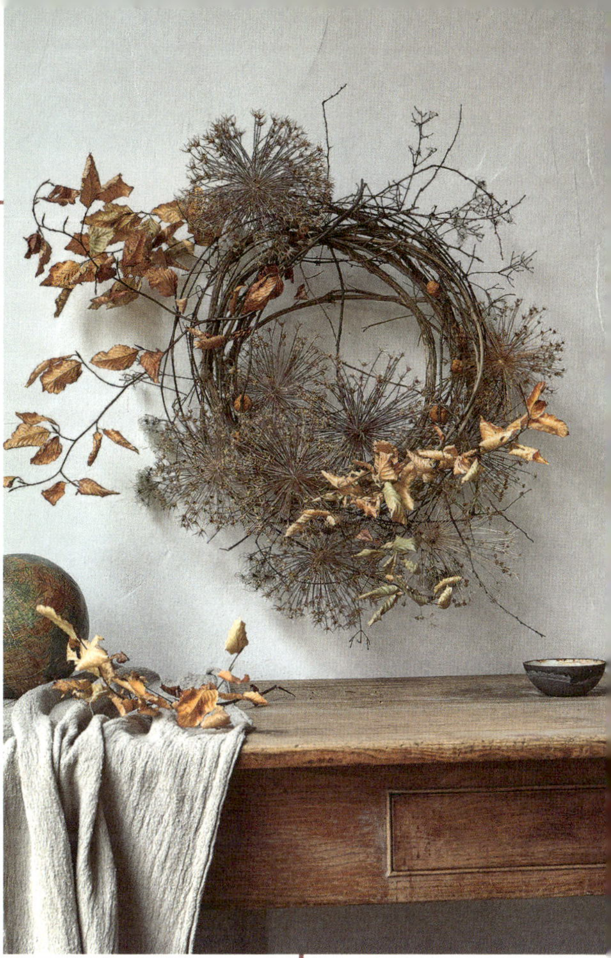

Habt Ihr weitere Tipps, um natürlich und nachhaltig zu dekorieren? Ich freue mich über Eure Ideen und Anregungen. Schreibt mir gerne – entweder über das Kontaktformular im Internet unter www.werk-raum-natur.de oder bei Instagram an @werkraumnatur

Auf den folgenden Seiten gebe ich Euch zahlreiche *Tipps,* wie Ihr verschiedene Materialien nutzen könnt, welche Hilfsmittel in meiner Werkstatt immer vorhanden sind und wie ich diese einsetze, um mit ihnen neue Dekorationen zu gestalten.

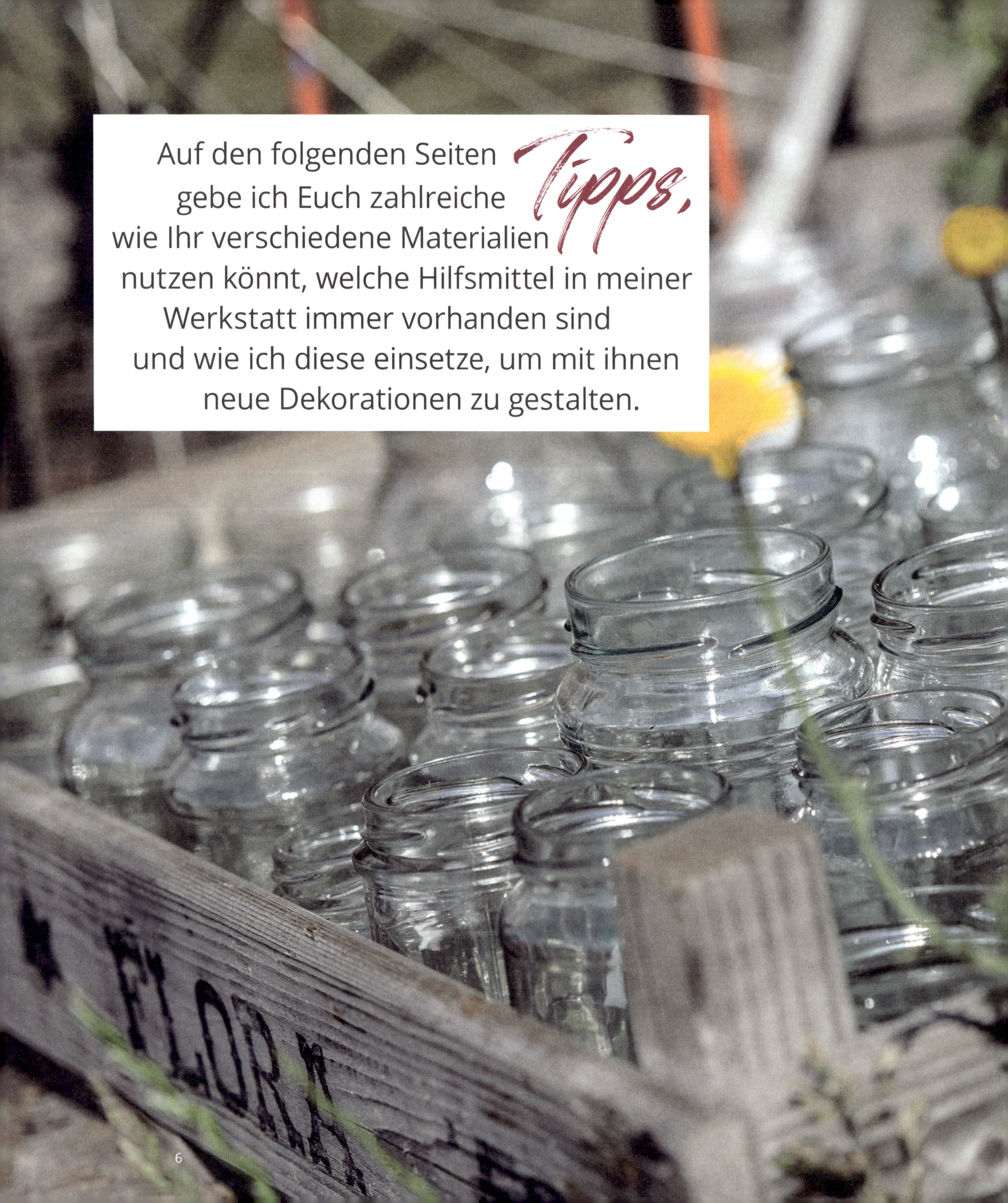

Es lohnt sich immer, ein paar **Einmachgläser und Flaschen** in verschiedenen Größen und Variationen aufzubewahren. Ob pur oder ummantelt, sie eignen sich hervorragend als alternative Wasserspeicher für Blumenarrangements. Noch dazu lassen sie sich in verschiedene Dekorationen einarbeiten und halten dabei die Blüten nicht nur frisch, sondern geben ihnen auch Halt.

Blaugeglühter Steck- oder Stützdraht wird in der Floristik eingesetzt, um Schnittblumen und Schnittgrün zu stützen oder um Materialien aneinander zu befestigen. Es gibt die Drähte in unterschiedlichen Stärken und Längen. Zudem sind sie magnetisch, bestehen aus Eisen und sind besonders stabil, aber gleichzeitig auch sehr biegsam. Allerdings rostet das Material, wenn es feucht wird, und zerfällt dann nach einiger Zeit. Das hat den Vorteil, dass blaugeglühter Draht irgendwann verrottet. Ich nutze diese Drähte schon seit vielen Jahren und gestalte damit Dekorationen wie Ornamente, Blumen, Schalen, Insekten und alle möglichen Figuren in Kombination mit Wickeldraht.

Ich verzichte bei meinen Dekorationen mehr und mehr auf Heißkleber und bin daher immer auf der Suche nach Alternativen, um Materialien und Floralien aneinander zu fixieren. Um Trockenblumen aneinander zu kleben, wie zum Beispiel auf den Seiten 124 bis 127, nutze ich den **Papierkleber** Coccoina. Er besteht aus Kartoffelstärke, ist frei von Lösungsmitteln und zudem wasserlöslich. Er lässt sich ganz einfach mithilfe eines Pinsels auftragen.

Wenn Kerzen auf Holz, Metall, Porzellan oder Glas befestigt werden sollen, greife ich auf **Klebewachs** zurück. Es besteht zu 100 Prozent aus Bienenwachs. Übrigens kann man es auch zur Befestigung von Trockenblumen verwenden.

Auch **Nähgarn** eignet sich gut, wenn Materialien zusammengefügt werden sollen. Ich nutze Nähgarn aus Naturfasern. Es ist vielseitig einsetzbar und es lässt sich nach Gebrauch in Kombination mit Naturmaterialien einfach auf dem Kompost entsorgen.

Kerzenreste, die von Windlichtern, Adventskränzen oder Teelichtern übrig bleiben, oder aber Kerzen, die falsch gelagert wurden und dadurch aus der Form geraten sind, werden bei mir immer aufbewahrt. Dabei sortiere ich sie in meinen Kisten nach Farben. So kann ich, wenn genügend Reste zusammengekommen sind, sie einschmelzen und neue Kerzen ziehen oder sie als Bestandteil für neue Kreationen nutzen, wie zum Beispiel bei den Ideen auf den Seiten 128 bis 133.

MEIN TIPP:

Generell versuche ich bei allen Arbeiten, anfallende Reste aufzubewahren und sie später weiter zu verwenden. Aus Papierresten lassen sich zum Beispiel Schalen (S. 108/109) anfertigen und aus Packpapier zum Beispiel Boote (S. 104/105).

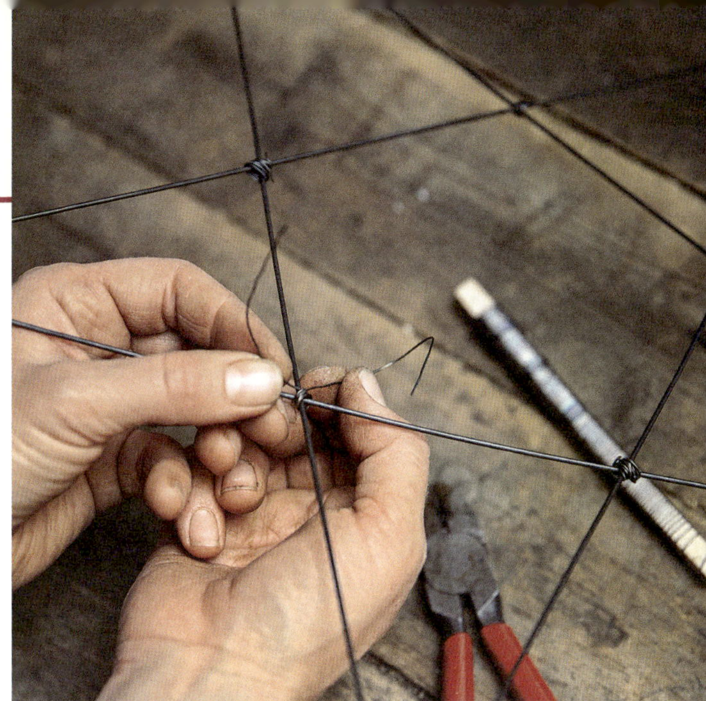

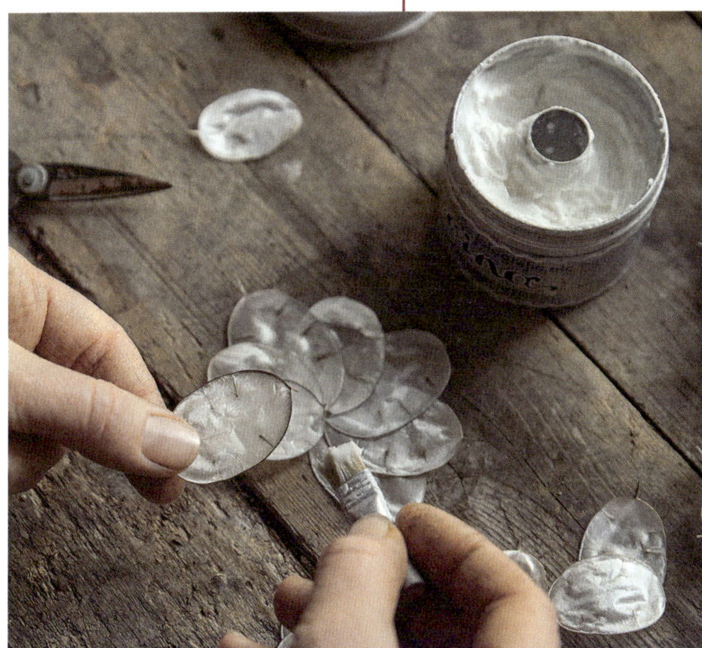

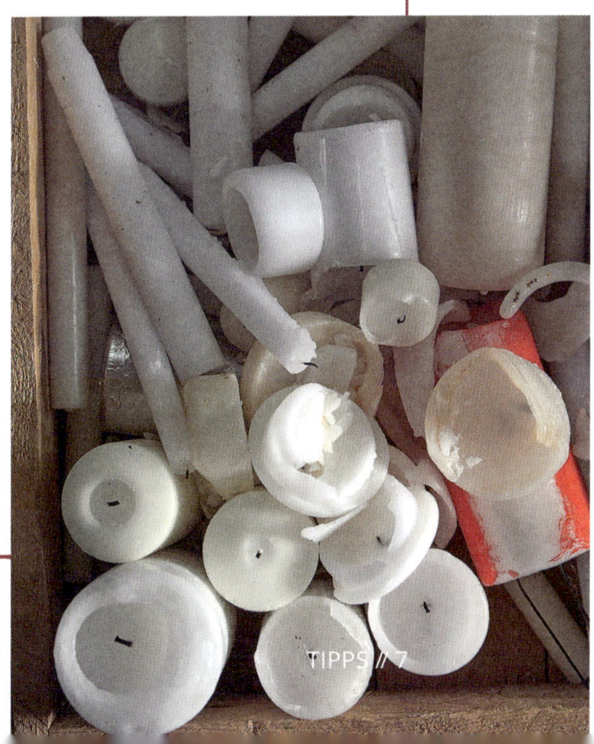

Alternative STECKHILFEN

Steckhilfen sorgen dafür, dass Blüten, Zweige und Gräser innerhalb einer Dekoration an Ort und Stelle gehalten werden. Oft werden dafür Frischblumen- oder Trockenblumensteckschaum verwendet. Dieser zersetzt sich bei der Verwendung aber zu Mikroplastik. Um die Umwelt nicht zusätzlich zu belasten, habe ich mich entschieden, auf diese Bestandteile zu verzichten und setze Alternativen ein.

Deko-Ideen zu dieser Technik findet Ihr auf den Seiten 26–29, 38–41, 46/47 und 52/53

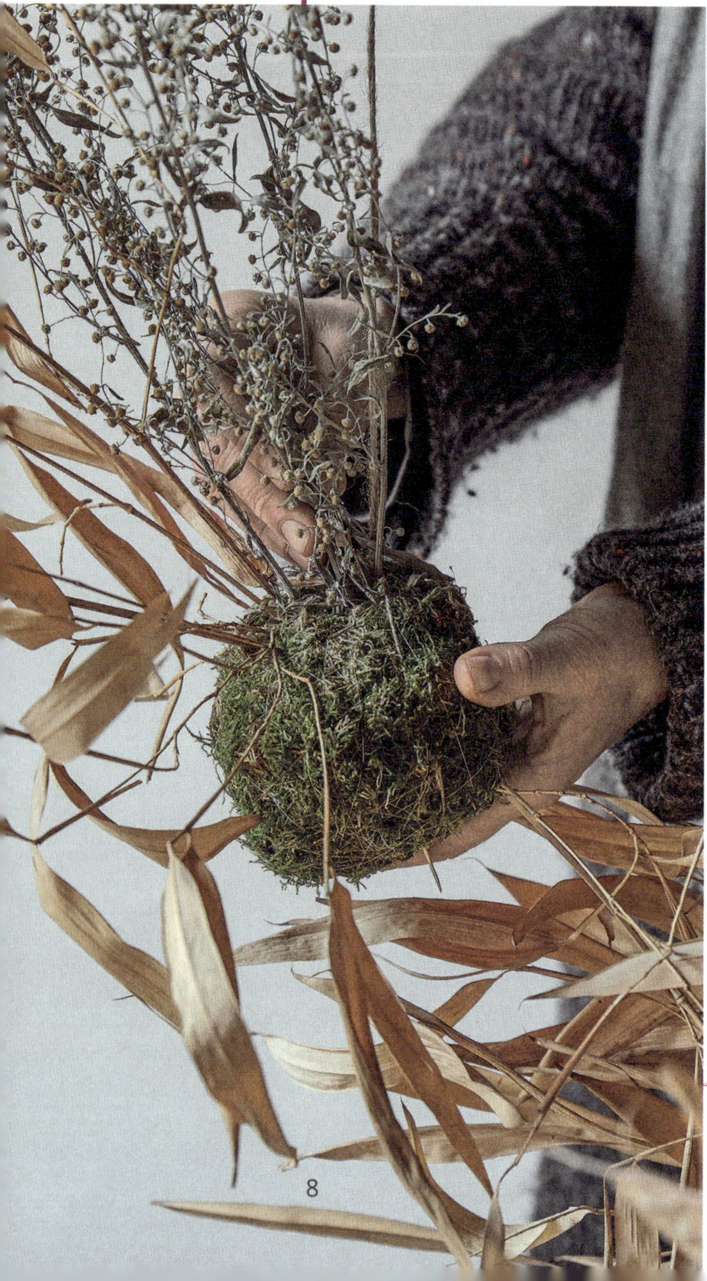

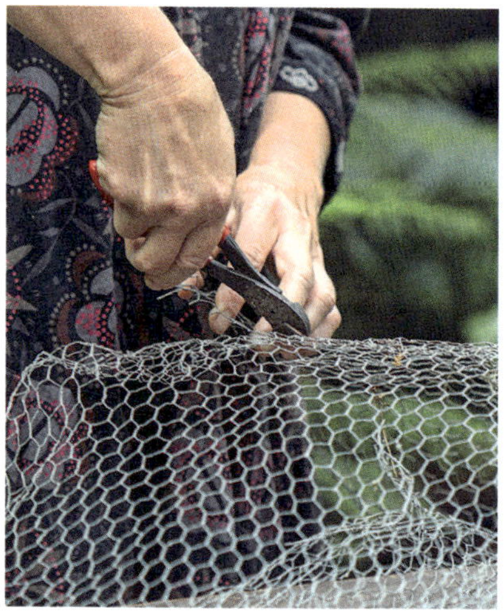

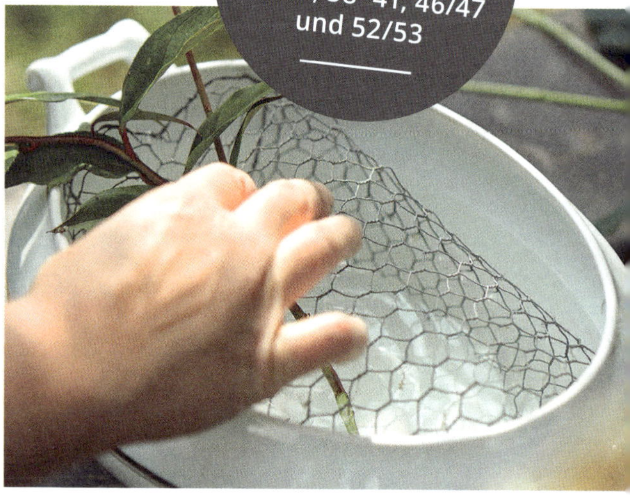

Beim Aufräumen im Garten von Freunden habe ich ein Stück altes **Drahtgeflecht** ergattert. Dieser Fund lässt sich hervorragend upcyceln und wird zu einer perfekten, alternativen Steckhilfe für Schnittblumen-Arrangements. Außerdem lässt sich dieser Draht immer wieder verwenden. Wer kein Drahtgeflecht zur Hand hat, kann es beim Eisenwarenhändler um die Ecke kaufen oder findet es gebraucht bei einem der vielen Online-Flohmärkte. Je nachdem wofür es verwendet werden soll, kann es mithilfe eines Seitenschneiders zugeschnitten werden. Es wird dann entweder in einem Gefäß platziert oder um dieses herum arrangiert, bevor Blüten hinzukommen. Diese finden in den engen Maschen Halt und bleiben so in Form.

Als Alternative zum Trockenblumensteckschaum nehme ich gerne **Moos.** Mit Nähgarn forme ich dieses zu Kugeln oder zu anderen Formen, je nachdem, wofür ich es gerade einsetzen möchte. Achtet darauf, dass Ihr nur gut getrocknete Blumen verwendet, sonst kann sich Schimmel bilden. Übrigens: Statt Moos eignen sich auch Heu oder trockenes Laub.

Der **Kenzan** wird auch Steckigel genannt und traditionell beim Ikebana, der japanischen Kunst des Blumensteckens, verwendet. Er dient dem Fixieren von Blumen. Es gibt die recht schwere Basis mit den spitzen, aufgerichteten Stacheln in vielen verschiedenen Größen und Gewichten.

In meiner Werkstatt ist er als alternative Steckhilfe nicht mehr wegzudenken. Will man ein Gesteck erstellen, kann der Steckigel in der Schale platziert und mit Wasser bedeckt werden. Dann werden die einzelnen Stiele der Blüten sowie Zweige aufgepiekst.

Aber Vorsicht: Je nachdem wie die Blumen eingesteckt werden, kann es passieren, dass der Kenzan aus dem Gleichgewicht gerät und umfällt. Beschwert man ihn beispielsweise mit Steinen, hat er mehr Halt und wird außerdem dadurch kaschiert.

Deko-Idee auf den Seiten 48–51

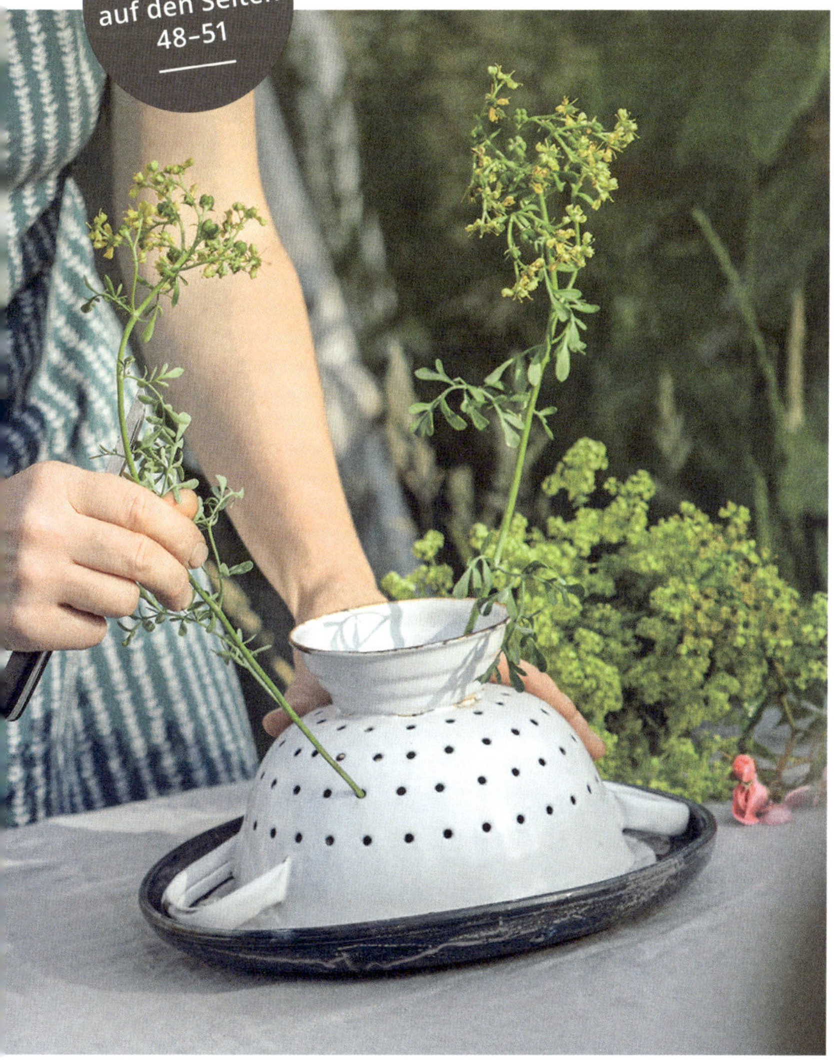

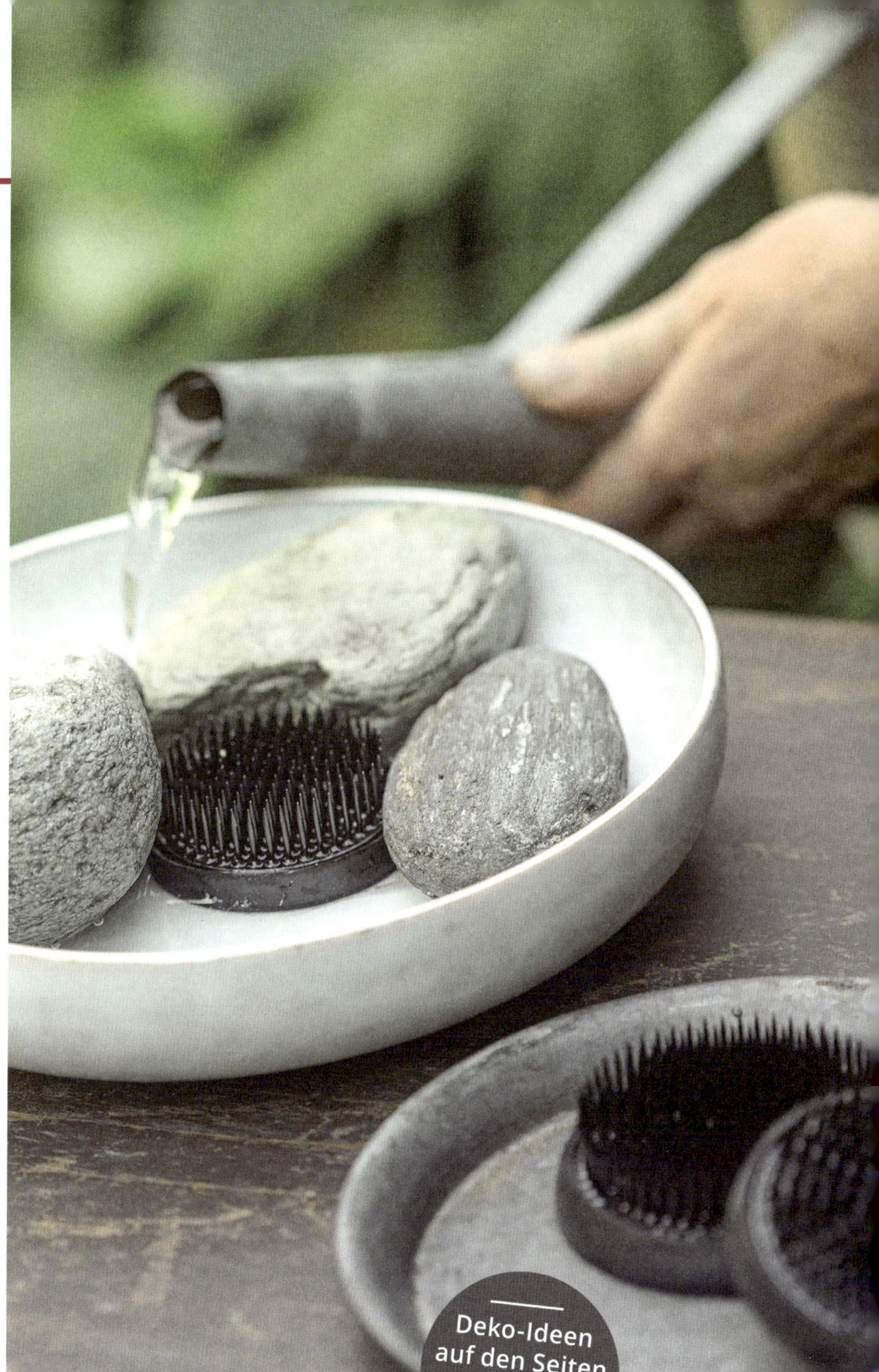

Deko-Ideen auf den Seiten 18/19 und 42/43

Auch **Alltagsgegenstände,** wie zum Beispiel ein Sieb, können ganz einfach zu Steckhilfen umfunktioniert werden. Schaut Euch zuhause mal um! Ihr werdet mit Sicherheit das eine oder andere Produkt finden, das Ihr verwendet könnt.

Färben MIT PFLANZEN

Die Natur liefert uns durch das Färben mit Pflanzen die schönsten Nuancen. Deshalb färbe ich manche meiner Bänder selber, um an diese besonderen Töne zu kommen.

Deko-Ideen zu dieser Technik findet Ihr auf den Seiten 22–25 und 92/93.

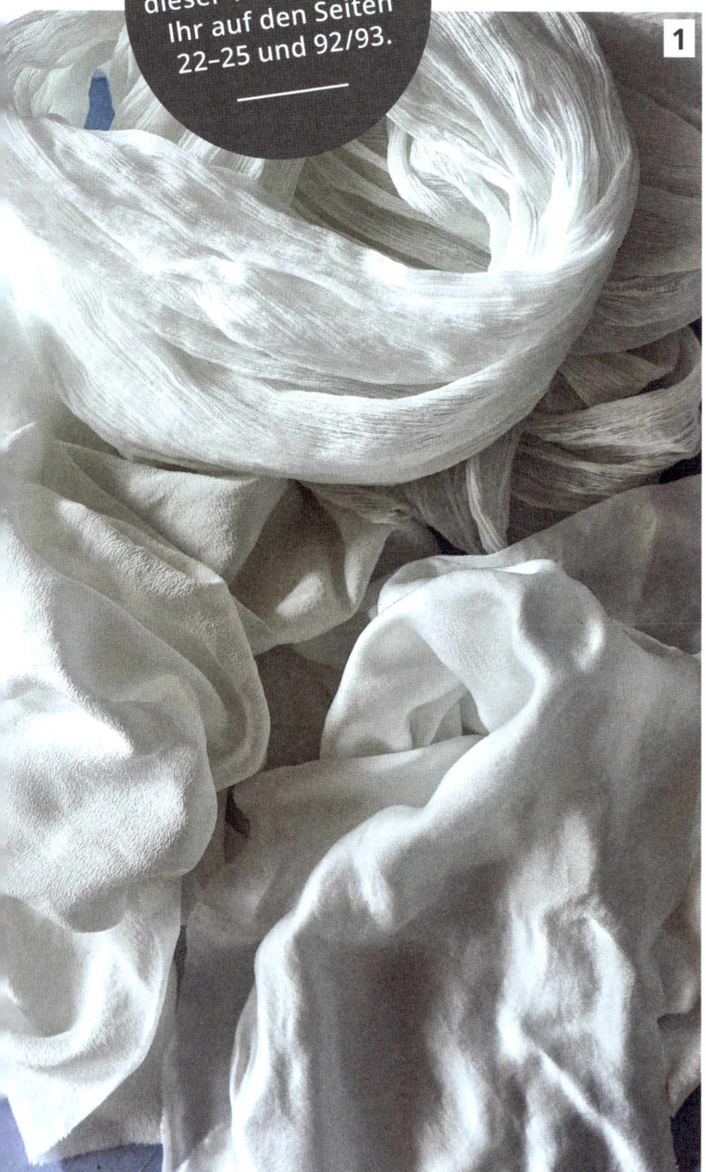

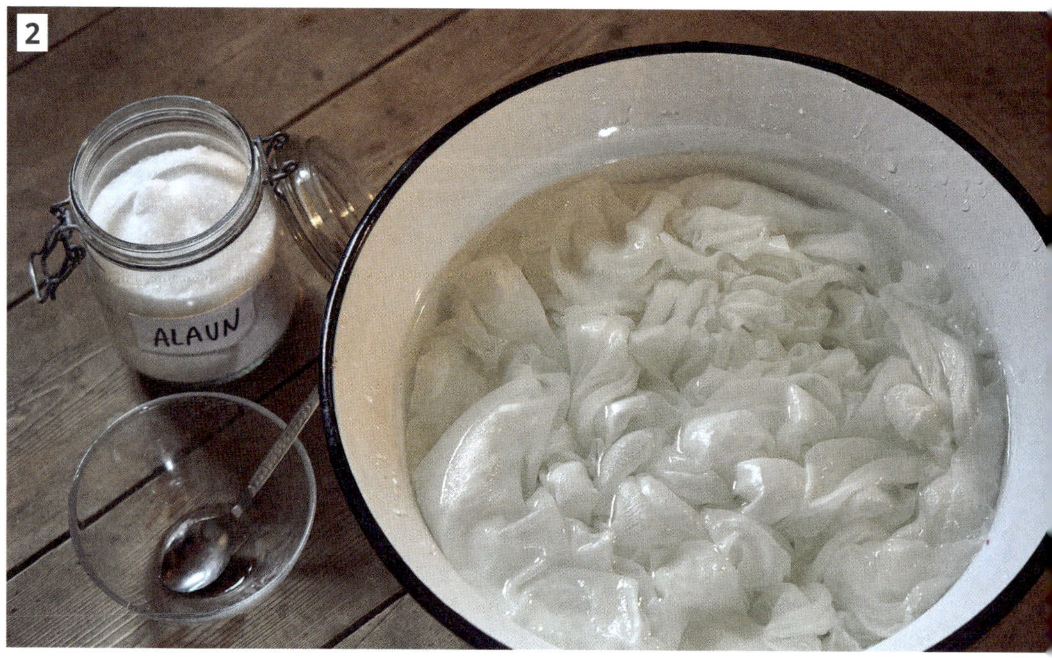

VORBEREITUNG DES MATERIALS:

1 Zunächst benötigt Ihr feine, naturbelassene Seide in Weiß. Diese bei maximal 30 Grad mit Neutralseife von Hand waschen. Danach sehr gründlich mit klarem Wasser ausspülen und trocknen lassen.

2 Dann für 100 Gramm trockene Seide 10 bis 15 Gramm Alaun, ein Tonerdesalz, in warmem Wasser komplett auflösen. Danach in eine Schüssel mit kaltem Wasser geben und die Seide hinzufügen. Diese über Nacht in dieser Lösung einweichen lassen. Im Anschluss gründlich mit klarem Wasser ausspülen. Nun ist das Textil für den weiteren Färbeprozess vorbereitet.

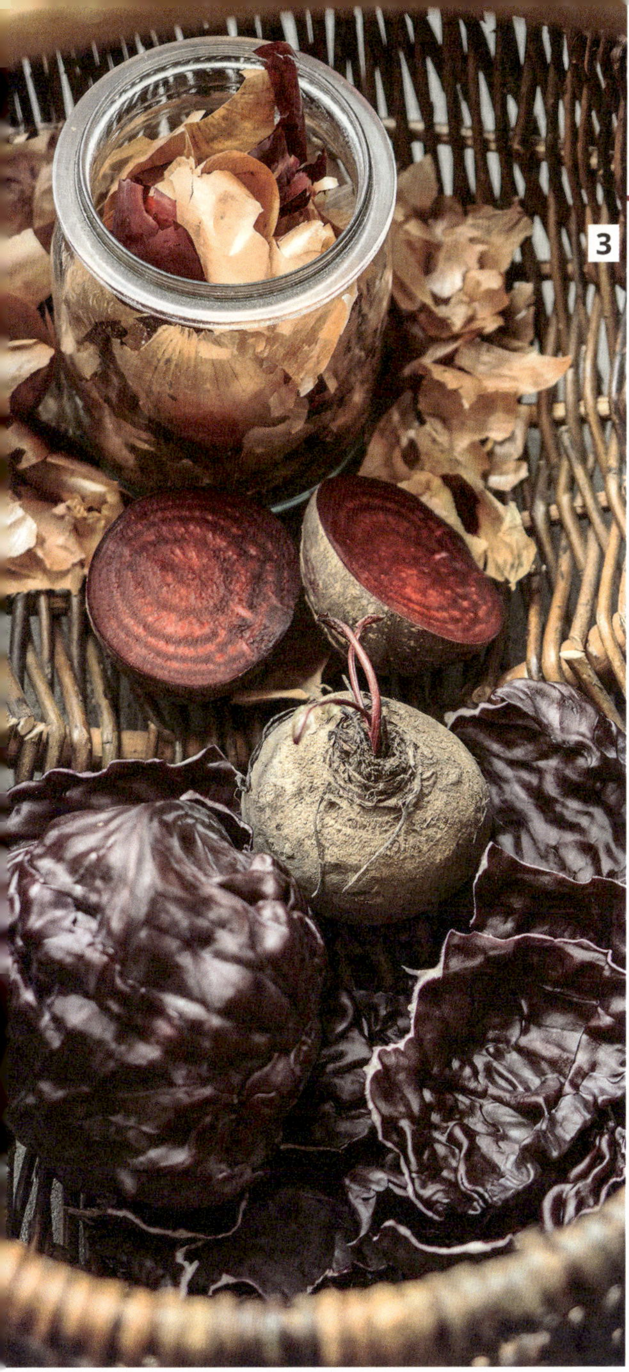

3

FÄRBEN MIT ZWIEBELN UND ROTKOHL:

3 Die Zwiebelschalen und die Rotkohlblätter jeweils in einem Liter Wasser eine Stunde köcheln lassen.

4 Damit sich beim Färben keine Zwiebelschalen in der Seide verfangen, diese vor dem Kochen in ein Tuch wickeln.

5 Dann den Sud etwas abkühlen lassen und die Seide hinzufügen. Den Stoff im Topf immer wieder mithilfe eines Kochlöffels bewegen.

6–8 Je nachdem welche Farbintensität man erreichen möchte, die Seide nach einigen Minuten wieder herausnehmen, spätestens aber nach 20 bis 30 Minuten. Danach die Seide ausspülen und trocknen lassen. Im Anschluss noch einmal gründlich mit Neutralseife waschen, abermals trocknen. Jetzt ist der farbige Akzent fertig und wird zu einem wunderschönen Begleiter von Sträußen und Kränzen.

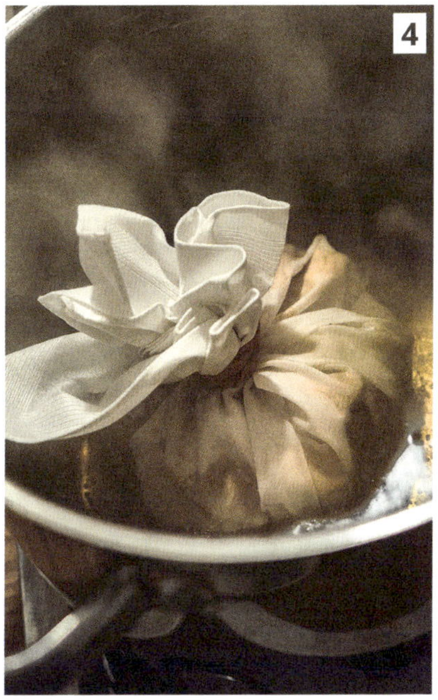

4

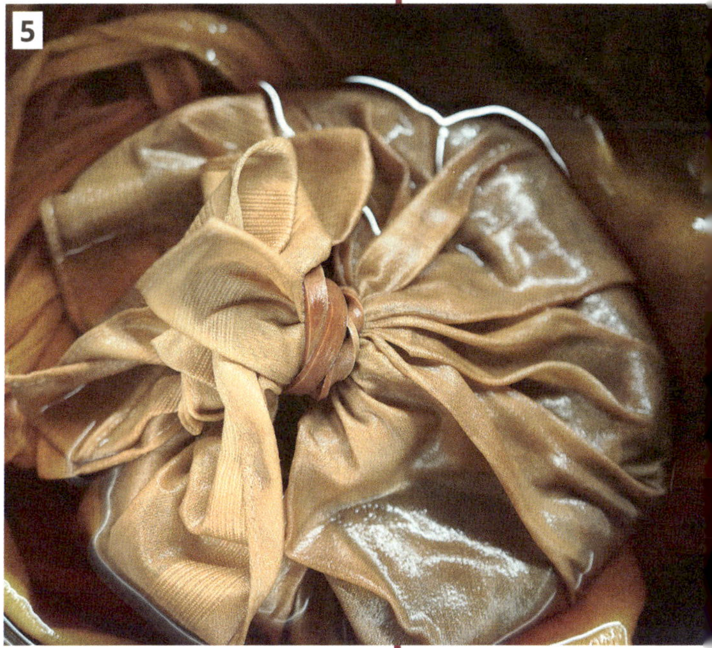

5

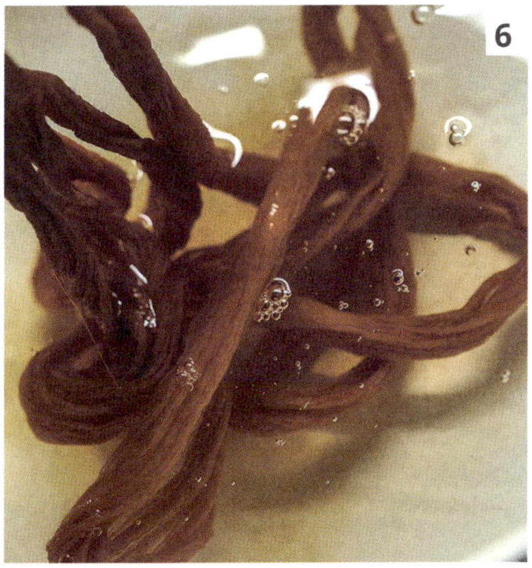

6

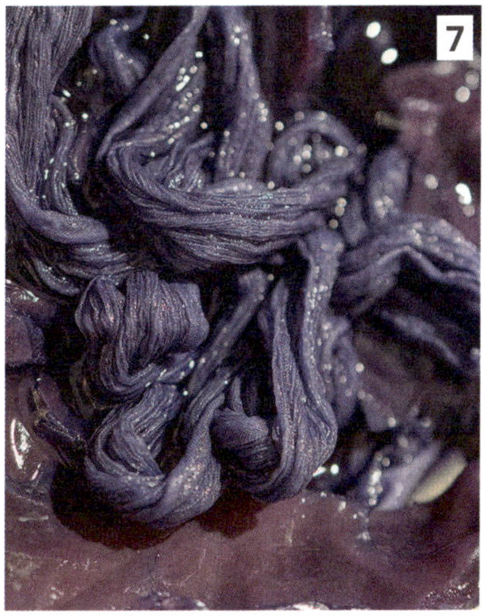

7

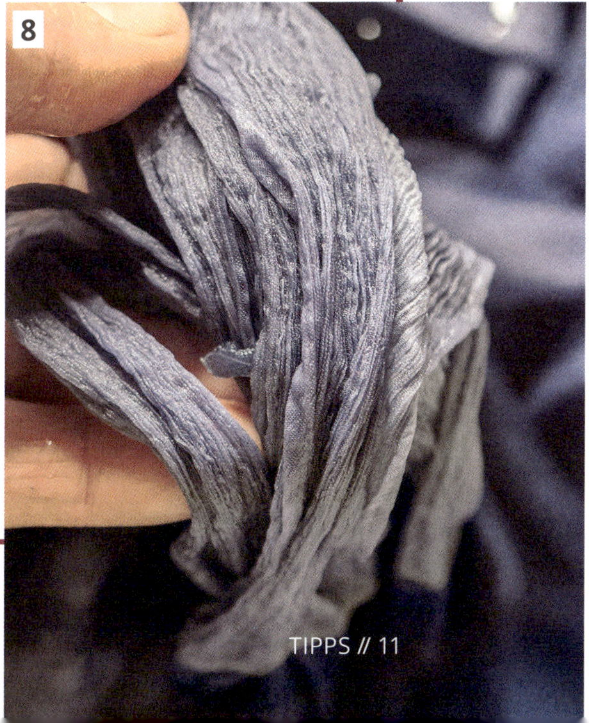

8

Das Geheimnis DER TROCKENBLUMEN

Trockenblumen sind momentan angesagt wie nie! Dabei müsst Ihr sie nicht unbedingt kaufen, sondern könnt Blumen und Pflanzen aus dem Garten oder vom Feld selber trocknen.

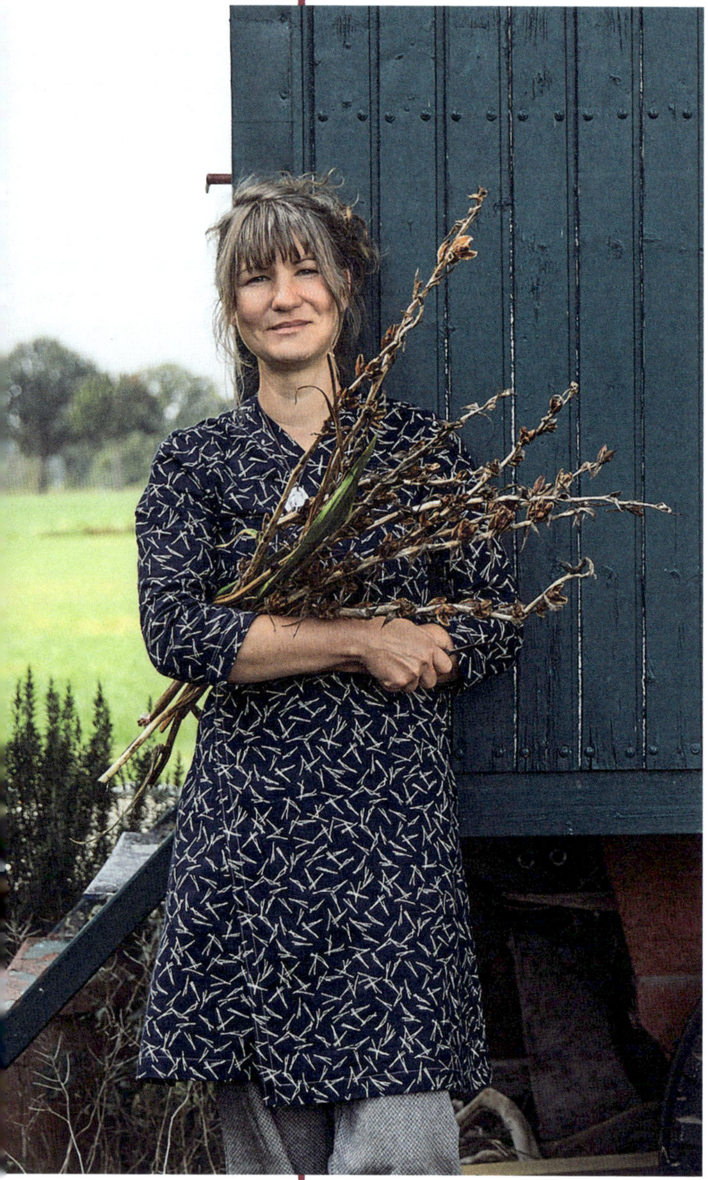

BLUMEN SAMMELN …

Ich verwende meist Blüten und Pflanzen aus meinem eigenen Garten und von regionalen Blumenfeldern. Wer aber in der freien Natur Blumen pflückt, sollte dabei ein paar Dinge beachten. Pflanzen, die unter Naturschutz stehen, wie zum Beispiel Schneeglöckchen, Blaustern, Tulpen, Nelken, Narzissen, Maiglöckchen, Enzian und Arnika, dürfen nicht gepflückt werden. Zudem gilt in Deutschland die „Handstraußregelung“. Sie bedeutet, es dürfen nur wild lebende Blumen, Gräser, Farne, Moose, Flechten, Früchte, Pilze, Tee- und Heilkräuter sowie Zweige an Stellen, die keinem Betretungsverbot unterliegen, in geringen Mengen – ohne den Pflanzen Schaden zu zufügen – für den persönlichen Bedarf gepflückt werden. Solltet Ihr Euch nicht sicher sein, ob Ihr die Pflanzen mitnehmen dürft, lasst es lieber und greift auf Blumen aus gärtnerischem Anbau zurück.

… UND TROCKNEN

Trocknen lässt sich fast alles. Schon alleine das Ausprobieren macht viel Freude. Mit natürlich getrockneten Blumen ganz ohne Zusatz von Farben oder Bleichmitteln erzielt Ihr auf natürliche Weise wunderschöne Ergebnisse, die nachdem Ihr sehr lange Freude dran gehabt habt, nicht im Restmüll entsorgt werden müssen, sondern einfach auf dem Kompost.

Strohblumen, Strandflieder, Sonnenflügel, Perlenköpfchen, Schleierkraut, Acker-Hellerkraut, Schwarzkümmel und der Kugelamarant wachsen problemlos im Garten oder auf einem sonnigen Balkon. Sie eignen sich besonders gut. Aber auch beim Trocknen von Ranunkeln, Pfingstrosen, Dahlien, Topinambur, Rittersporn und Goldrute sowie bei unterstützenden Begleitern wie Salbei, Wilde Möhre, Wermut, Weinraute, Oregano, Ballonreben, Verbenen, Gräser und Farnen erzielt man schöne Ergebnisse.

Trocknen bei Raumtemperatur: Um die Blüten so zu trocknen, dass sie lange ihre Farbe behalten und sich gut verarbeiten lassen, ist es am besten, sie bei Zimmertemperatur, an einem trockenem Ort ohne direkte Sonneneinstrahlung, aufzuhängen. Dabei jeweils nur maximal zehn Stiele pro Bündel zusammen und kopfüber aufhängen. Zum Aufhängen verwendet Ihr am besten Kordeln aus Naturfasern. Das Bündel damit fest umwickeln, damit beim Trocknen keine Stiele herausfallen.

Trocknen und Pressen mit Büchern: Man benötigt dazu zwei Lagen Papier, zwischen die die Blätter oder Blüten vorsichtig gelegt werden. Dann werden diese Lagen in ein dickes Buch gegeben und dieses geschlossen. Oder die Lagen werden mit einem Buch bzw. mehreren Bücher beschwert. Alternativ sind für diese Technik bereits entsprechend konzipierte Pflanzenpressen erhältlich. Das Pressen oder Beschweren sorgt für einen guten Kontakt zwischen Pflanzenteil und Papier, sodass der Wasserentzug optimal funktioniert. Außerdem dient es auch dem Formerhalt beim Trocknungsprozess. Je nach Material dauert dieser Prozess bis zu drei Wochen. Es empfiehlt sich, das Papier währenddessen gelegentlich vorsichtig gegen neue, trockene Lagen auszutauschen.

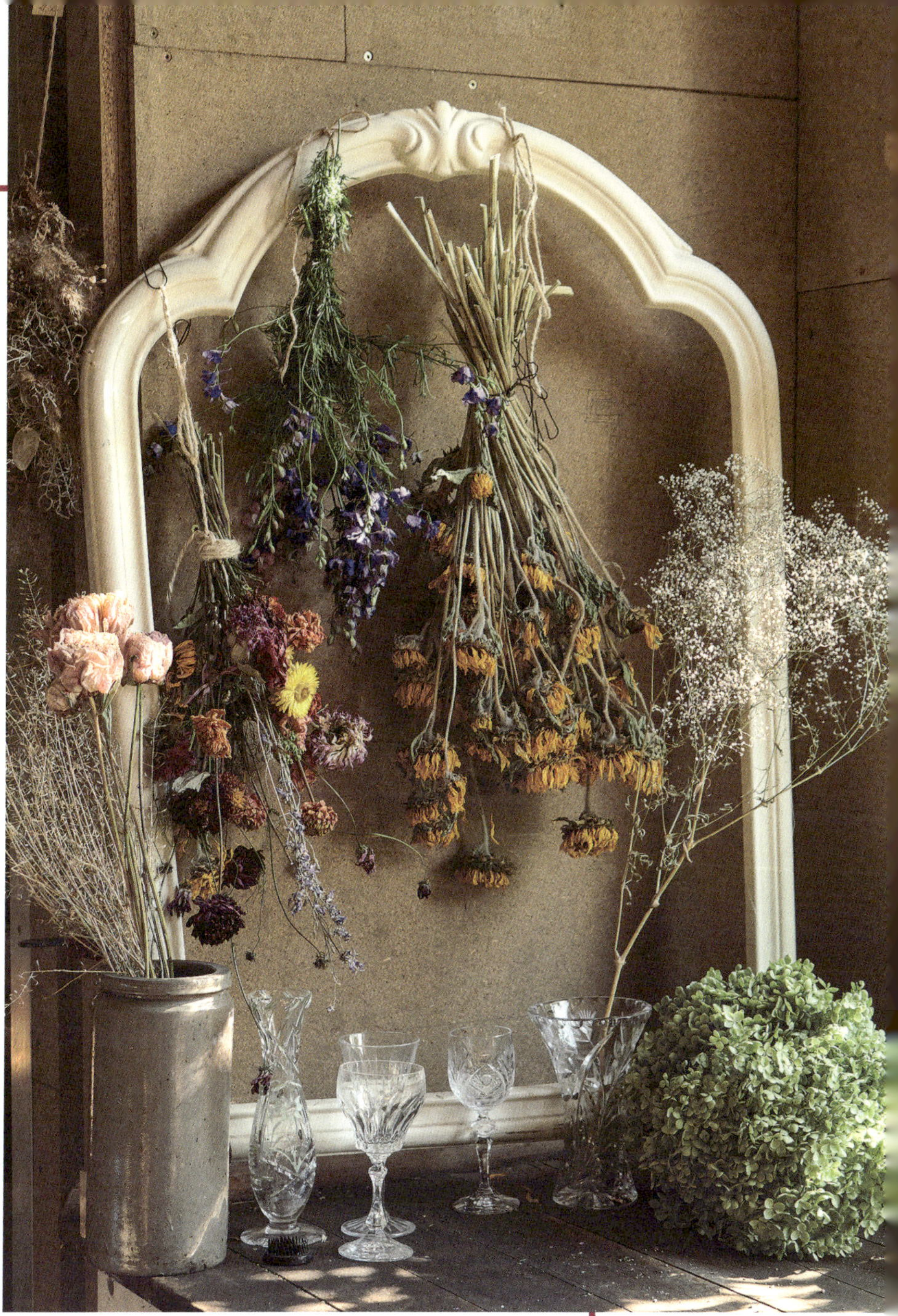

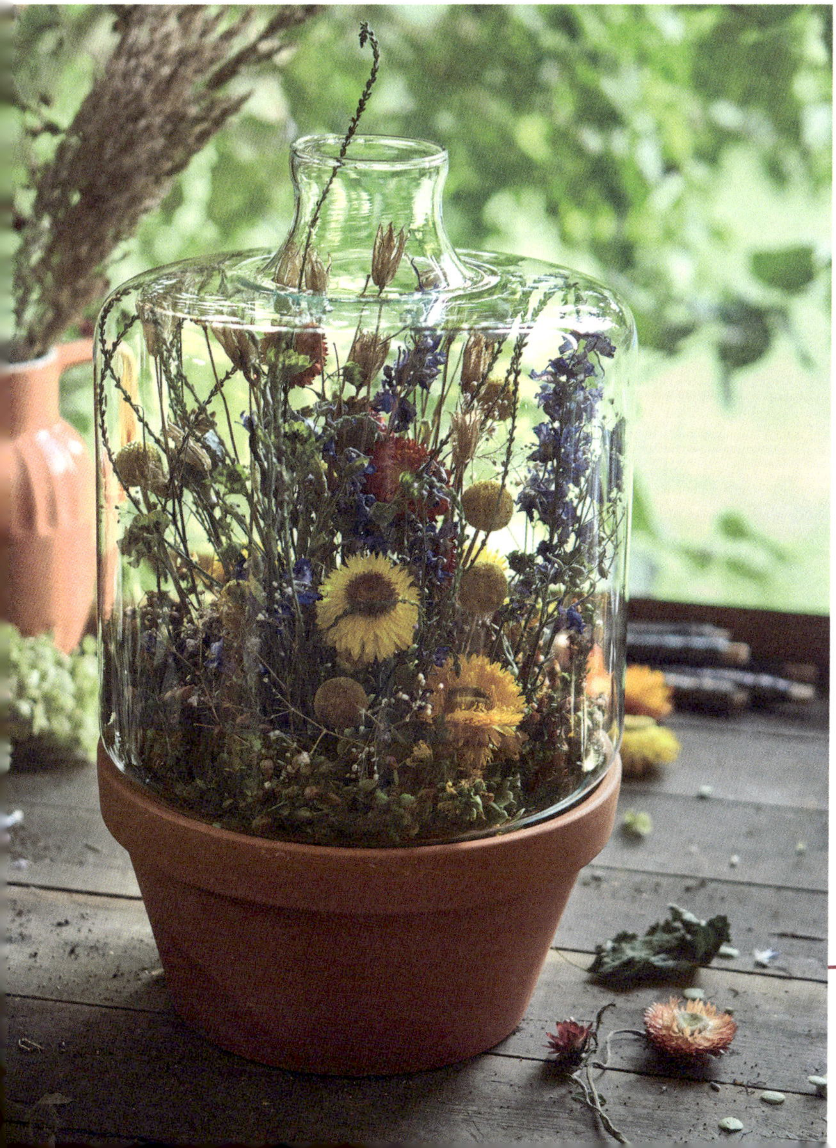

MEIN TIPP:

Sind die Floralien getrocknet und zu Dekorationen verarbeitet, achtet darauf, dass sie nicht direkt in der Sonne stehen. Dadurch verlieren sie ihre Farbe. Lassen die zum Strauß oder Kranz verarbeiteten Trockenblumen plötzlich die Köpfe hängen, liegt es meist daran, dass die Luftfeuchtigkeit im Raum zu hoch ist.

Habt Ihr mehr Blüten getrocknet, als Ihr direkt benötigt? Kein Problem! Bewahrt sie in verschließbaren Pappboxen an einem trocknenen Ort auf.

Upcycling GANZ NORMAL

Egal ob es sich um alte Glasgefäße, Konservendosen, Geschirr, Küchenutensilien oder andere Gegenstände handelt, wenn man sie zu neuen Dekorationen verarbeitet, vermeidet man Müll und spart Ressourcen.

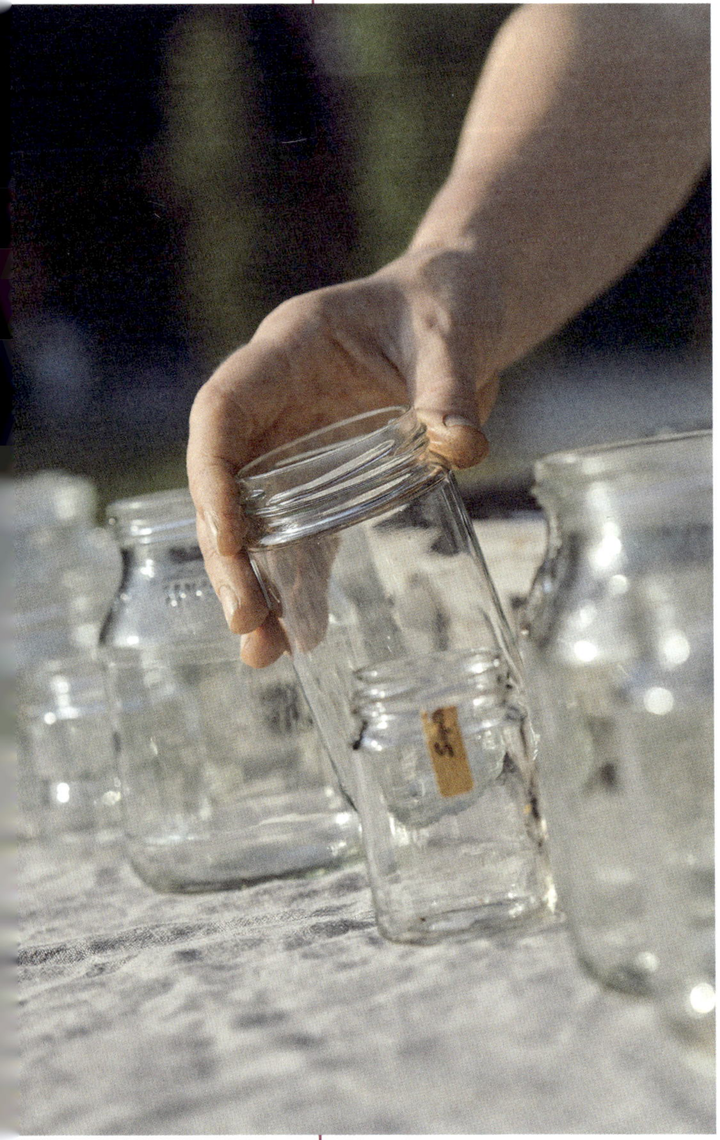

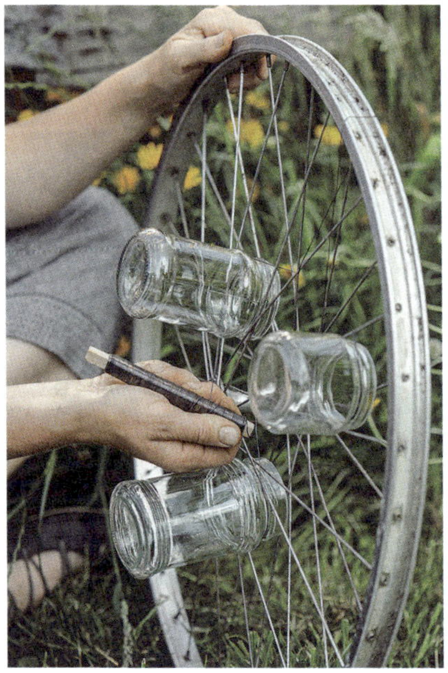

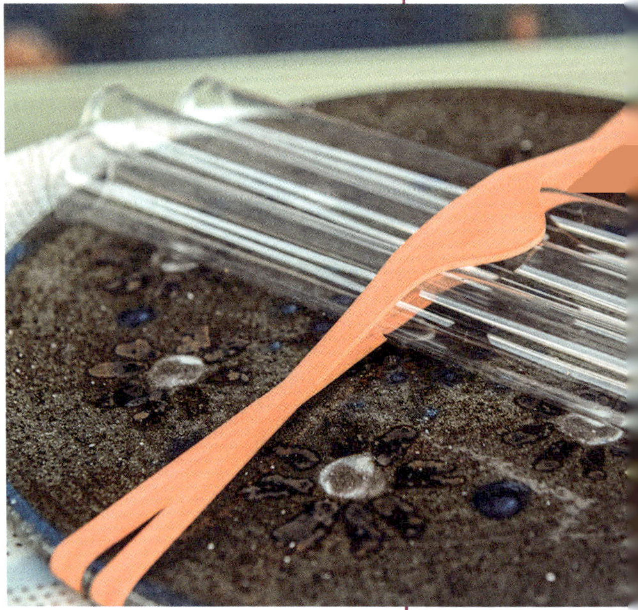

Beim Upcycling bekommen scheinbar nutzlose Gebrauchsgegenstände eine neue Bestimmung. Wenn man diese Produkte nutzt, kann man nicht nur Geld sparen, sondern auch noch Müll vermeiden. Man könnte also sagen, dass dies eine lebensverlängernde Maßnahme ist und bereits vorhandenen Produkten zu mehreren Leben verhilft.

Für fast alle ausgedienten Alltagsgegenstände lässt sich eine neue Bestimmung finden, wodurch sie wieder aufgewertet werden. Eine alte Fahrradfelge mit Speichen kann zum Beispiel das Gerüst für eine hängende Dekoration werden (S. 56–59). Ein altes Metallsieb erstrahlt als alternative Steckhilfe in einem Gesteck in neuem Glanz (S. 48–51). Und selbst die ausgedienten Sammeltassen von Oma (S. 20/21 und 66/67), Teller (S. 76/77) oder ein alter Stickrahmen (78/79 und 94/95) können hier effektvoll in Szene gesetzt werden.

Slowflowers WAS IST DAS?

Bei der **Slowflower-Bewegung** handelt es sich um Floristen, Gärtner und Flowerfarmer in Deutschland, Österreich und der Schweiz, die sich im Jahr 2019 zu diesem Kollektiv zusammengeschlossen haben. Die meisten Mitglieder, der noch recht kleinen Gruppe, bewirtschaften Felder, die meist nur maximal einen Hektar groß sind.

Sie haben sich entschieden, nur noch Schnittblumen aus der eigenen Region zu verwenden, die frei von Pestiziden und Giften sind. Zusätzlich setzen sie sich für einen nachhaltigen Schnittblumenanbau ein, verwenden Bio-Saatgut und düngen ihre Felder nur mit organischen Mitteln.

Aber auch bei ihren verschiedenen Dekorationen und Verpackungen hat sich die Bewegung für mehr **Nachhaltigkeit** entschieden. So verpacken die Mitglieder ihre Blumen und Pflanzen nicht in Einmalverpackungen aus Plastik oder Kunststoff. Außerdem verwenden sie für ihre Dekorationen keinen Steckschaum.

Weitere Informationen zu dieser Gruppe findet Ihr im Internet unter **slowflower-bewegung.de**

SLOWFLOWER · BEWEGUNG ·

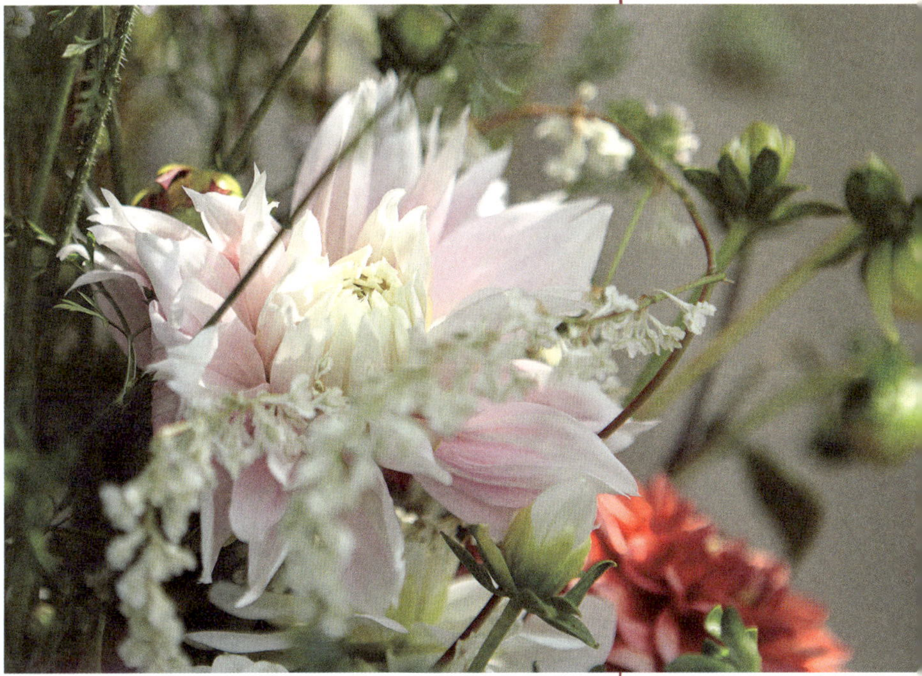

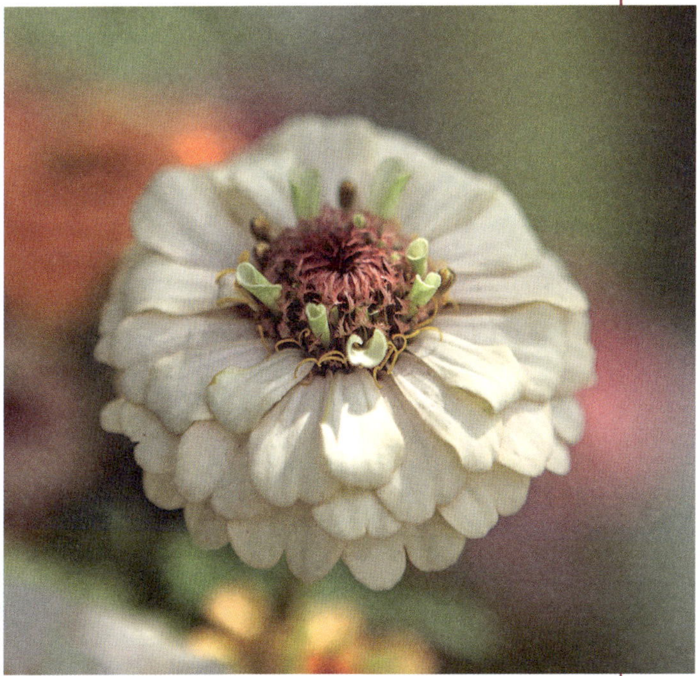

Den *Frühling* habe ich schon sehnlichst erwartet. Bringt er doch wieder viel Farbe und Fülle in den Garten. Was mich immer wieder inspiriert.

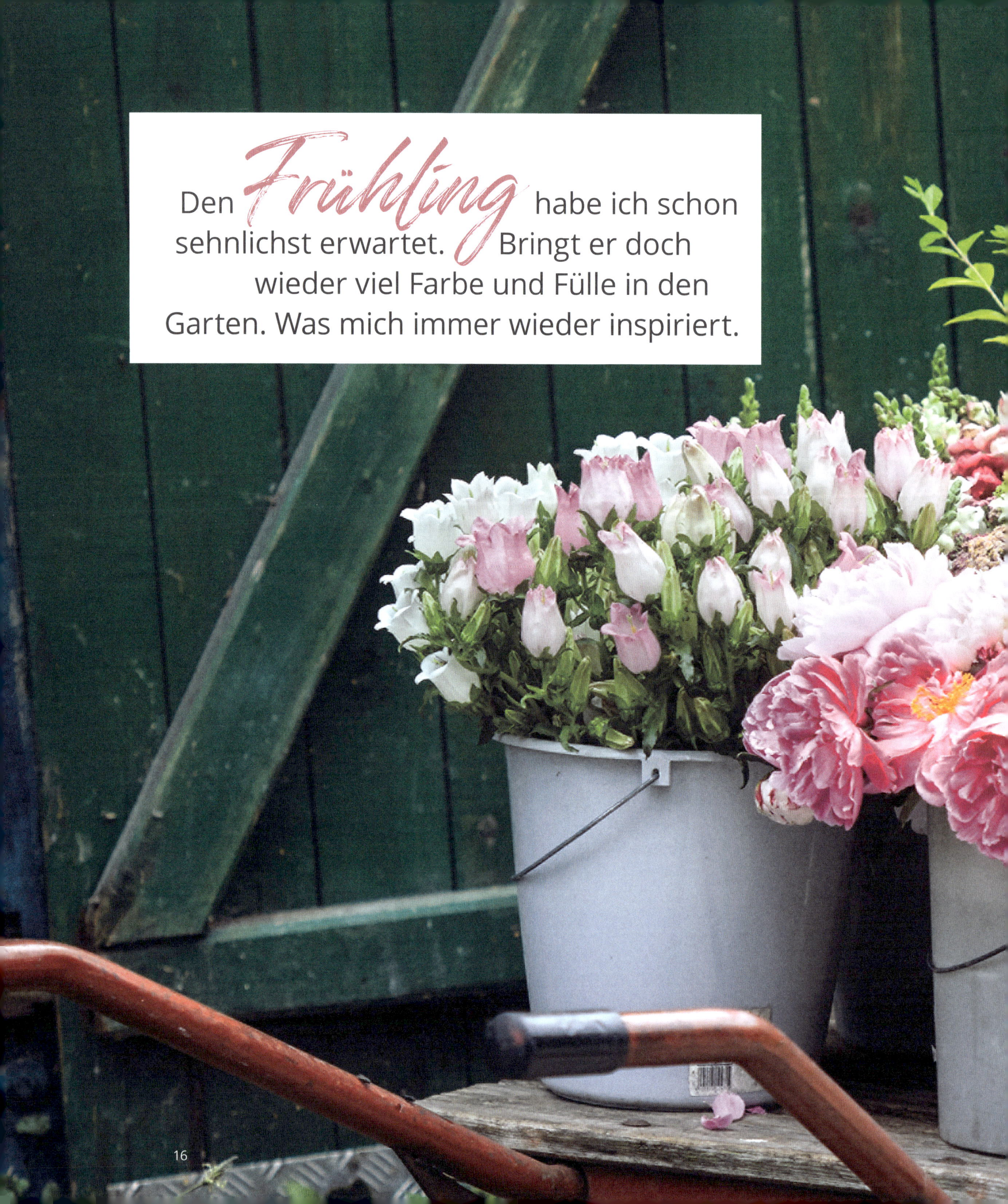

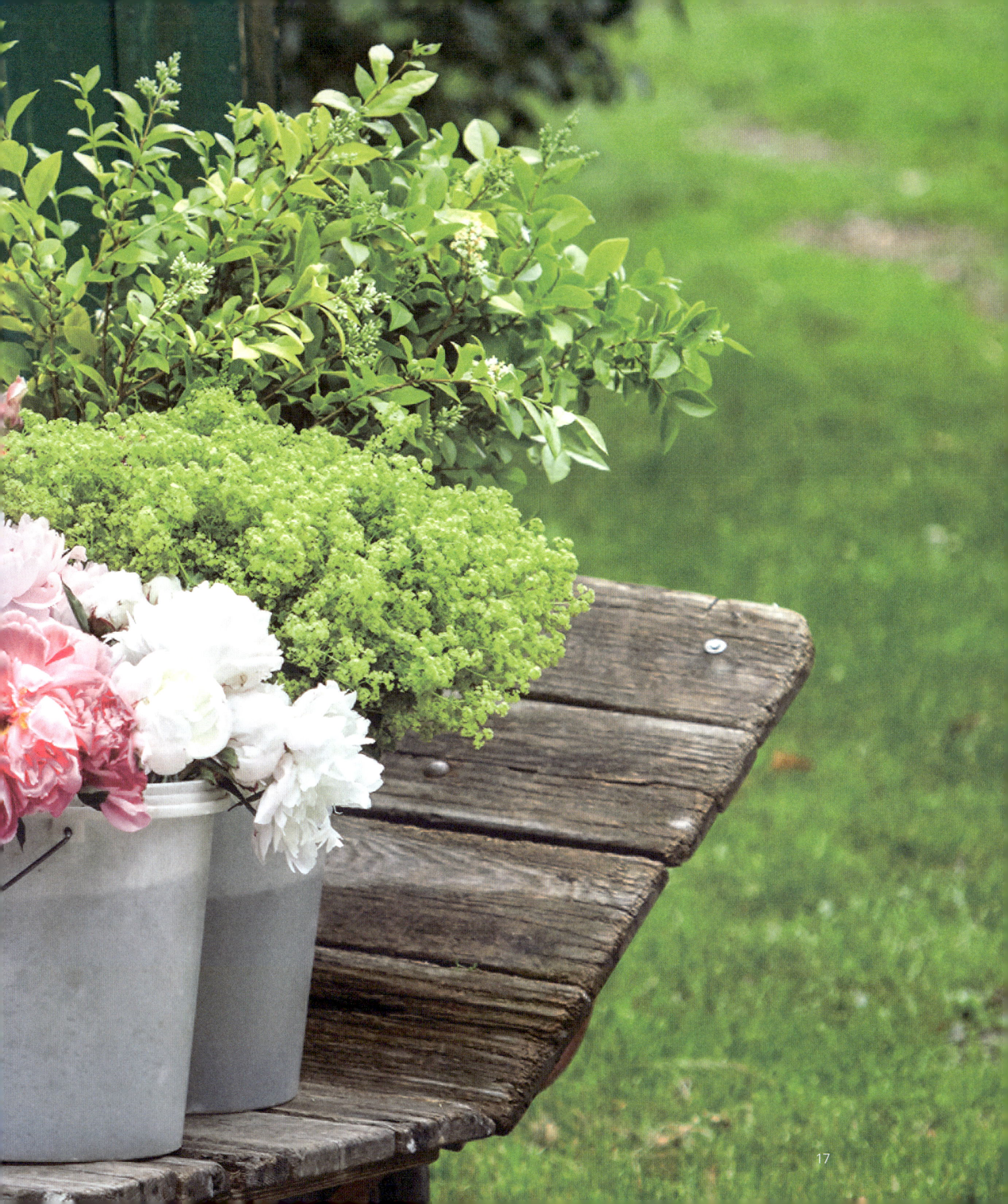

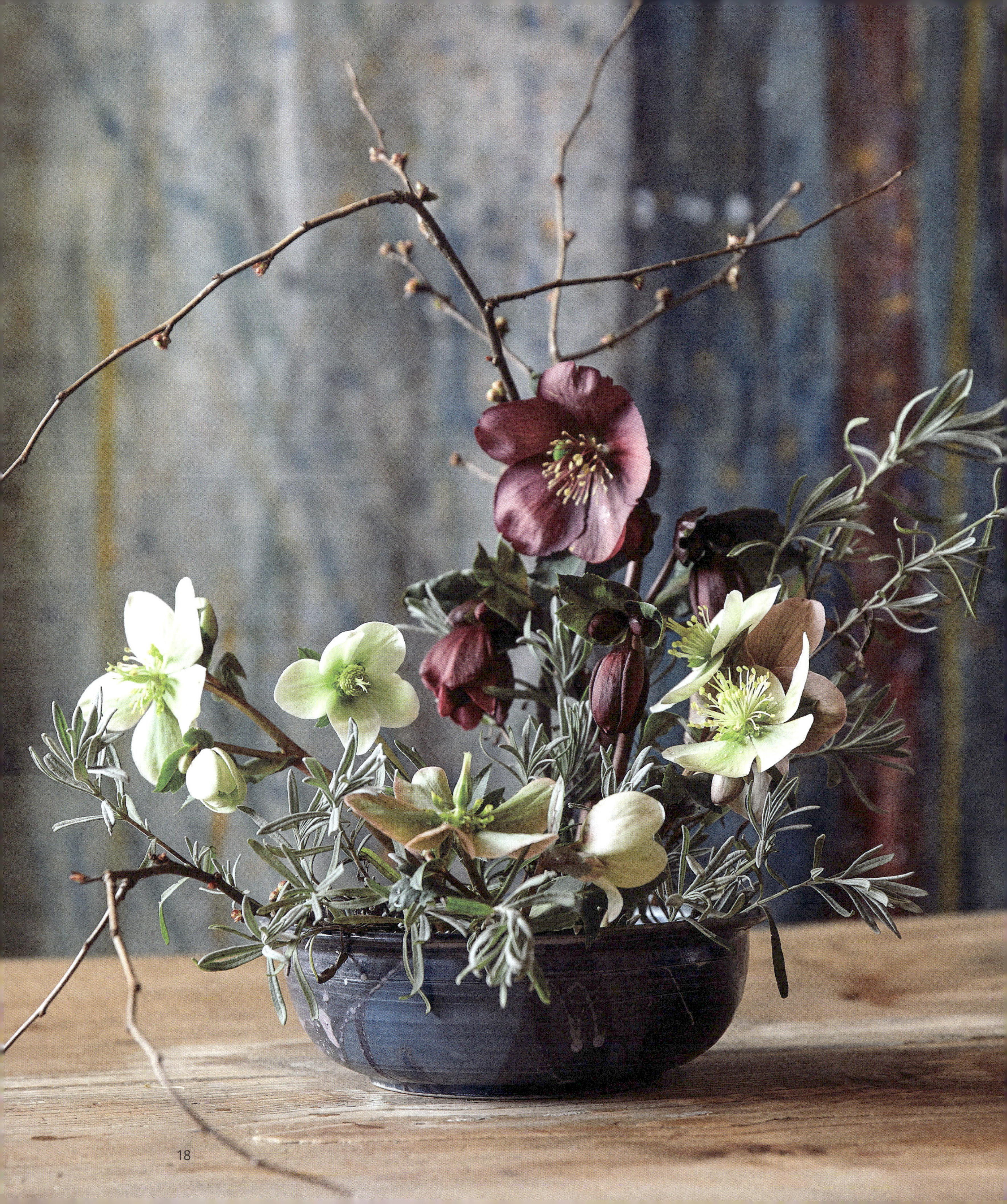

Filigrane FRÜHLINGSBOTEN

DAS BRAUCHT IHR:

Kenzan // Schüssel // Gartenschere // Lenzrosen // Quitten- und Lavendelzweige

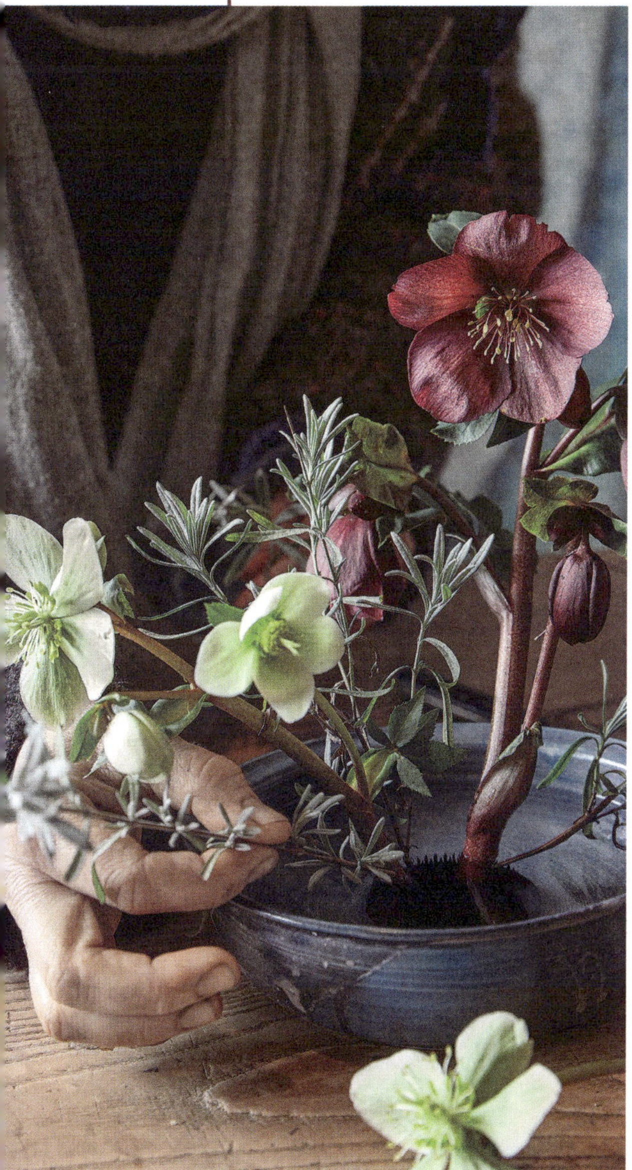

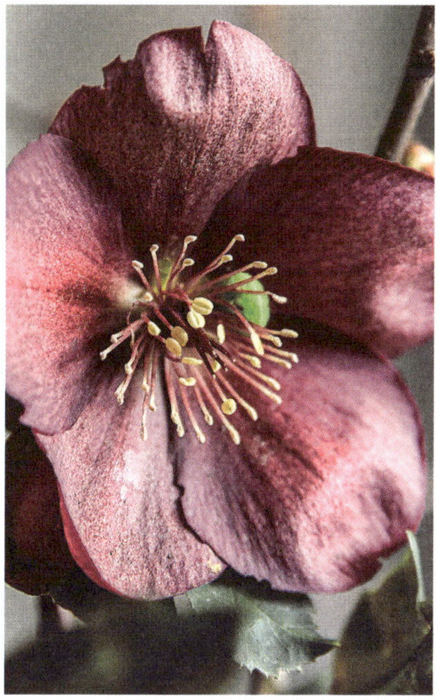

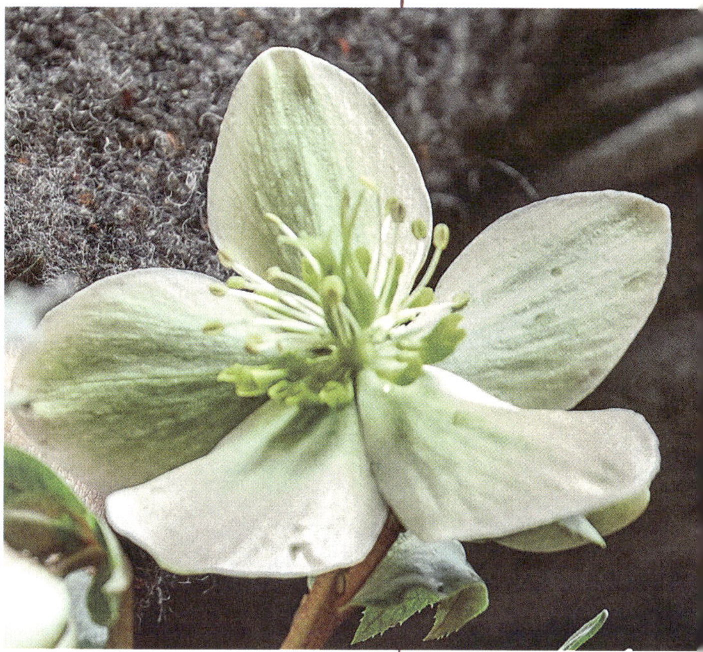

SO GEHT'S:

Den Kenzan in einer Schüssel mit Wasser platzieren. Die Blüten sowie die einzelnen Zweige gegebenenfalls noch etwas kürzen und auf die Stacheln setzen.

... fertig!

Das Jahr ist noch nicht alt, ein paar *Christrosen* blühen noch und die ersten Blüten der Lenzrosen stecken schon den *Kopf* aus der Erde. Die Blätter vom Lavendel haben den Winter bis jetzt überstanden und die Zierquitte bildet schon die ersten *Knospen.* Ganz wenige Blüten nehme ich mir aus dem Beet und nutze einen Kenzan, um diese *Schätze* in meiner liebsten Keramikschale zu arrangieren.

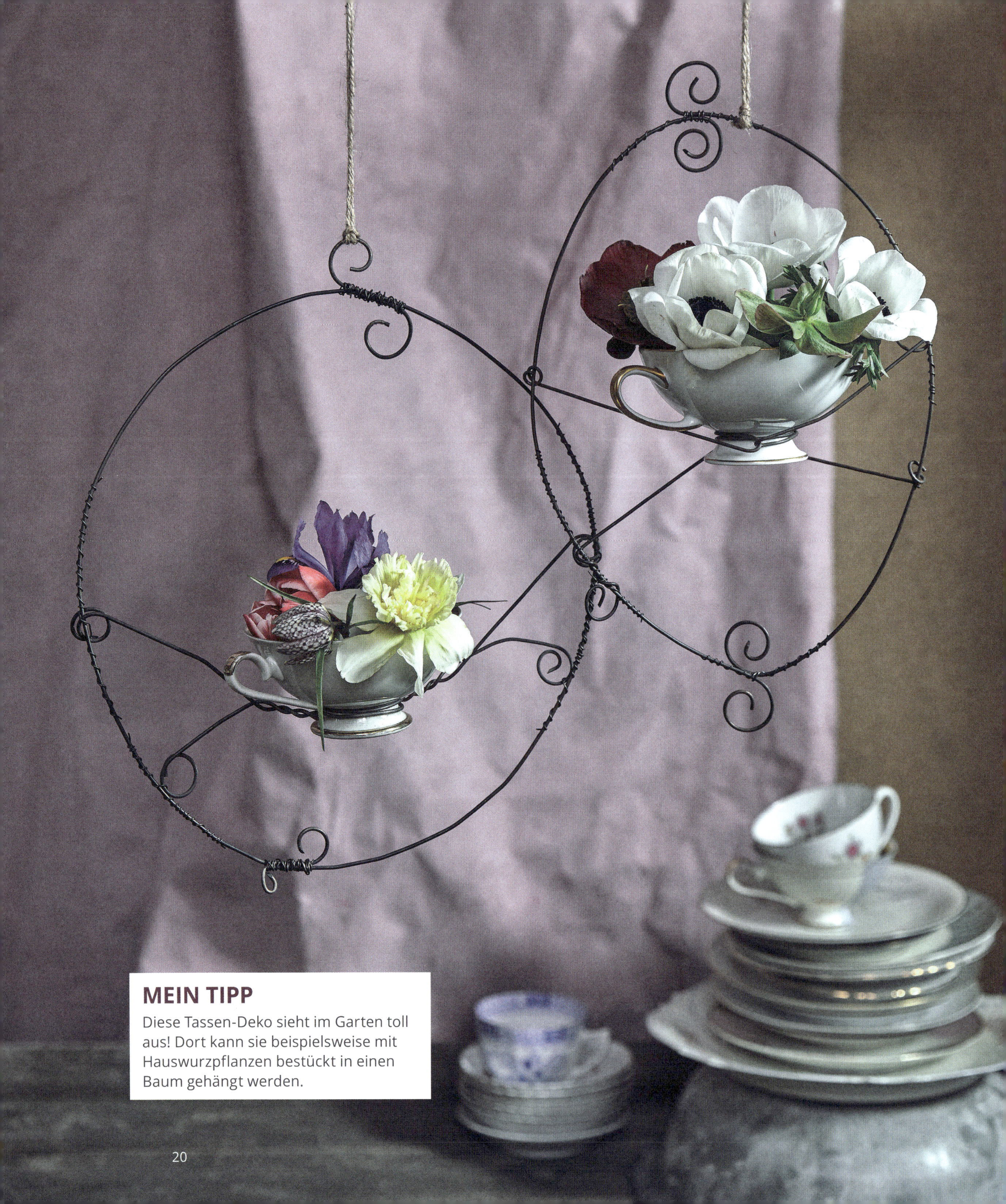

MEIN TIPP

Diese Tassen-Deko sieht im Garten toll aus! Dort kann sie beispielsweise mit Hauswurzpflanzen bestückt in einen Baum gehängt werden.

Großmutters
SAMMELTASSEN

DAS BRAUCHT IHR:

Steckdraht // Wickeldraht // Sammeltassen // Seitenschneider // Jutekordel // Frühlingsblumen (wie Anemonen, Narzissen, Schachbrettblumen, Lenzrosen, Tulpen und Iris)

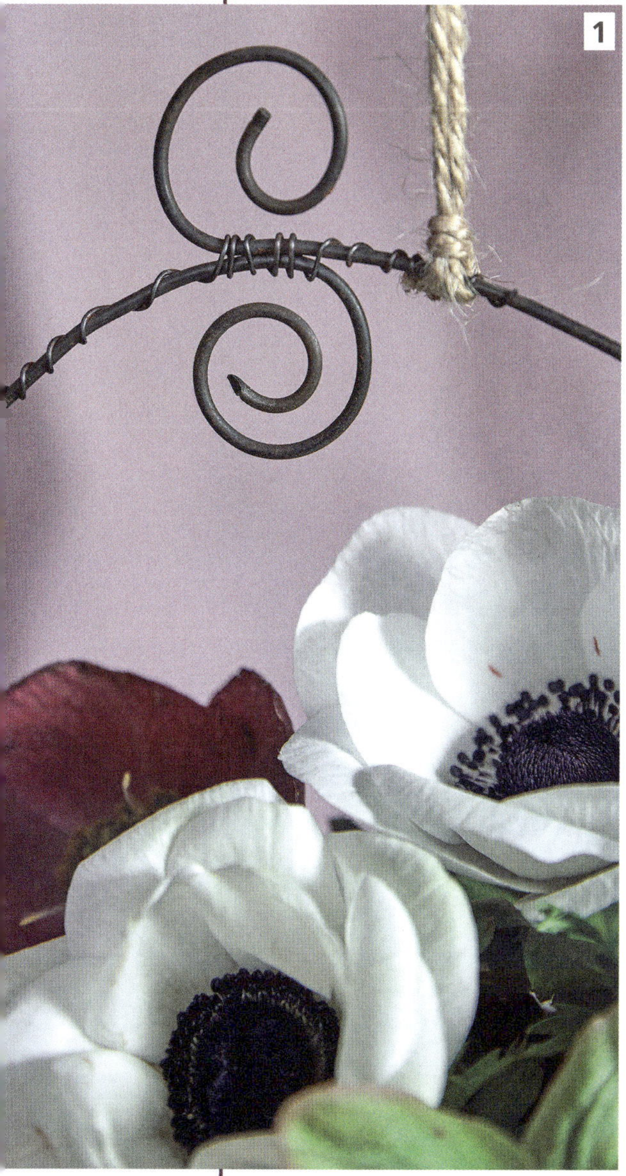

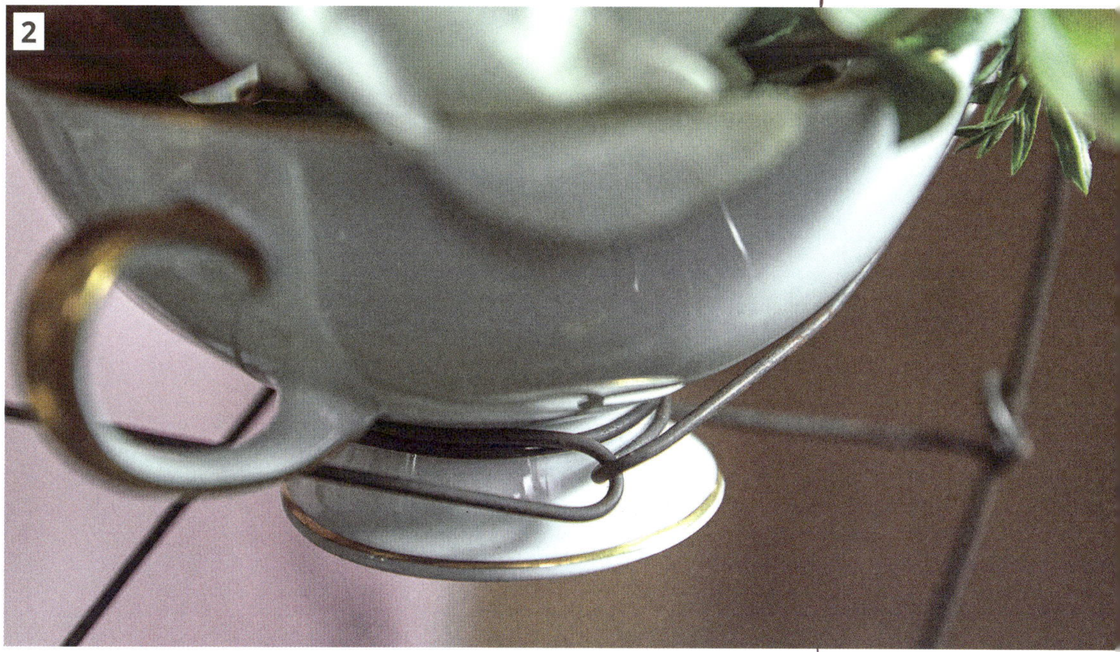

SO GEHT'S:

1 Die Enden von zwei langen Steckdrahtstücken mithilfe eines Seitenschneiders so verdrehen, dass sich jeweils eine Schnecke formt. Dann eine leichte Rundung in die Drähte biegen und an den Enden mithilfe von Wickeldraht so einander befestigen, dass die Schnecken in zwei verschiedene Richtungen zeigen und daraus ein rundes Gerüst entsteht.

2 Um die Sammeltassen zu befestigen, jeweils zwei Steckdrähte um ihren Fuß schlingen, sodass vier Drahtenden von der Tasse wegführen. Diese Enden ebenfalls zu kleinen Schnecken verdrehen und mit Wickeldraht an dem Gerüst befestigen.

Eine Aufhängung aus Jutekordel anbringen, die Tassen mit Wasser füllen und mit Blüten bestücken.

... fertig!

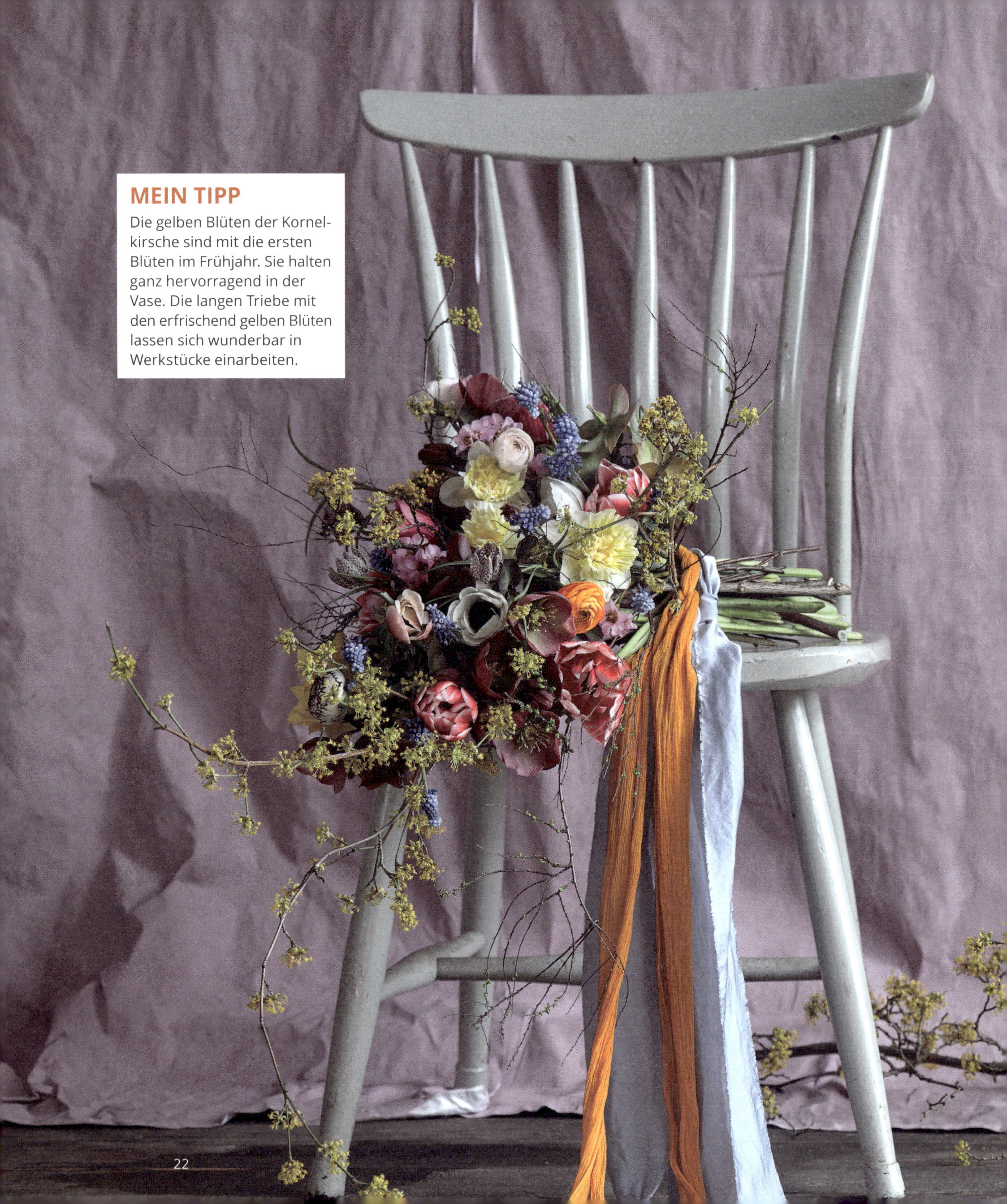

MEIN TIPP

Die gelben Blüten der Kornelkirsche sind mit die ersten Blüten im Frühjahr. Sie halten ganz hervorragend in der Vase. Die langen Triebe mit den erfrischend gelben Blüten lassen sich wunderbar in Werkstücke einarbeiten.

Vielfältiges FRÜHJAHRSBÜNDEL

DAS BRAUCHT IHR:

Seidenbänder // Zweige der Kornelkirsche // Lenzrosen // Ranunkeln // Narzissen // Traubenhyazinthen // Anemonen // Tulpen // Schneespieren

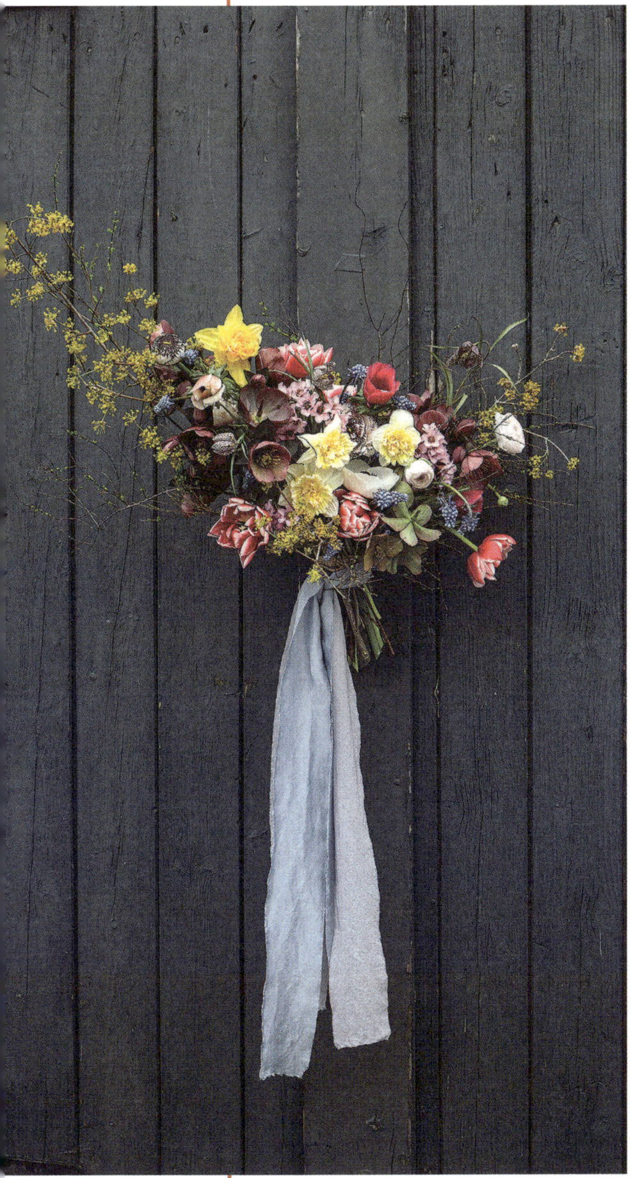

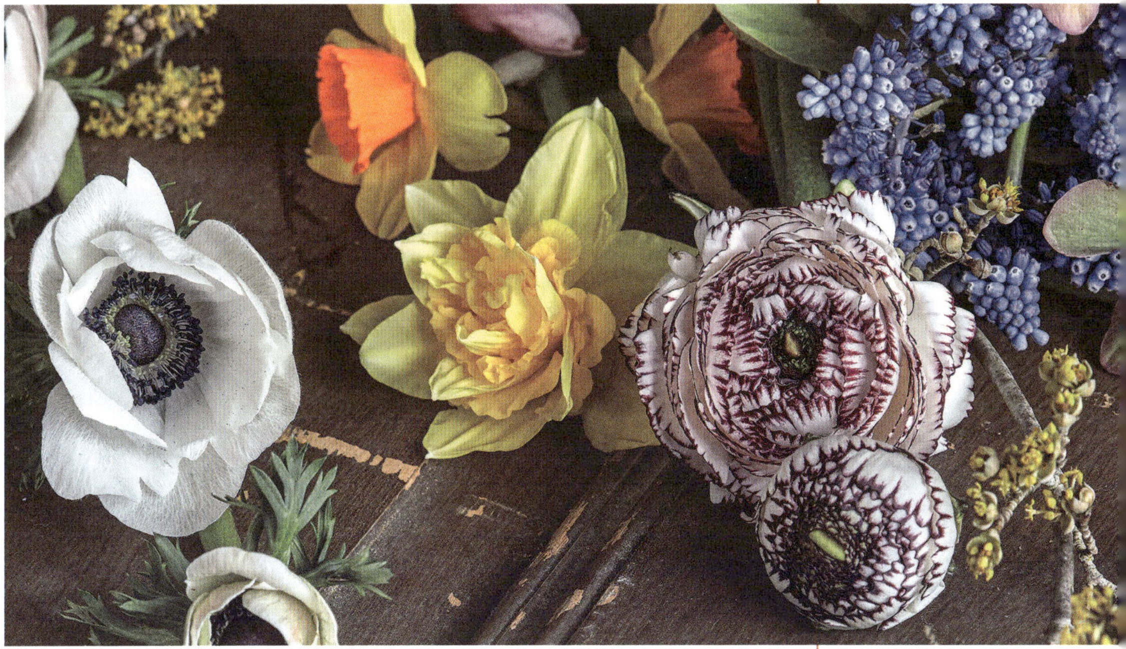

SO GEHT'S:

Die einzelnen Blüten und Zweige locker zu einem Strauß zusammennehmen. Um die Stiele Seidenbänder schlingen, die mit Zwiebelschalen und Rotkohl eingefärbt wurden. Die Bänder dekorativ vom Bouquet herab hängen lassen.

Eine genaue Anleitung, wie Seidenbänder mithilfe von Pflanzen eingefärbt werden, findet Ihr auf den Seiten 10/11.

... fertig!

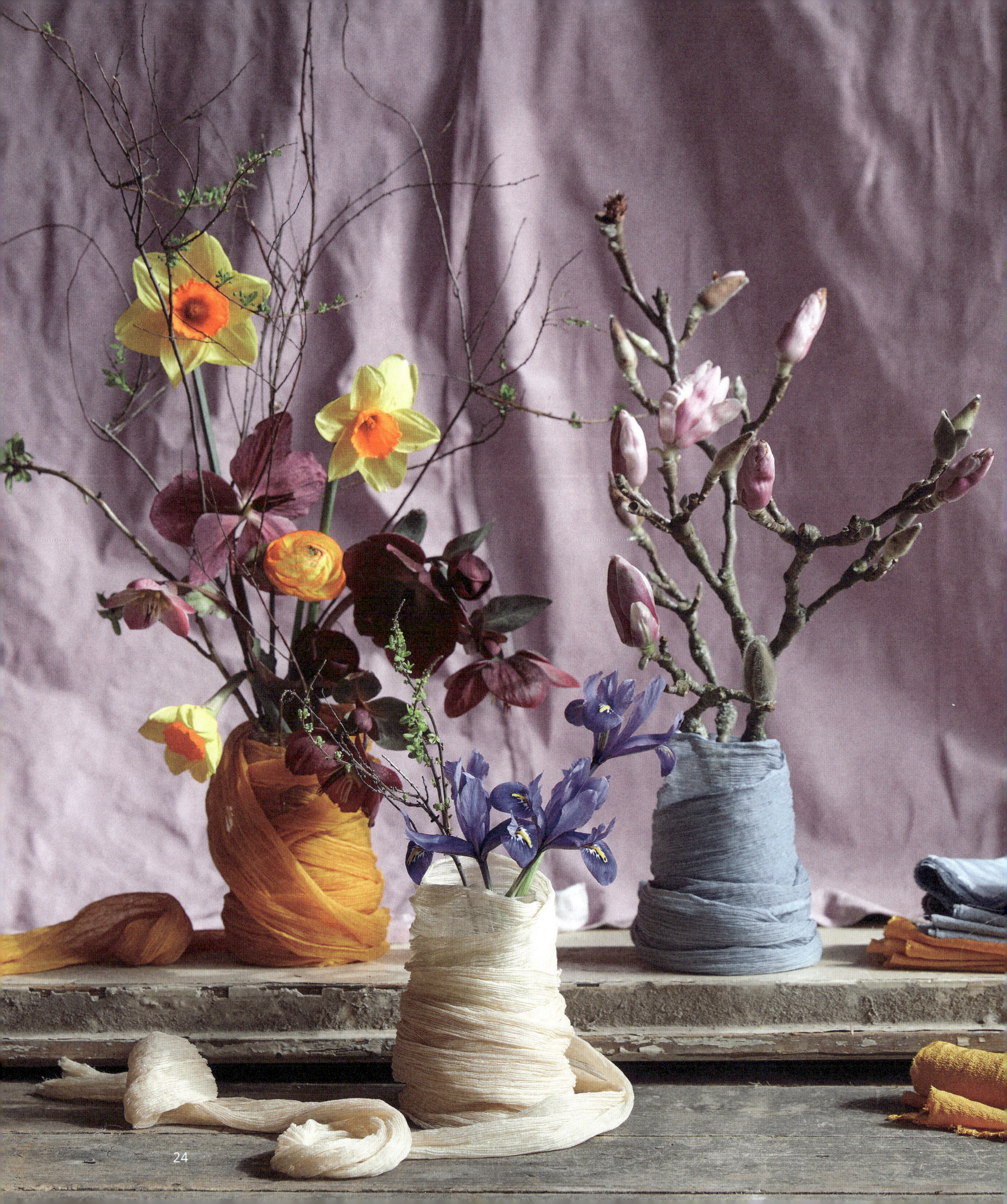

Gläser mit SEIDENUMWICKLUNG

DAS BRAUCHT IHR:

Marmeladengläser // Seidenbänder // Narzissen // Lenzrosen // Ranunkeln // Magnolienzweige // Zwerg-Iris // Schneespieren

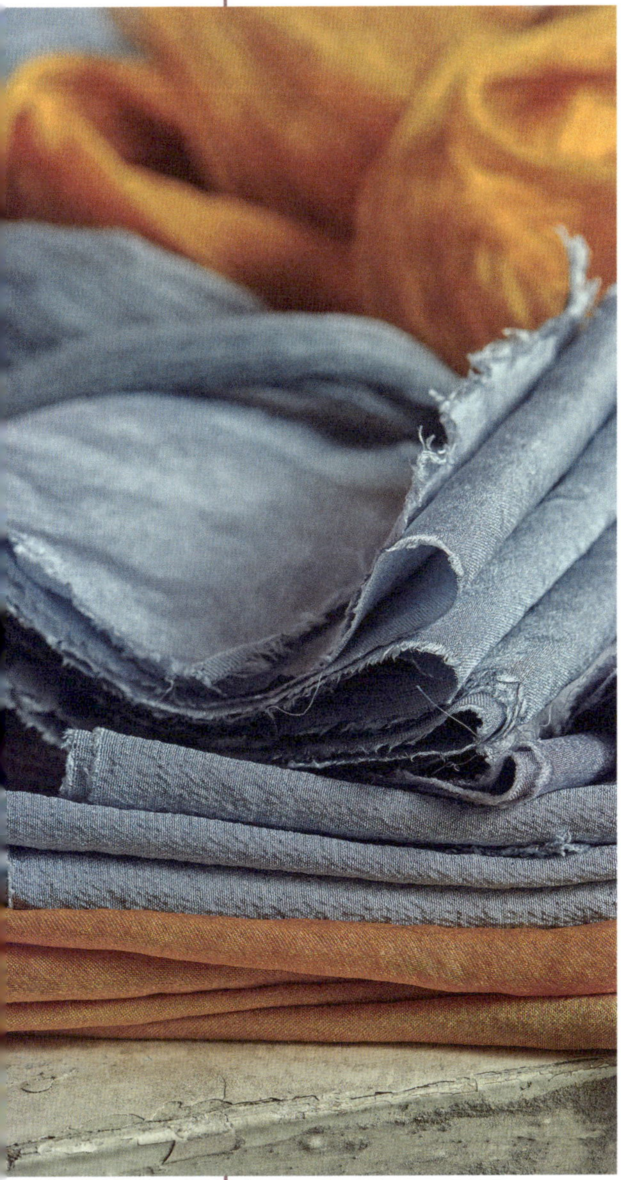

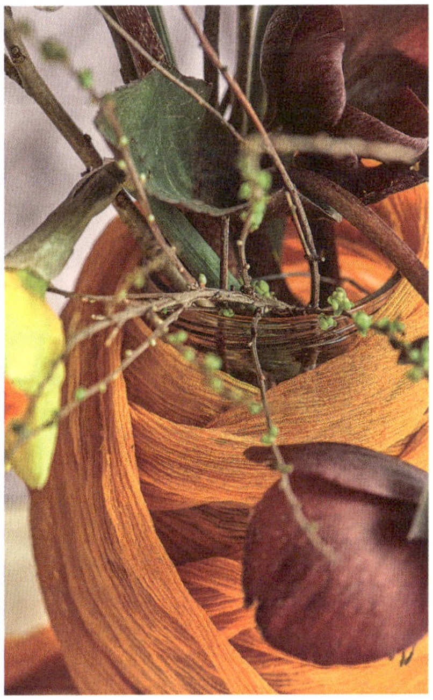

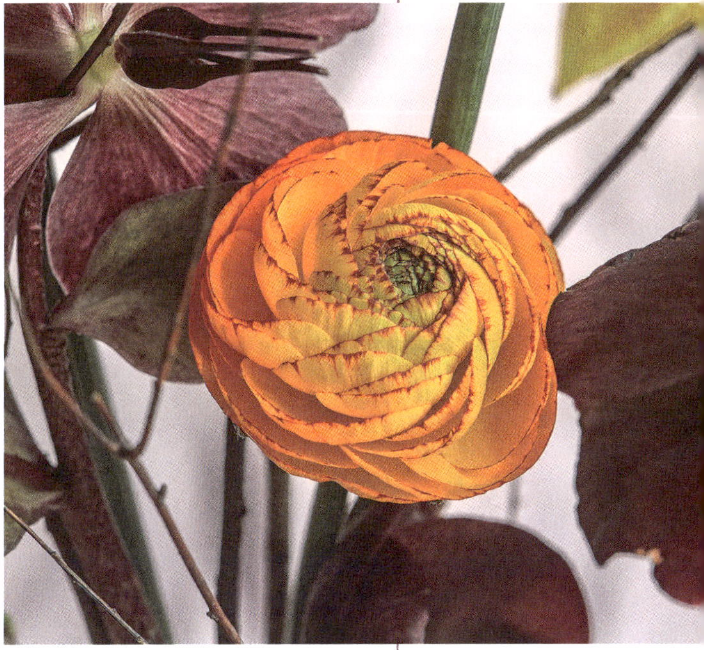

SO GEHT'S:

Die zuvor gefärbten und getrockneten Seidenbänder (Anleitung auf den Seiten 10/11) jeweils locker um ein ausrangiertes Marmeladenglas schlingen. Dann Wasser einfüllen und die Blüten und Zweige einstellen.

... fertig!

Von den mit *Pflanzenfarben* gefärbten Bändern geht eine unheimliche Kraft aus. Vor allem wenn die Bänder mit *Naturmaterialien* und Blumen arrangiert werden und man sieht, wie schön alles miteinander harmoniert. Das ist auch genau das Gefühl, was beim *Färbeprozess* entsteht, diese Freude über die entstehenden Farben und ihre Eigenwilligkeit.

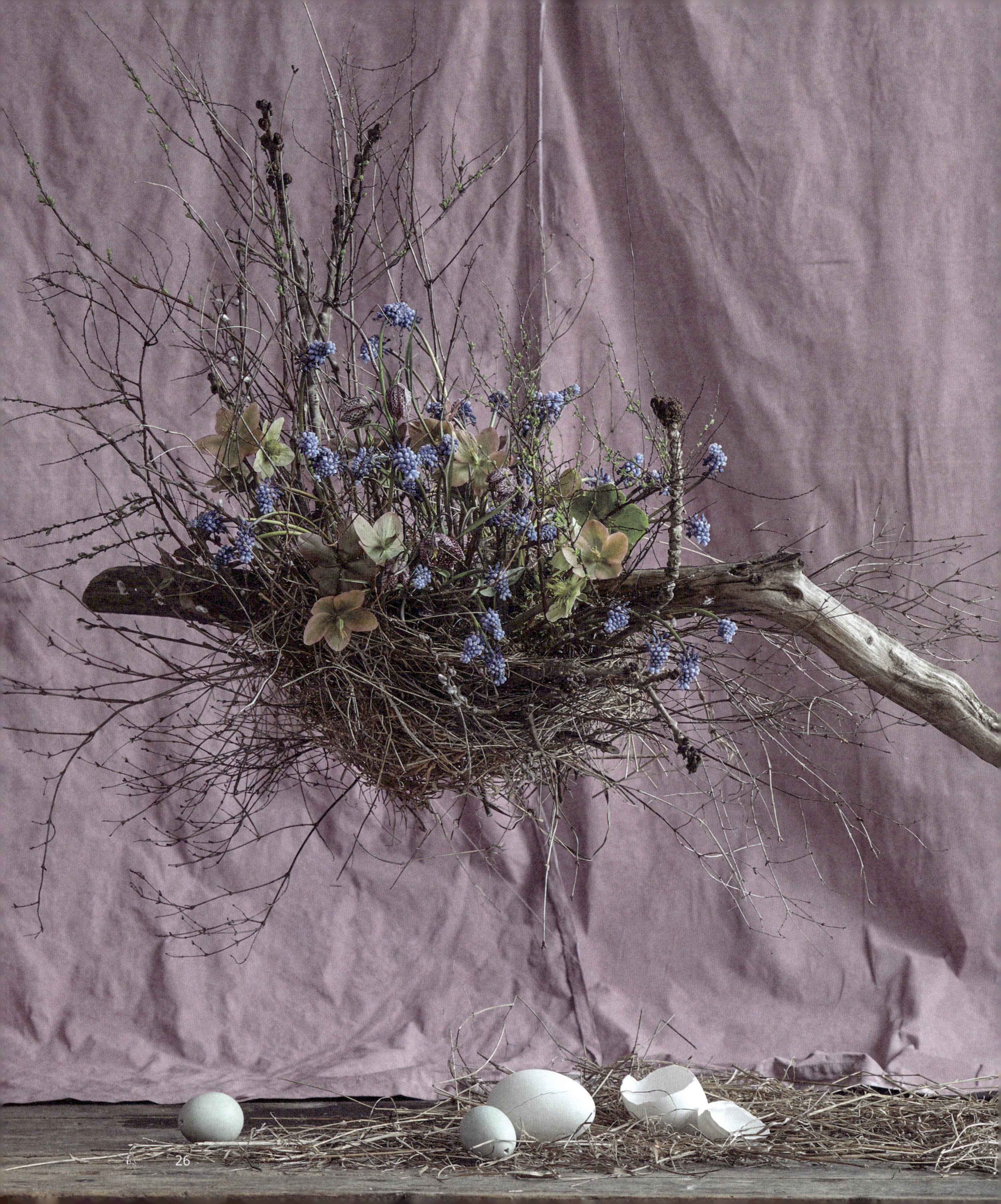

Blumiges NEST

DAS BRAUCHT IHR:

Hasen-Sechseckdraht // Glasröhrchen // Seitenschneider // Wickeldraht // getrocknetes Wiesen-Labkraut // Eichenast // Lenzrosen // Schachbrettblumen // Traubenhyazinthen // Moos // Eschen- und Schneebeerenzweige

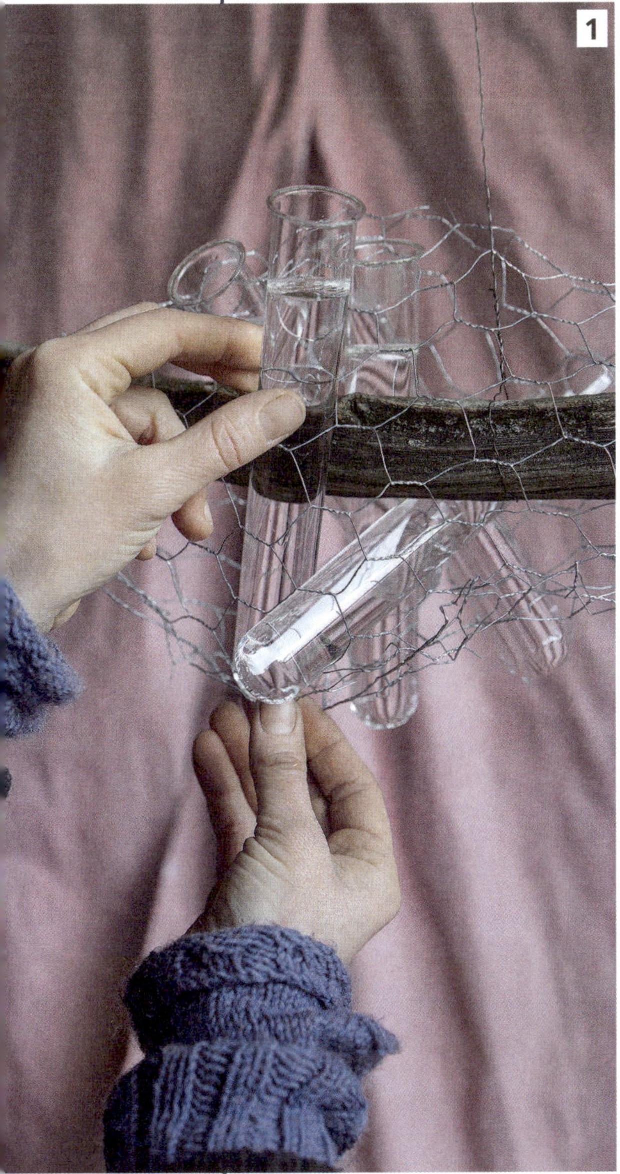

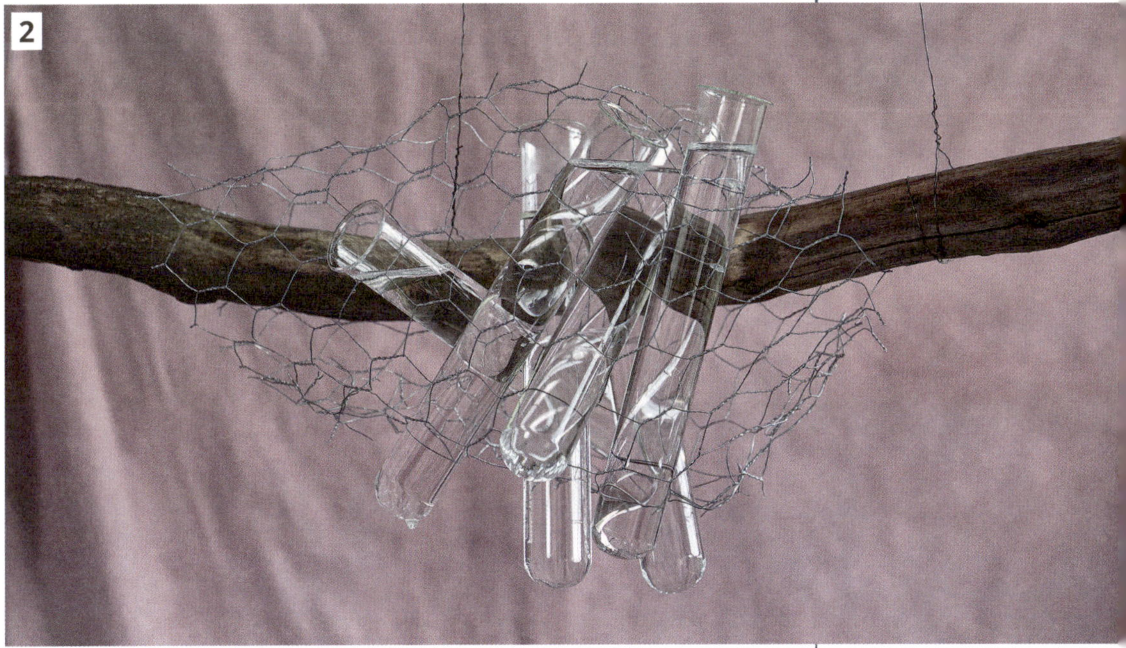

SO GEHT'S:

1+2 Einen alten Eichenast an zwei Stellen mithilfe von Wickeldraht aufhängen. Dann Hasendraht zuschneiden und locker um den Ast biegen. Damit nichts verrutscht, das Drahtgeflecht mit Wickeldraht sichern. Glasröhrchen an verschiedenen Stellen einfädeln.

... weiter AUF DER NÄCHSTEN SEITE.

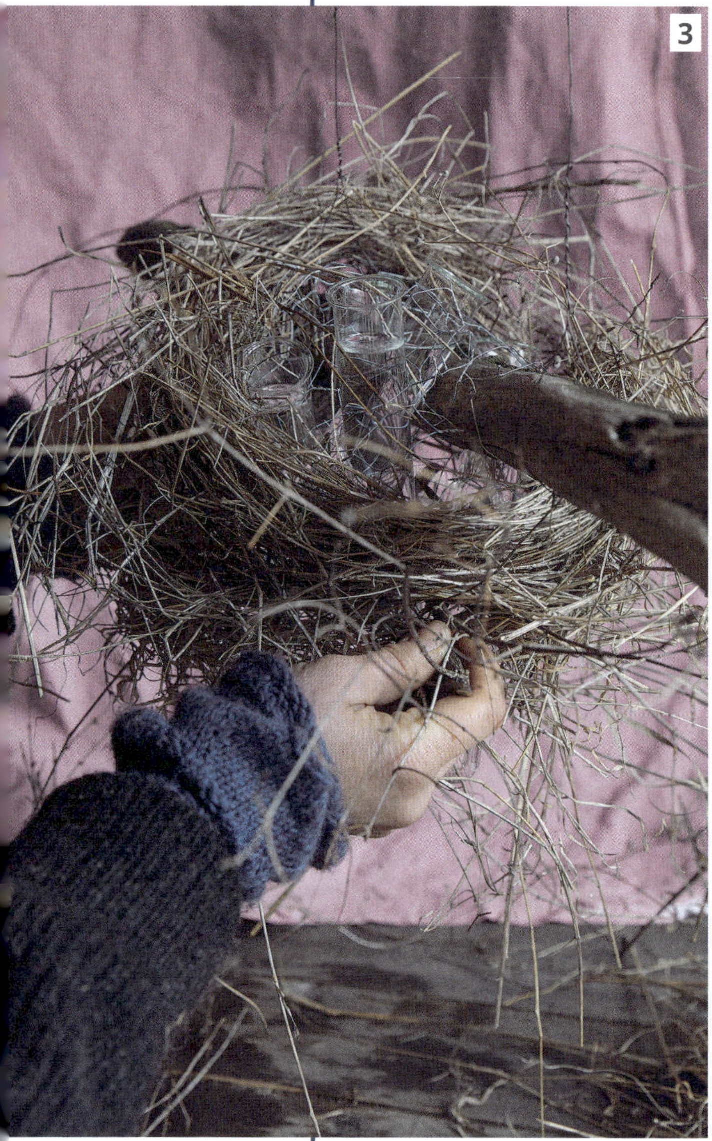

SO GEHT'S WEITER:

3 Getrocknetes Wiesen-Labkraut rund um das Drahtgeflecht winden. Mit Wickeldraht fixieren.

4 Durch das Wiesen-Labkraut mehrere Zweige stecken. Diese geben dem Nest nicht nur einen natürlichen Charme, sondern auch zusätzlich Halt.

Das Drahtgeflecht und die Glasröhrchen, die aus dem Nest herausschauen, mit Moos abdecken. Die mit Wasser befüllten Glasröhrchen mit den Zweigen der Schneespiere und den Lenzrosen befüllen, dazu dann die Schachbrettblumen und Traubenhyazinthen arrangieren.

... fertig!

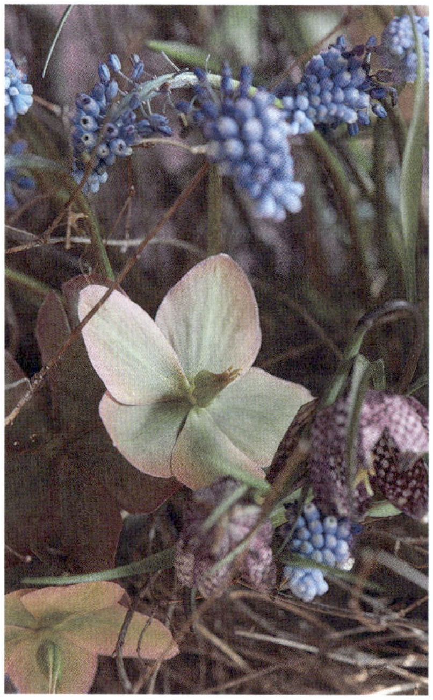

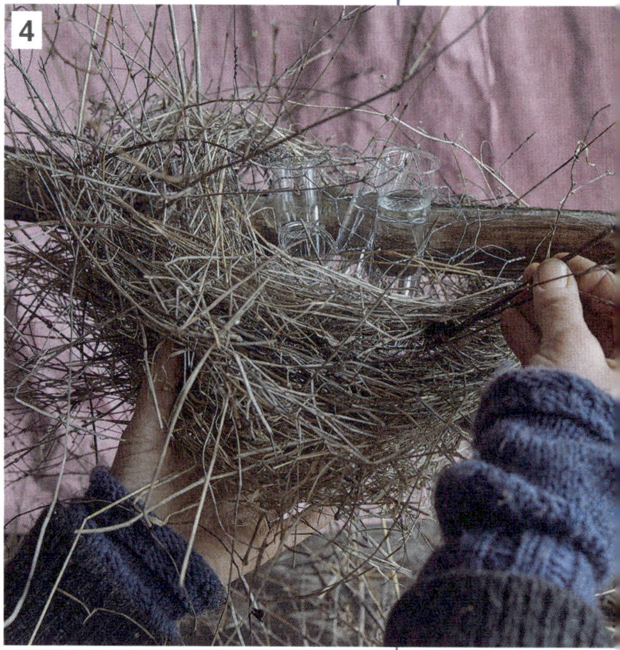

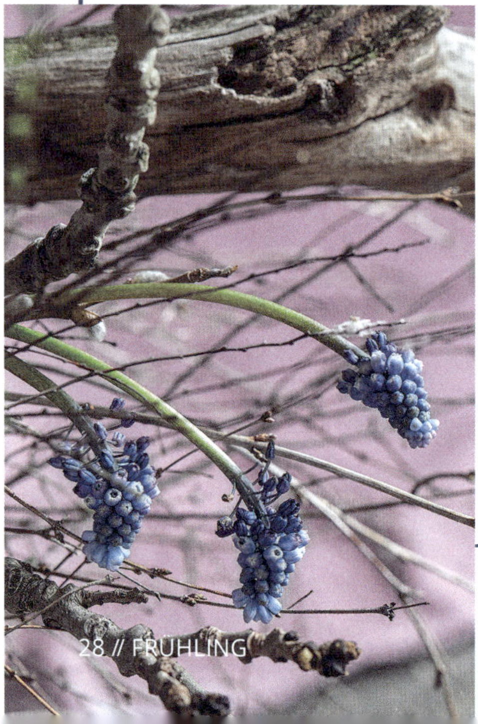

MEIN TIPP

Um die Glasröhrchen mit Wasser zu befüllen, bietet sich eine Schwanenhalsflasche an.

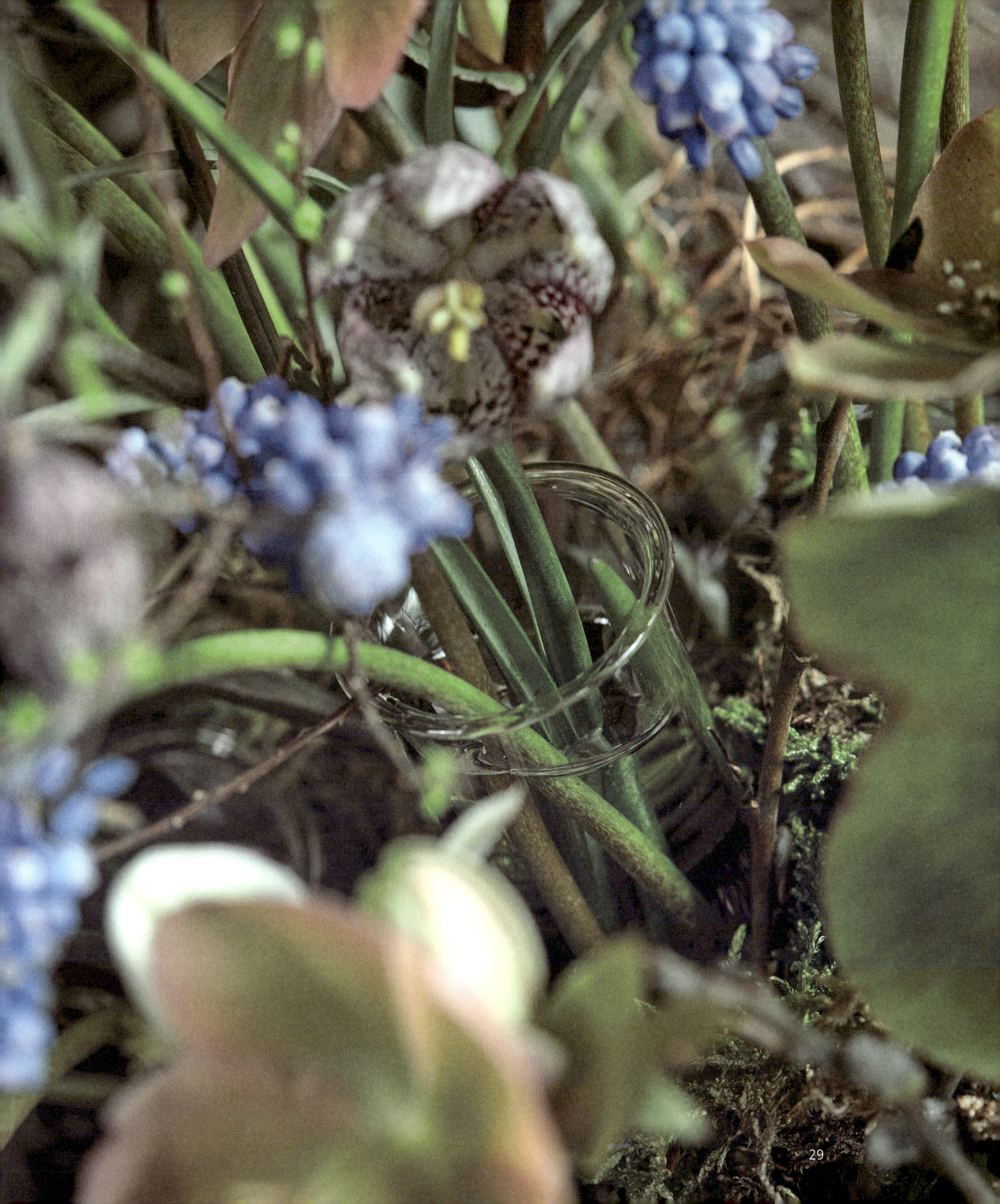

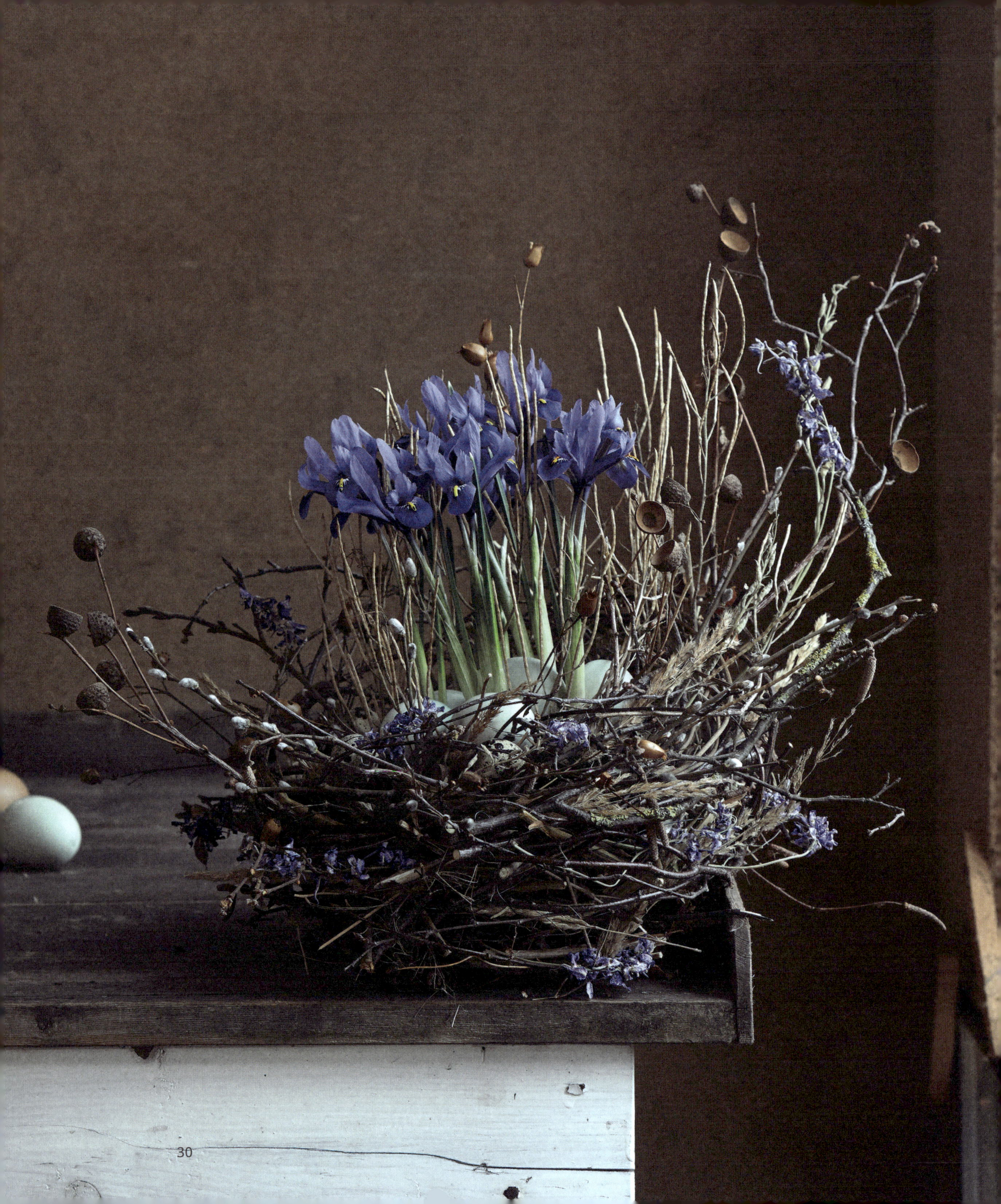

Gewundenes KÖRBCHEN

DAS BRAUCHT IHR:

Wickeldraht // Schale // verschiedene Eier // Pflanzerde // Birkenreisig // Ackerwinde // Obstbaum- und Weidenkätzchenzweige // Zwerg-Iris // Eichelhütchen // Trockenblumen (wie Wiesen-Labkraut, Rittersporn und Gräser)

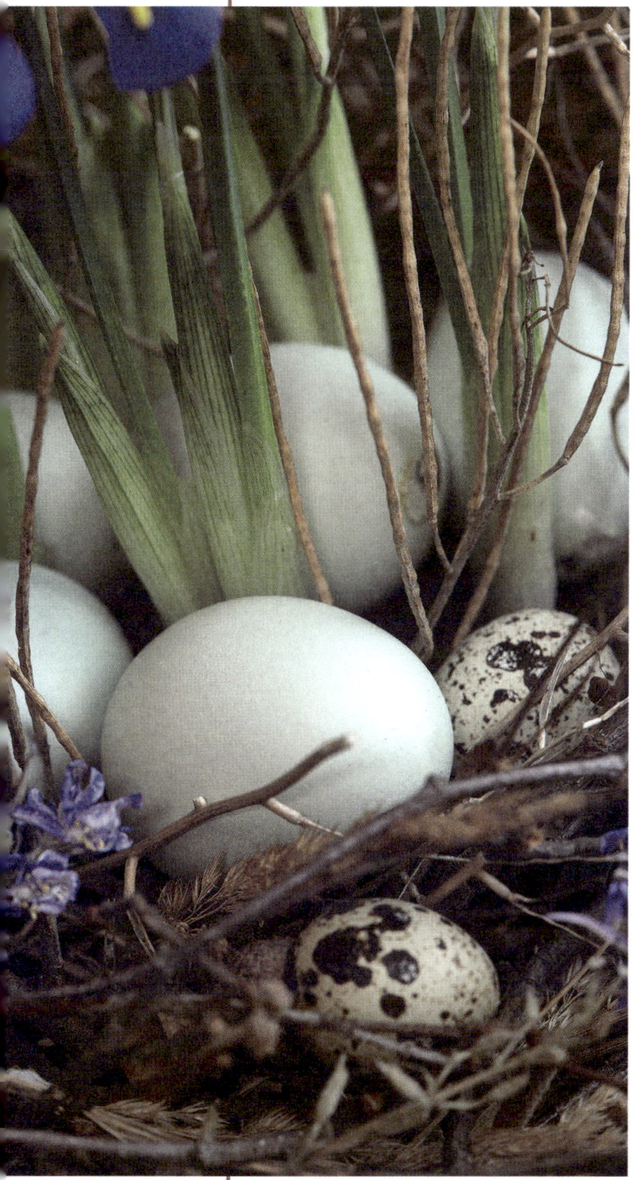

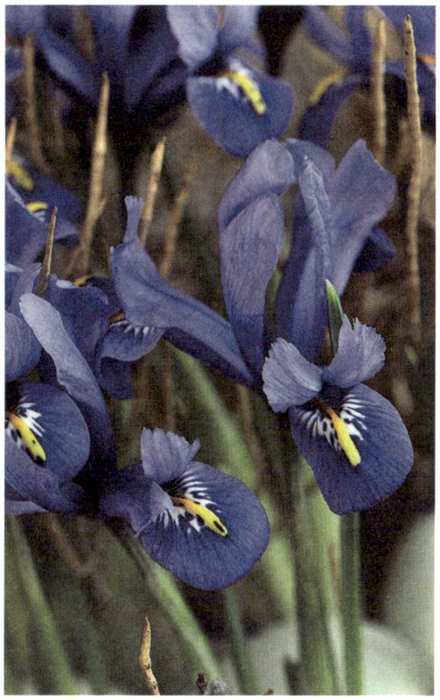

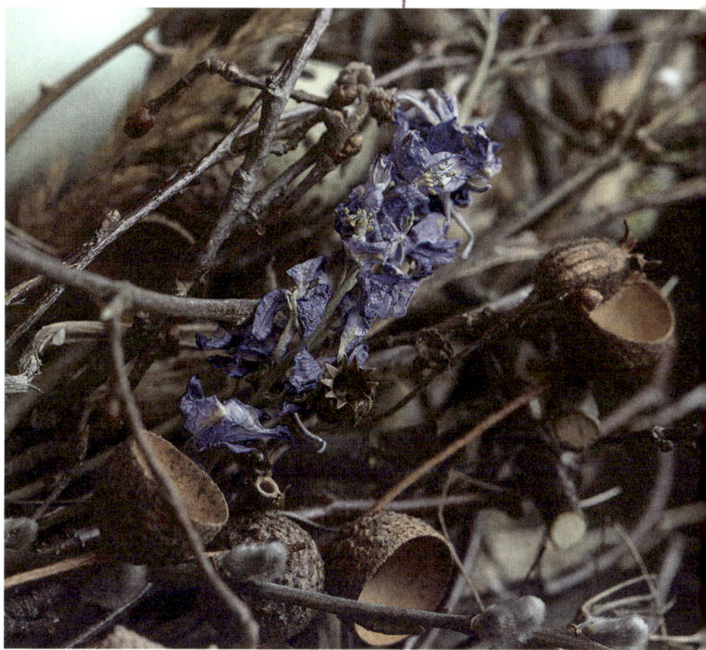

SO GEHT'S:

Eine Schale mit Zwerg-Iris bepflanzen. Dann Birkenreisig, Ackerwinde, trockenes Wiesen-Labkraut und Obstbaumzweige mithilfe von Wickeldraht zu einem Korb verweben. Dabei bleibt die Mulde in der Mitte so groß, dass die Schale problemlos hineinpasst.

Verschiedene, ausgepustete Eier zwischen den Blüten sowie auf dem Rand des Korbes arrangieren. Getrockneten Rittersporn sowie Gräser, Eichelhütchen und Weidenkätzchenzweige nach Belieben ins Nest stecken.

... fertig!

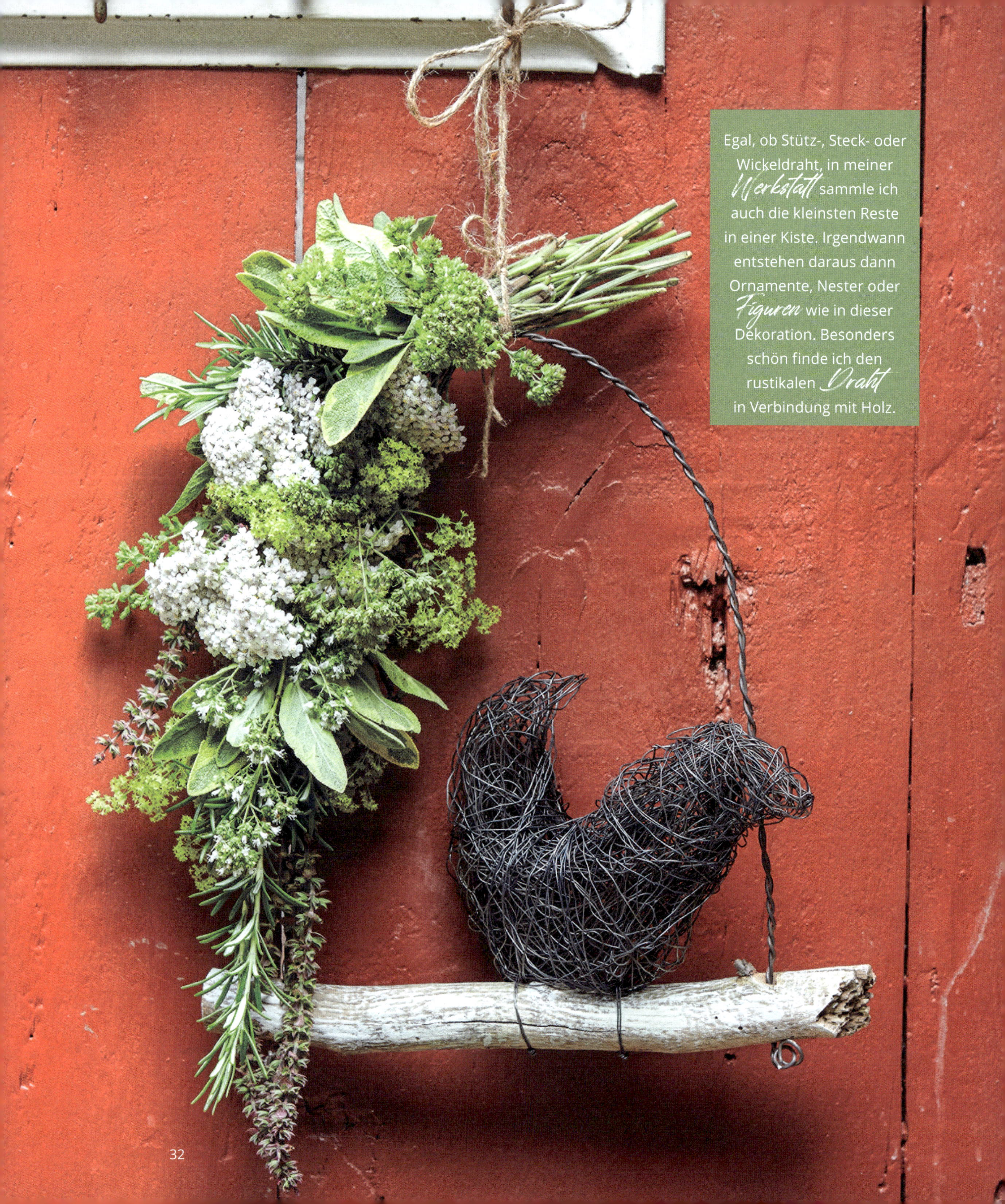

Egal, ob Stütz-, Steck- oder Wickeldraht, in meiner *Werkstatt* sammle ich auch die kleinsten Reste in einer Kiste. Irgendwann entstehen daraus dann Ornamente, Nester oder *Figuren* wie in dieser Dekoration. Besonders schön finde ich den rustikalen *Draht* in Verbindung mit Holz.

Drahtvogel AUF DEM AST

DAS BRAUCHT IHR:

Drahtreste oder Wickeldraht // Bohrer // Seitenschneider // Jutekordel // Ast // Frauenmantel // Salbei // Rosmarin // Schafgarbe

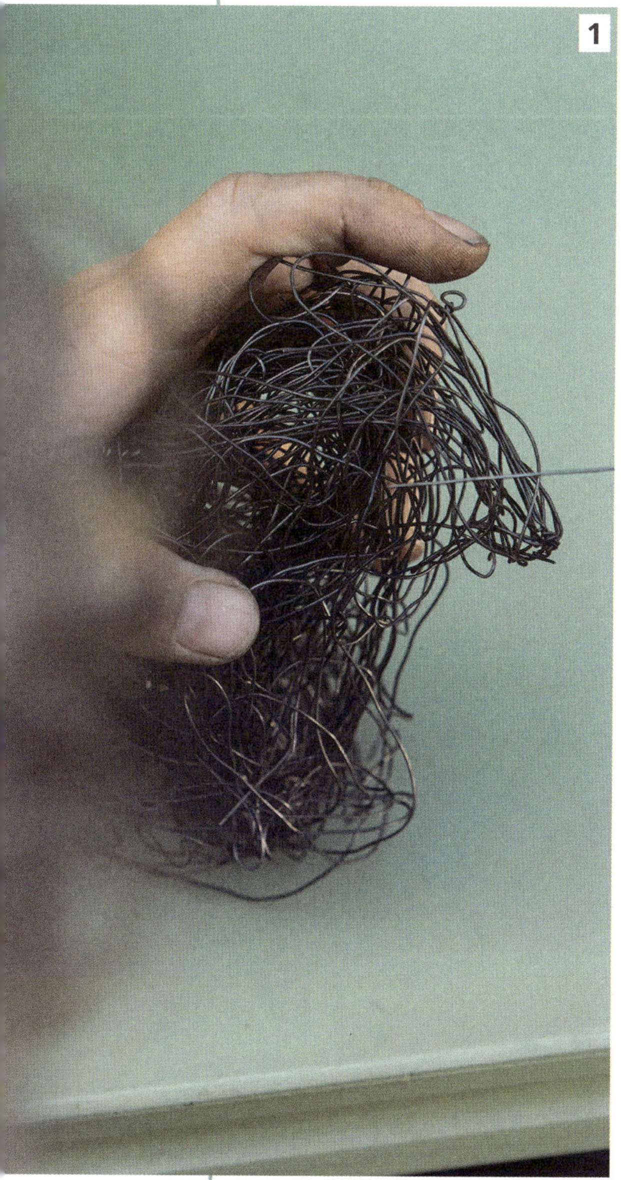
1

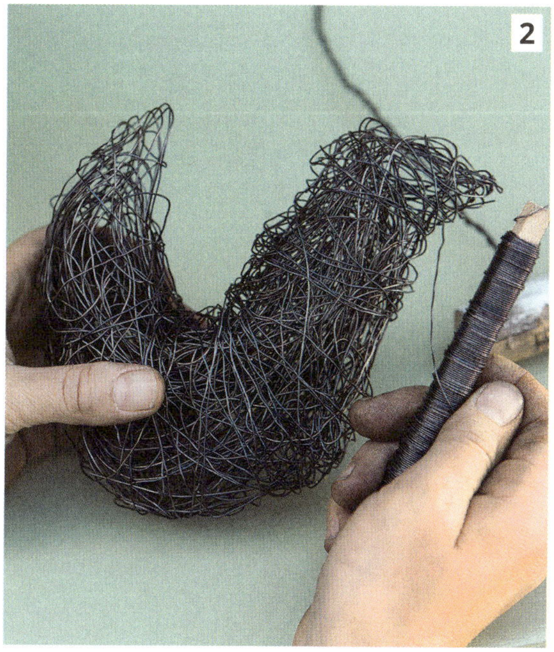
2

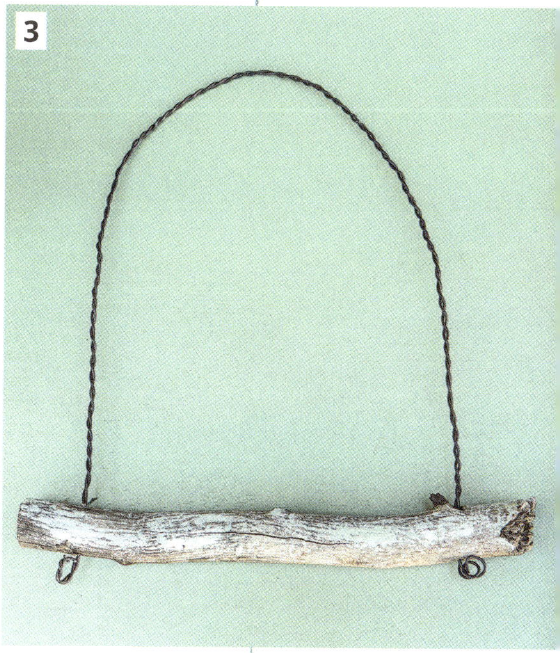
3

SO GEHT'S:

Für die Herstellung des Vogels können verschiedene Drahtreste verwendet werden. Wer keine Reste hat, kann auch Wickeldraht benutzen.

1 Die Drähte zusammennehmen, verknautschen und dabei versuchen, die Form eines kleinen Vogels zu modellieren.

2 Ist die Figur fertig, diese durch mehrfaches Umwickeln mit dem dünneren Wickeldraht stabilisieren.

3 Für die Schaukel einen Ast an beiden Enden durchbohren. Zwei Drähte miteinander verdrehen, durch die beiden Löcher fädeln und die Enden verzwirbeln, sodass sie nicht mehr hinausrutschen können.

... weiter **AUF DER NÄCHSTEN SEITE.**

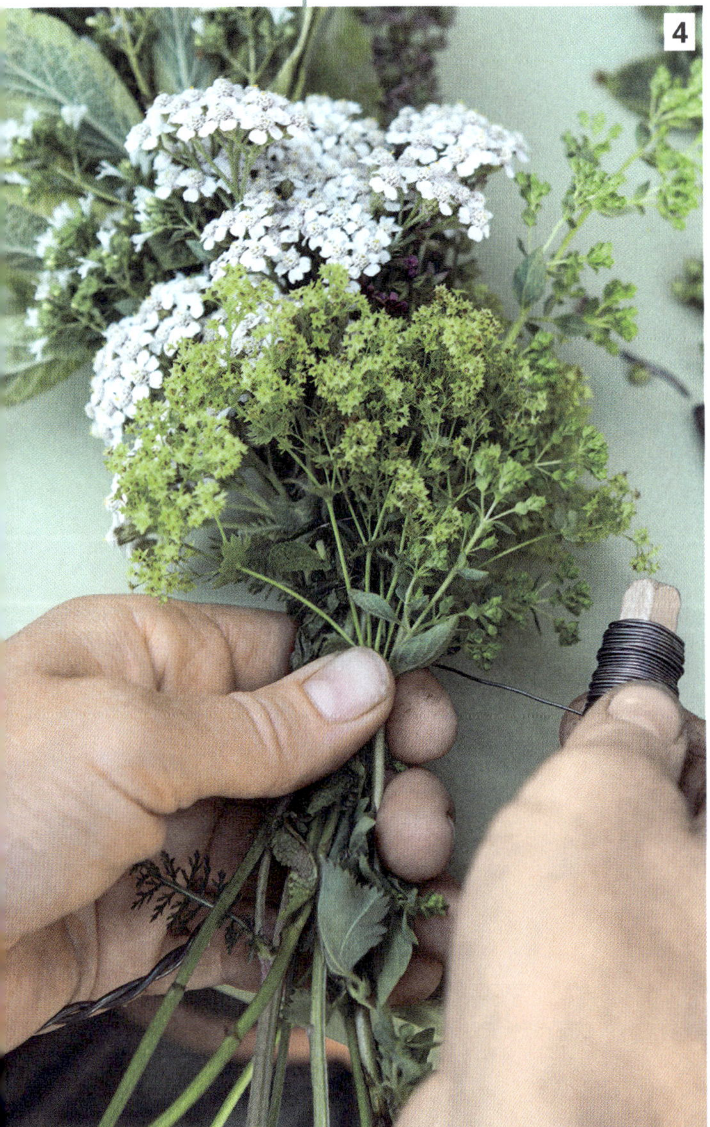

SO GEHT'S WEITER:

4+5 Die einzelnen Kräuter und Blüten zu kleinen Büscheln zusammennehmen und mit Wickeldraht auf den Drahtbogen der Schaukel wickeln. Den Abschluss mit Jutekordel kaschieren.

6+7 Den Vogel in der Mitte des Astes platzieren und mit einem Stück Draht befestigen.

... fertig!

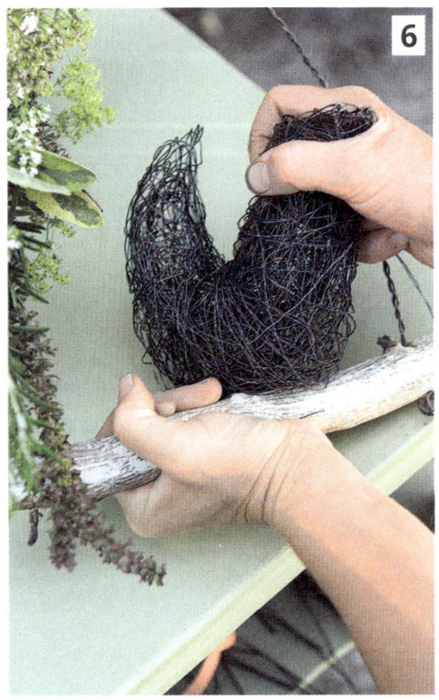

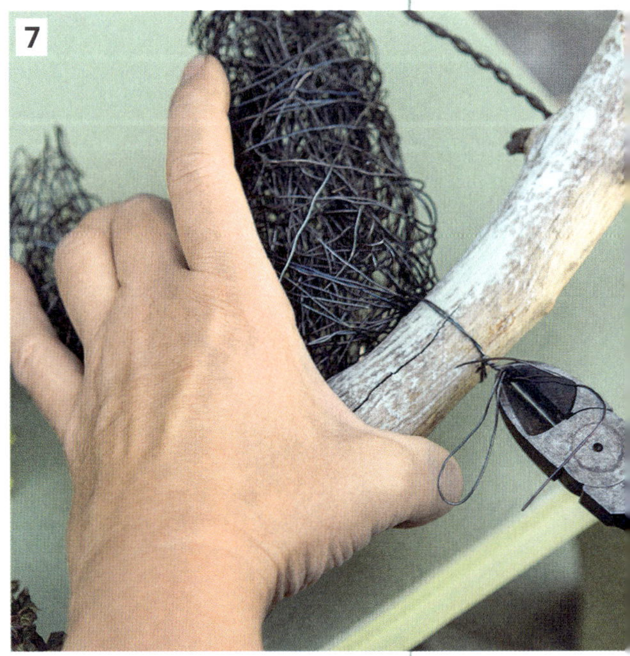

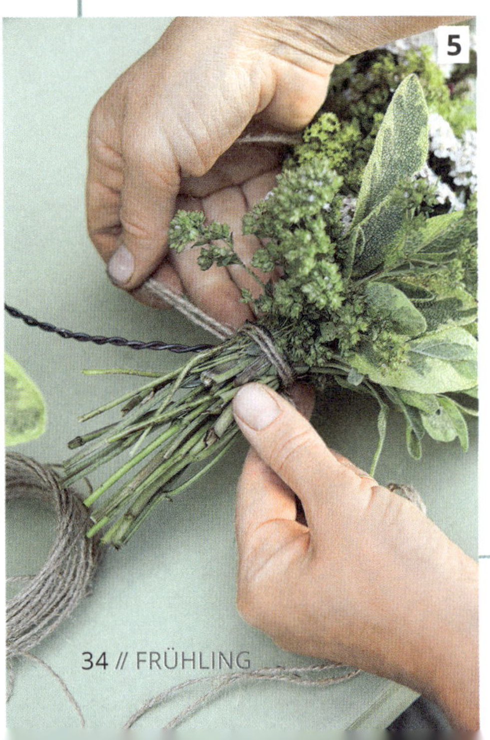

MEIN TIPP

Zum Bewickeln des Drahtbogens könnt Ihr verwenden, was Euch gefällt. Allerdings eignen sich am besten Blumen und Pflanzentriebe, die gut eintrocknen, wie zum Beispiel Gartenkräuter.

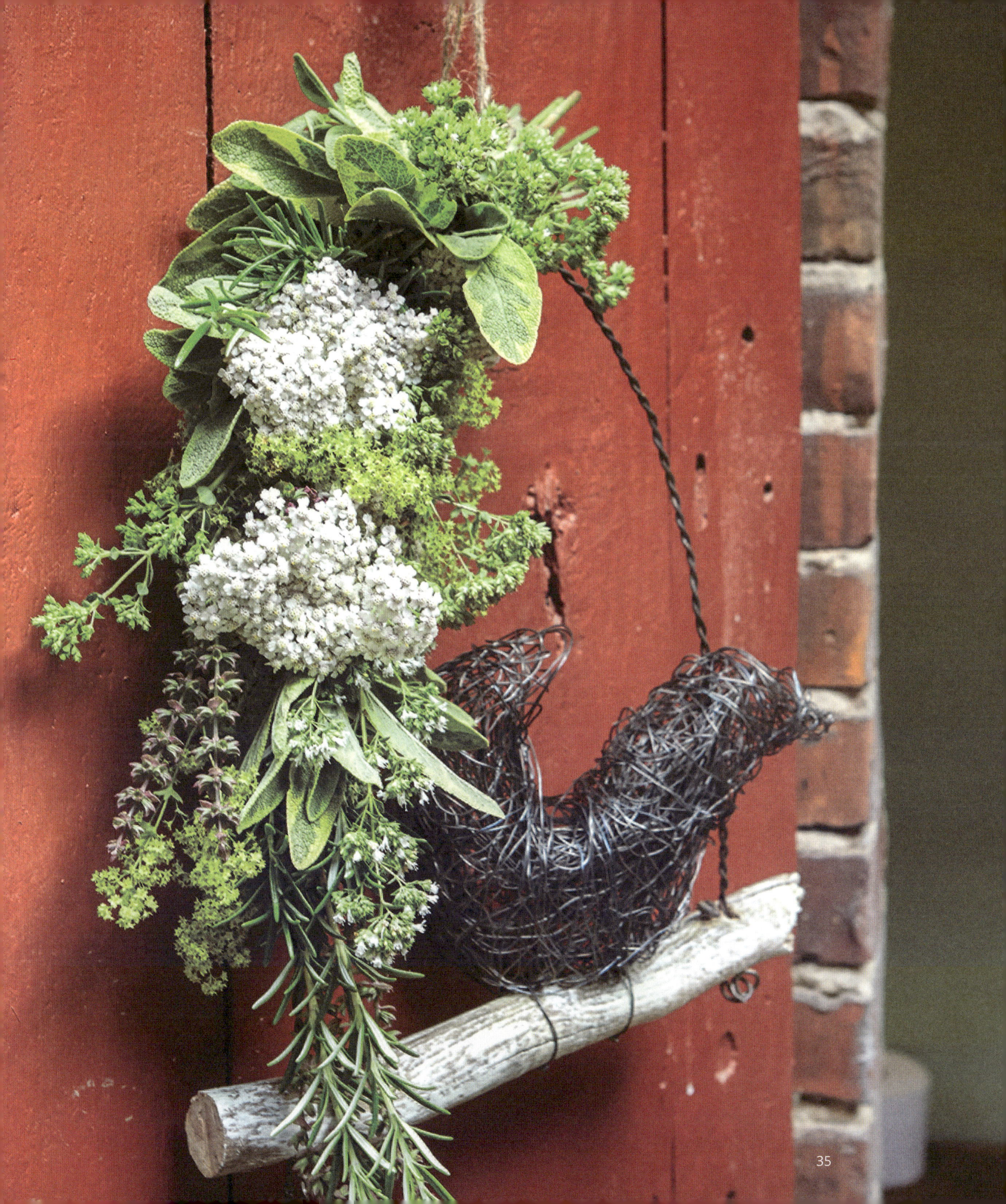

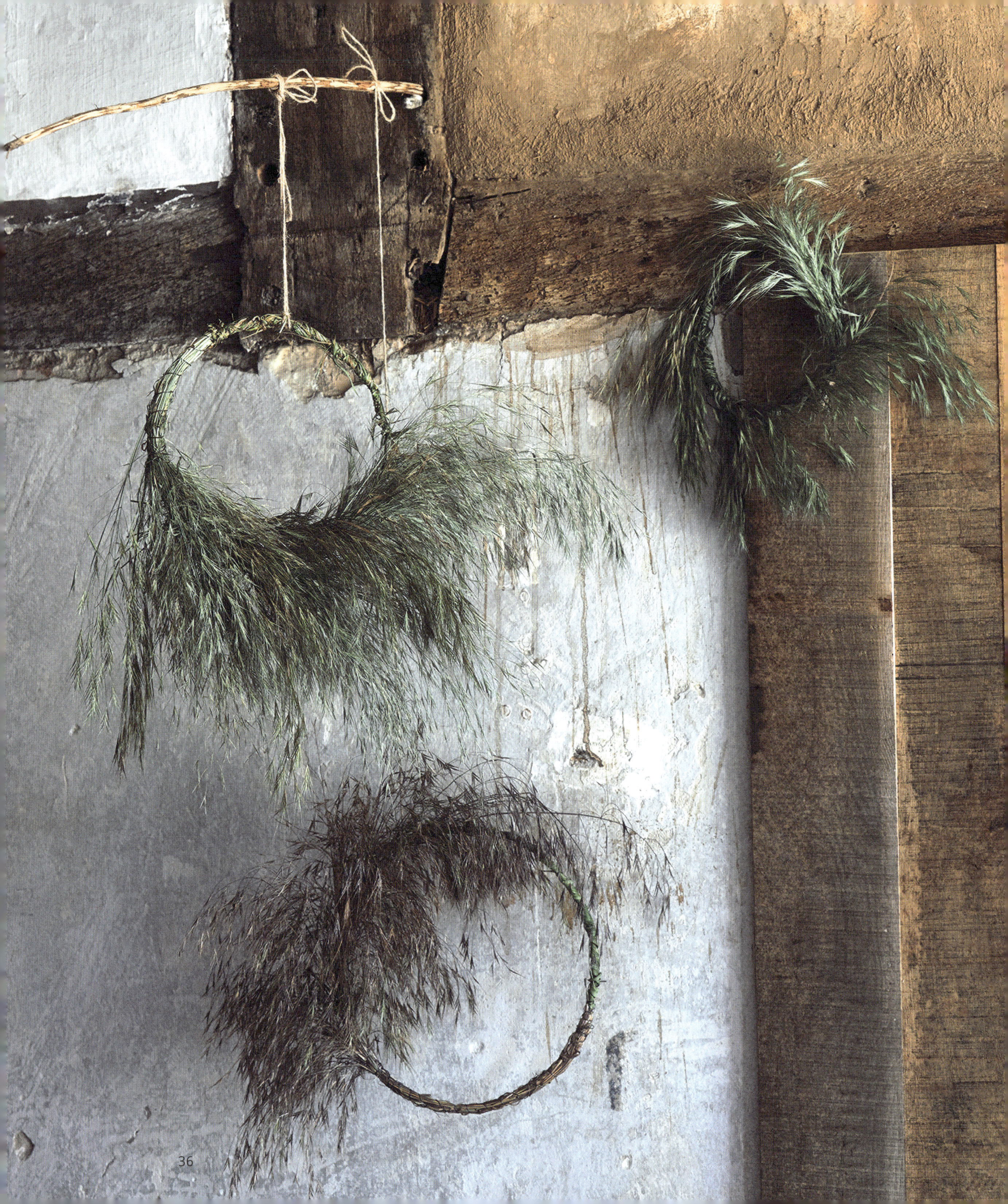

Grasige KRÄNZE

DAS BRAUCHT IHR:

Wickeldraht // Jutekordel // Gartenschere // Acker-Trespe // biegsame Weinranken

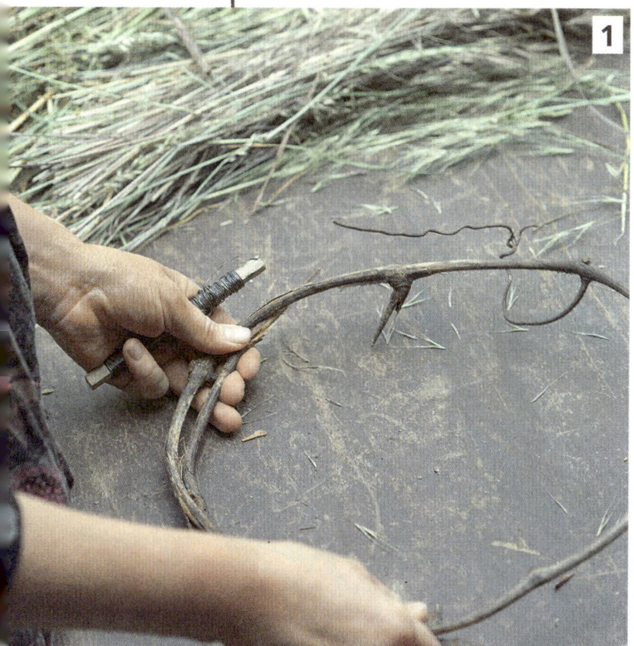

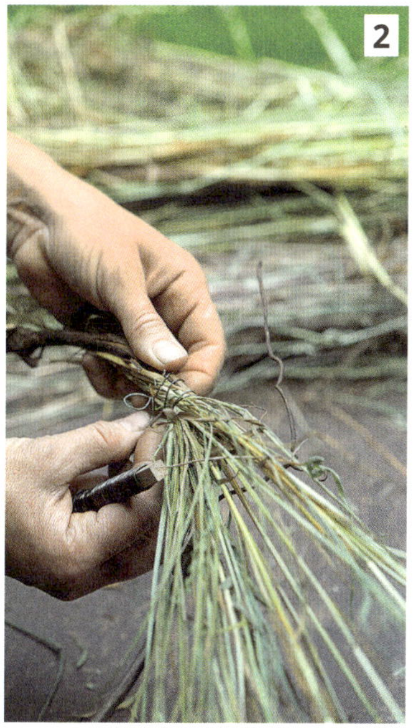

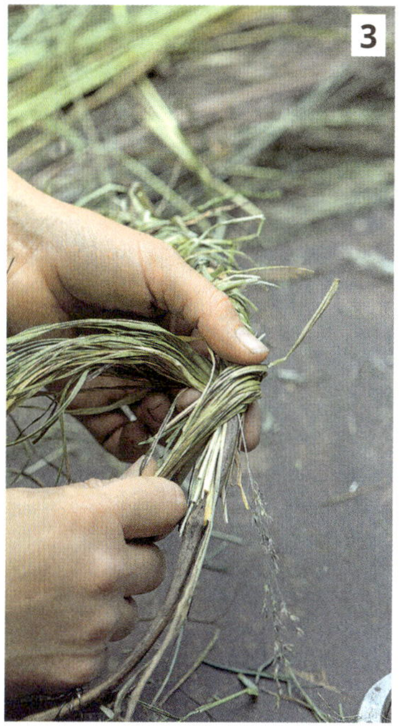

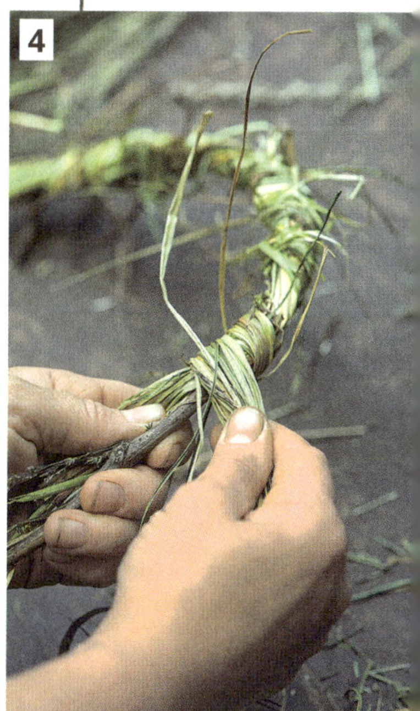

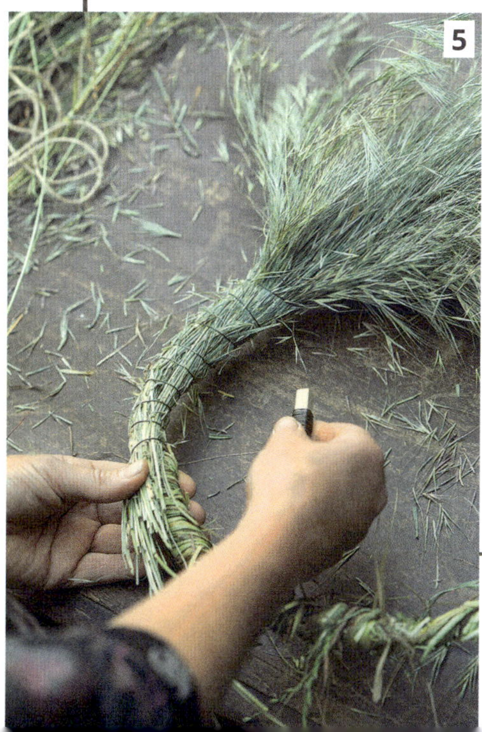

SO GEHT'S:

1 Die Seele des Kränzchens besteht aus einer biegsamen Ranke. Diese zu einem Ring formen und mit Wickeldraht fixieren.

2–5 Kleine Bündel der Acker-Trespe nach und nach auf das Gerüst wickeln und nur im Bereich der Halme befestigen, die Blütenrispen also frei ausschwingen lassen.

Eine Juteschnur als Aufhängung anbringen.

... fertig!

MEIN TIPP

Wer keine Weinranken zur Verfügung hat, kann natürlich auch Weidenzweige, Clematisranken oder Knöterichtriebe verwenden. Die Hauptsache ist, dass sich die Zweige schön biegen lassen.

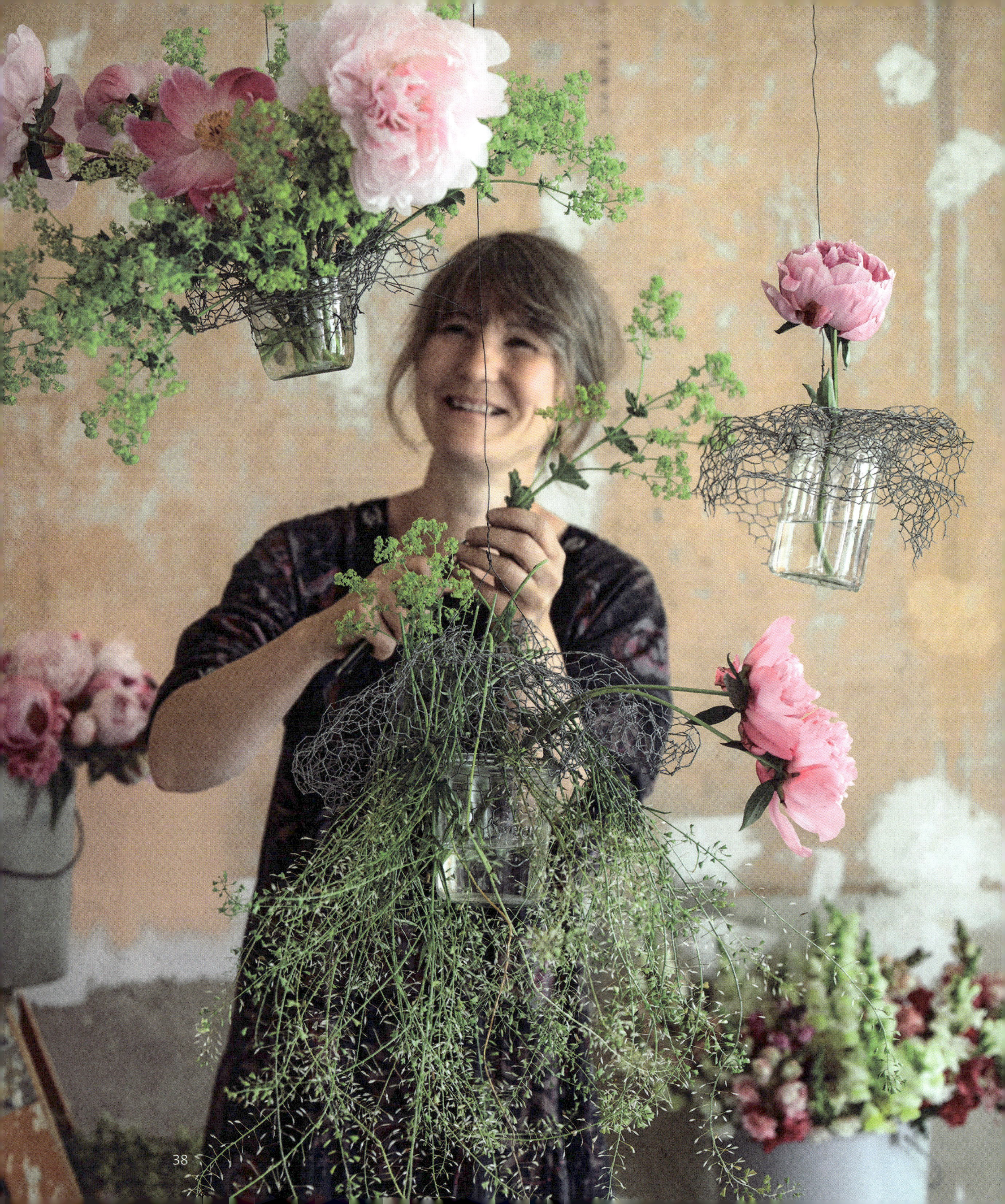

Schwebende PFINGSTROSEN

DAS BRAUCHT IHR:

Hasendraht // Seitenschneider // Einmachgläser // Wickeldraht // Blüten (wie Pfingstrosen, Frauenmantel, Hirtentäschel, Goldliguster, Wiesen-Labkraut und Löwenmäulchen)

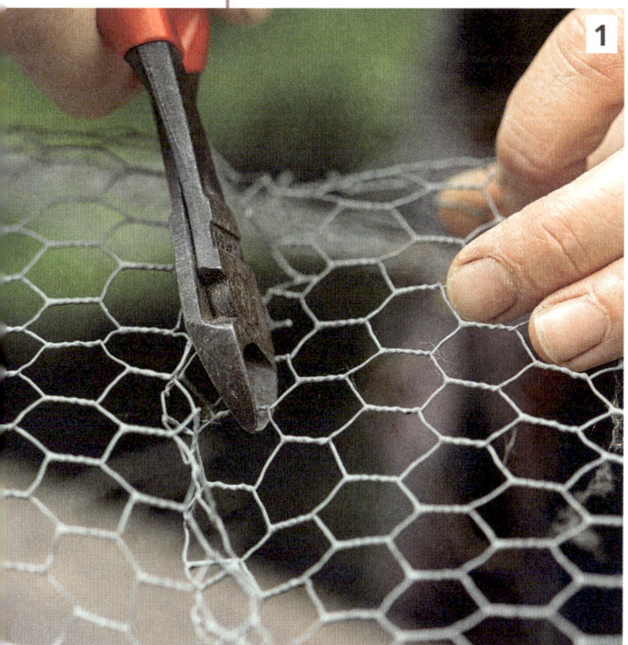

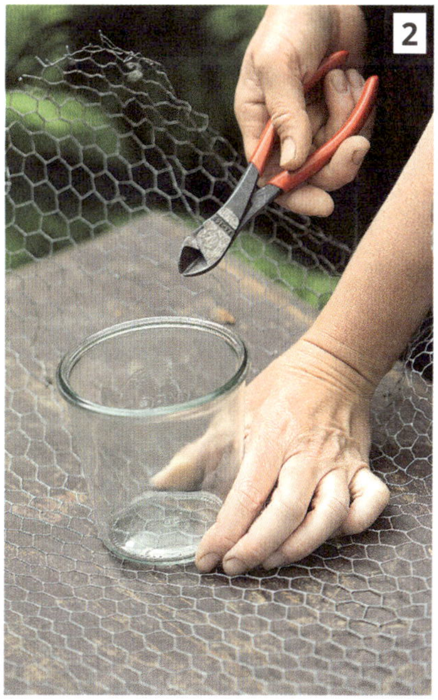

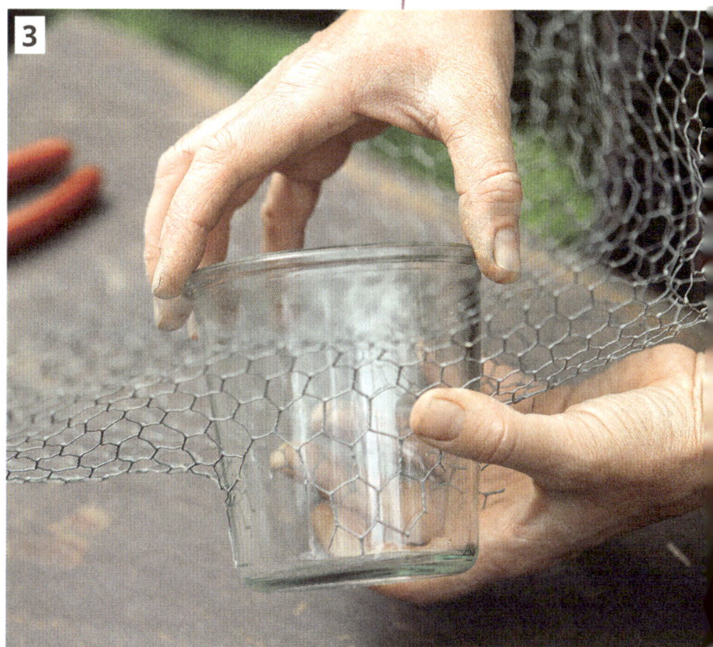

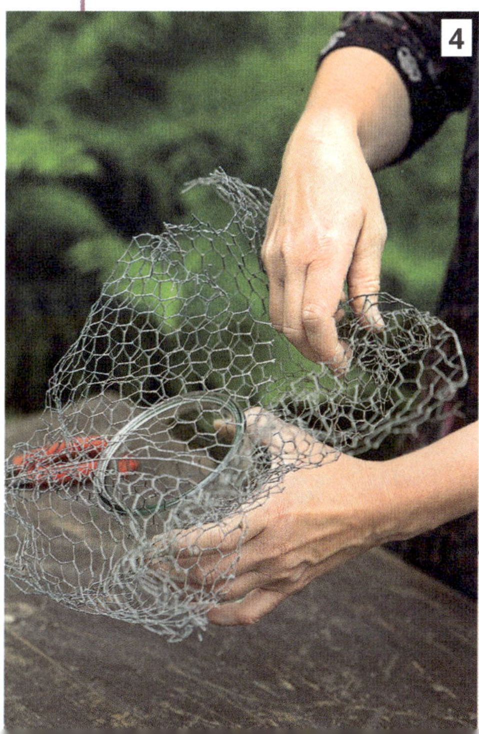

SO GEHT'S:

1 Den Hasendraht quadratisch zuschneiden.

2+3 Ein Einmachglas darauf positionieren, um die Größe abzuschätzen. Dann ein Loch in den Draht schneiden, durch das das Einmachglas passt, ohne dass es einfach durchrutscht. Das Gefäß durch das Loch schieben, mit Wickeldraht fixieren.

4 Die abstehenden Drahtflächen nach innen klappen, sodass ein voluminöser Kragen um das Glas herum entsteht.

... weiter **AUF DER NÄCHSTEN SEITE.**

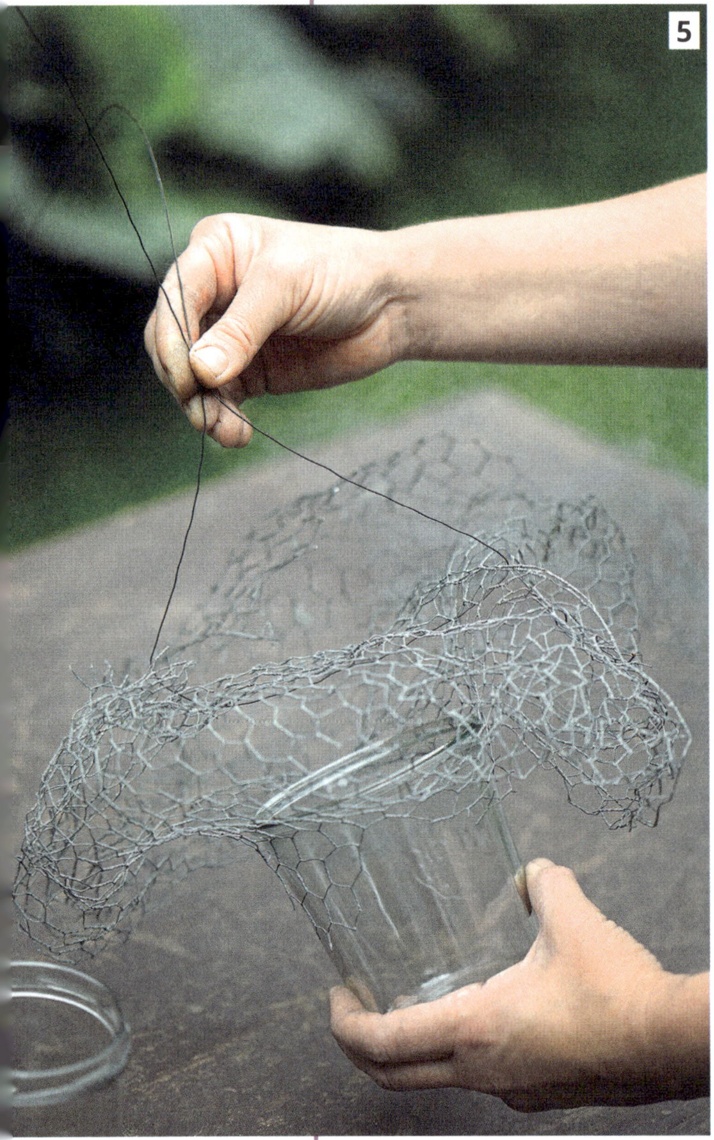

5

SO GEHT'S WEITER:

5+6 Ein langes Stück Wickeldraht durch den Kragen aus Drahtgeflecht schieben, zu einer Aufhängung formen und das Gefäß aufhängen.

Erst dann geht es an die blumige Gestaltung: Dafür verschiedene Blüten durch den Hasendraht-Kragen ins wassergefüllte Glas schieben. Dieser Kragen dient als Steckhilfe, der dafür sorgt, dass die Blumen genügend Halt haben. Zum Schluss sicherstellen, dass die Blüten genügend Wasser haben.

... fertig!

6

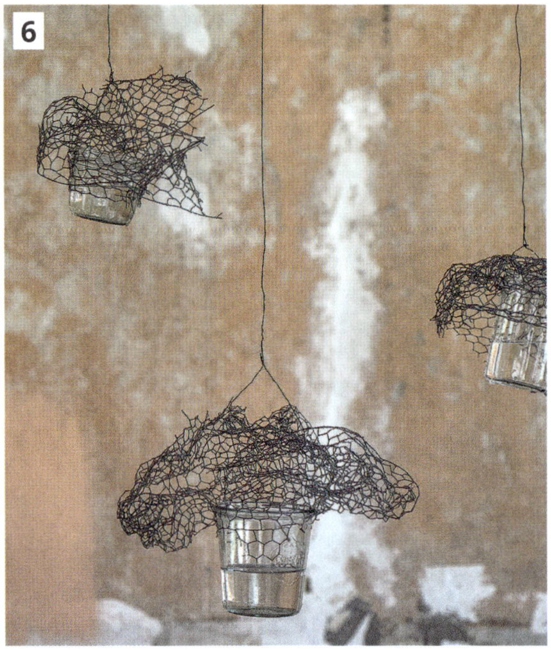

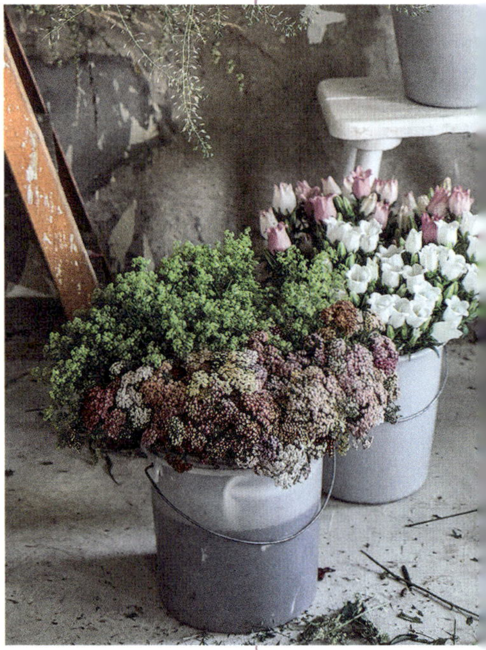

MEIN TIPP

Am besten eignen sich Pfingstrosen mit dünnem Stiel. Der ist besonders biegsam und lässt sich problemlos in der alternativen Steckhilfe verankern.

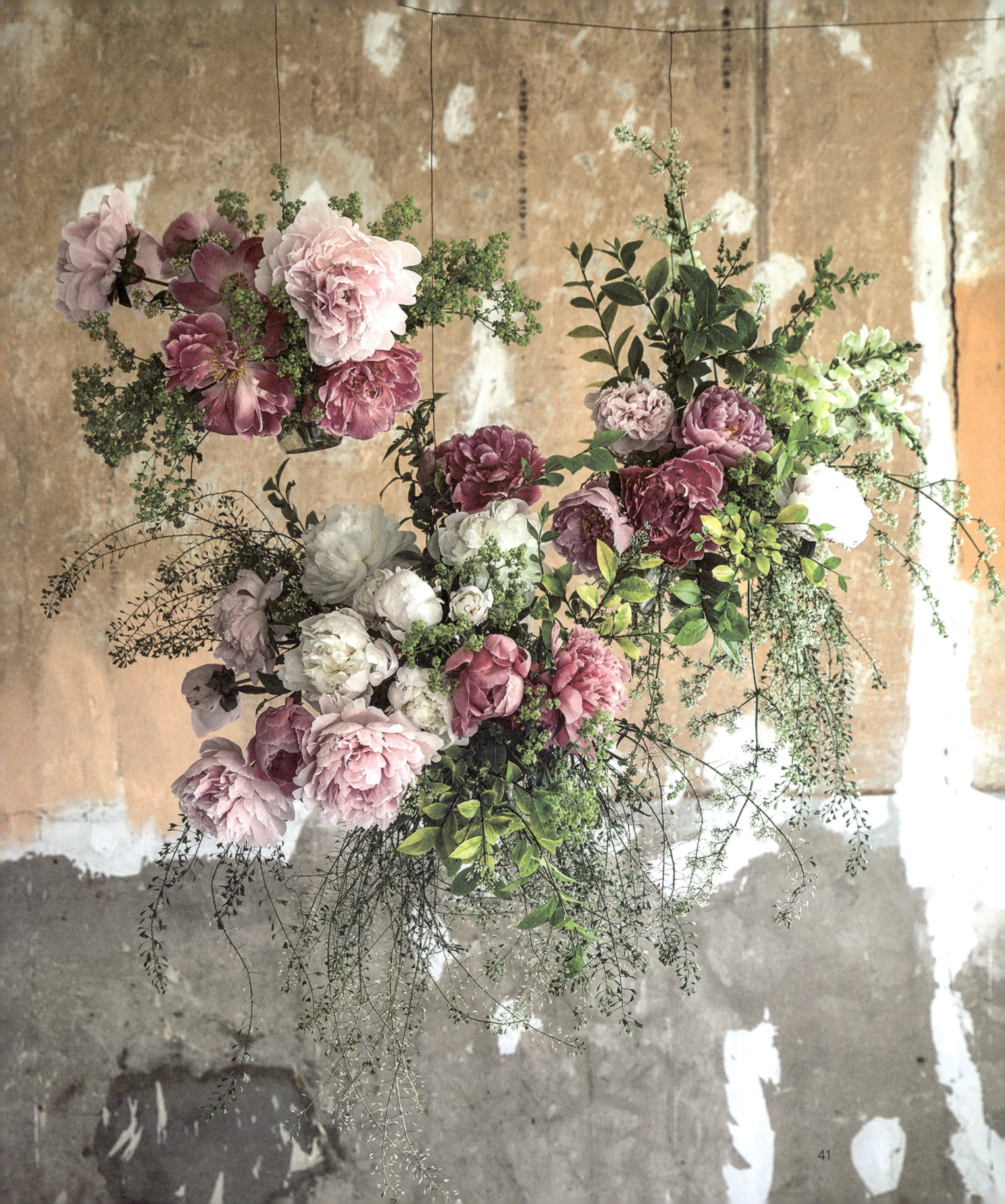

MEIN TIPP

Wird der Kenzan zu einseitig besteckt, fällt er schnell um. Nehmt Euch deshalb Zeit und schaut Euch die Bewegung der Stiele sowie die Art, wie sie gewachsen sind, genau an. Dann könnt Ihr sie leichter ins Gleichgewicht bringen.

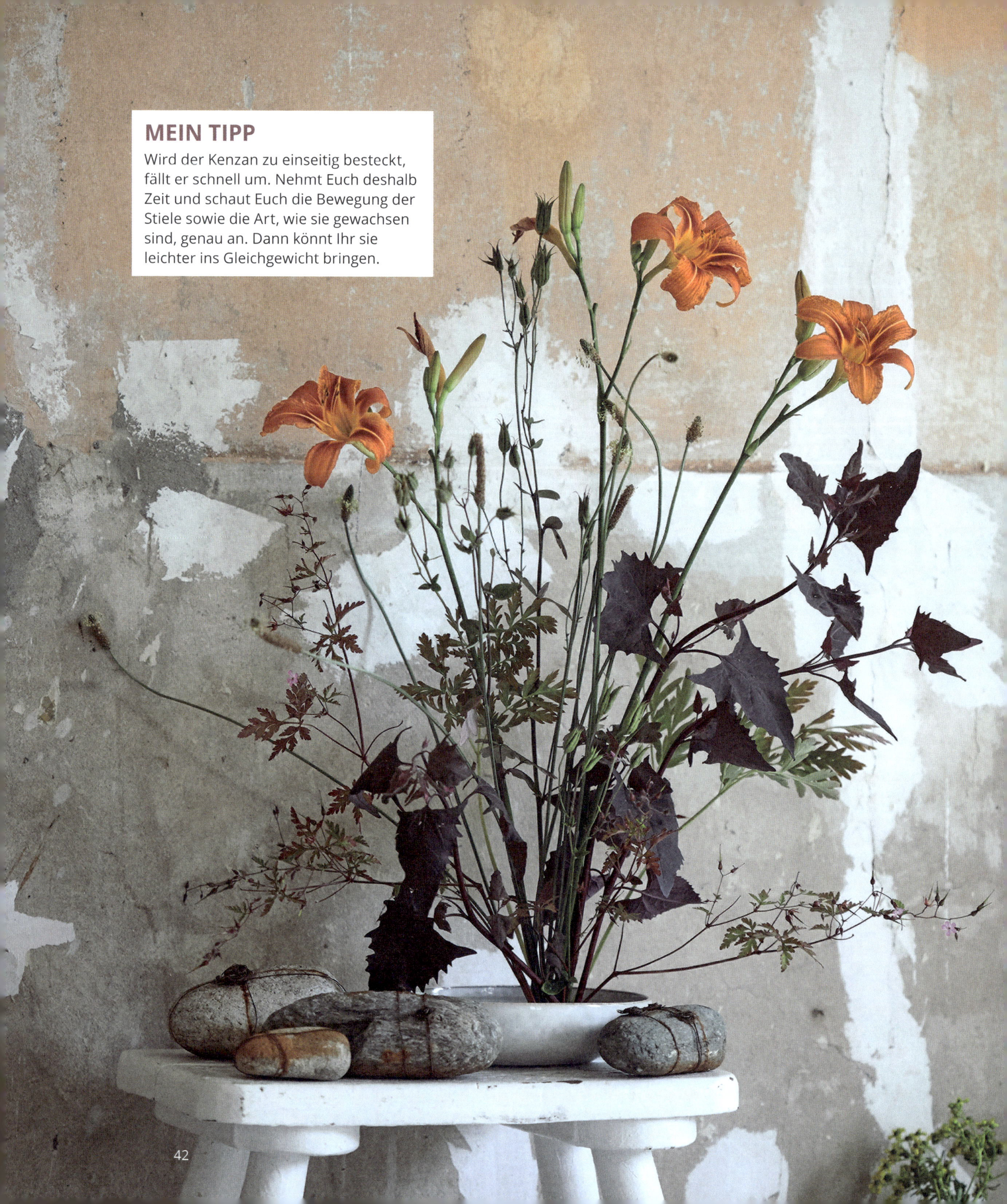

Wildes GARTENGESTECK

DAS BRAUCHT IHR:

Kenzan // Steine // Schnur // flache Schüssel // Taglilien // Spitzwegerich // Rote Garten-Melden // Wilder Storchenschnabel

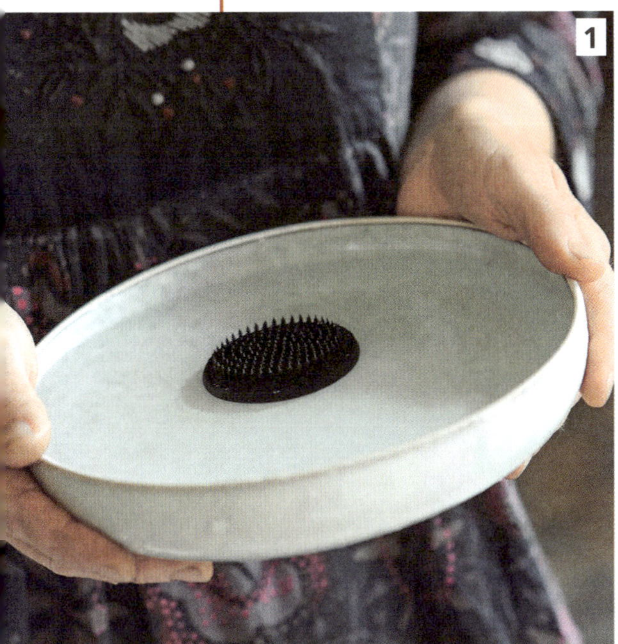

1

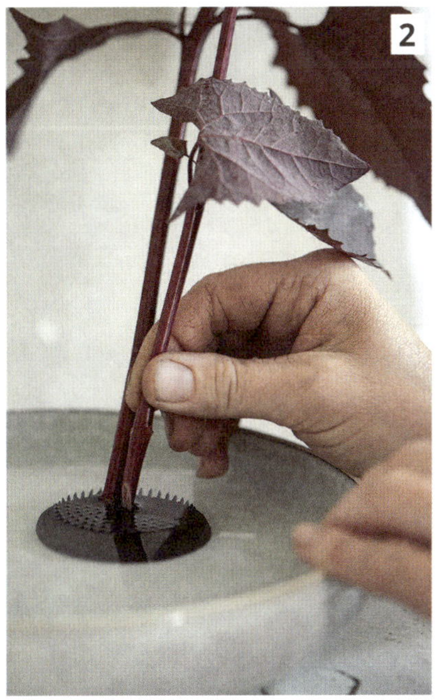

2

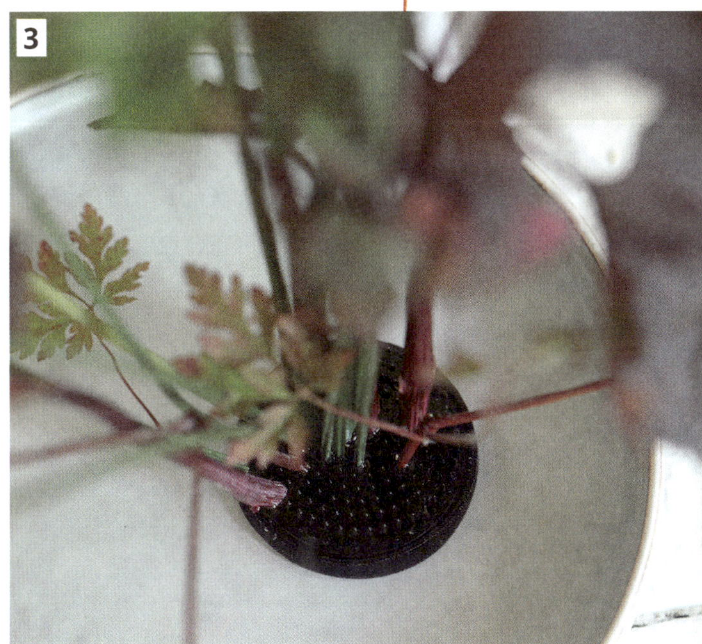

3

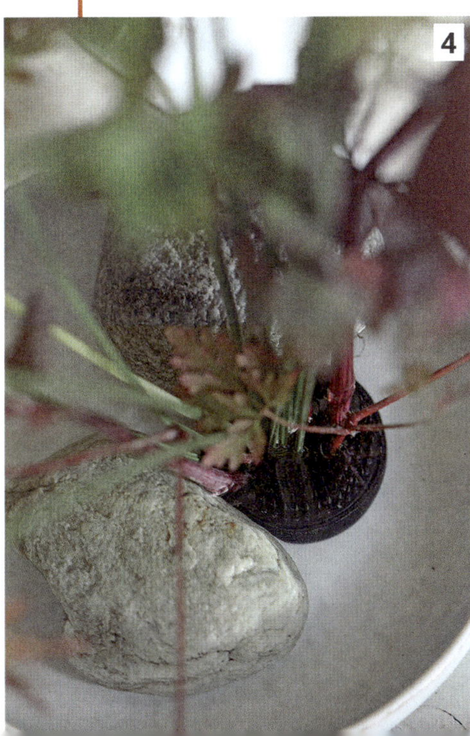

4

SO GEHT'S:

1 Der Kenzan, auch Steckigel genannt, wird in einer flachen, mit Wasser gefüllten Schale platziert.

2+3 Nun kommen die Blumen und Zweige hinein. Sie werden einfach auf die einzelnen Stacheln des Kenzans gesteckt.

4 Weil die Stiele hier besonders lang sind, bietet es sich an, mehrere Steine rund um den Kenzan zu platzieren, damit er nicht zur Seite kippt.

... fertig!

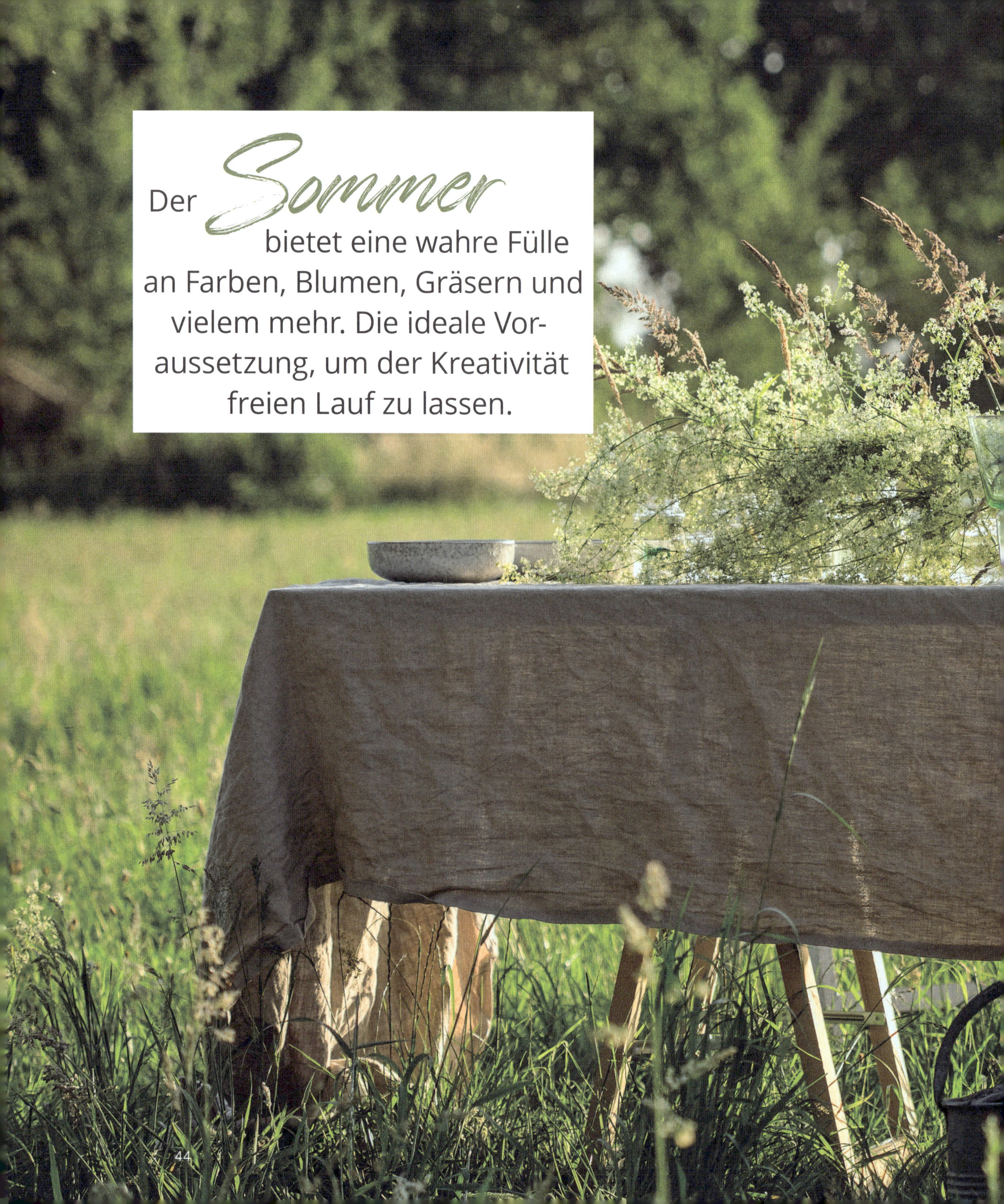

Der *Sommer* bietet eine wahre Fülle an Farben, Blumen, Gräsern und vielem mehr. Die ideale Voraussetzung, um der Kreativität freien Lauf zu lassen.

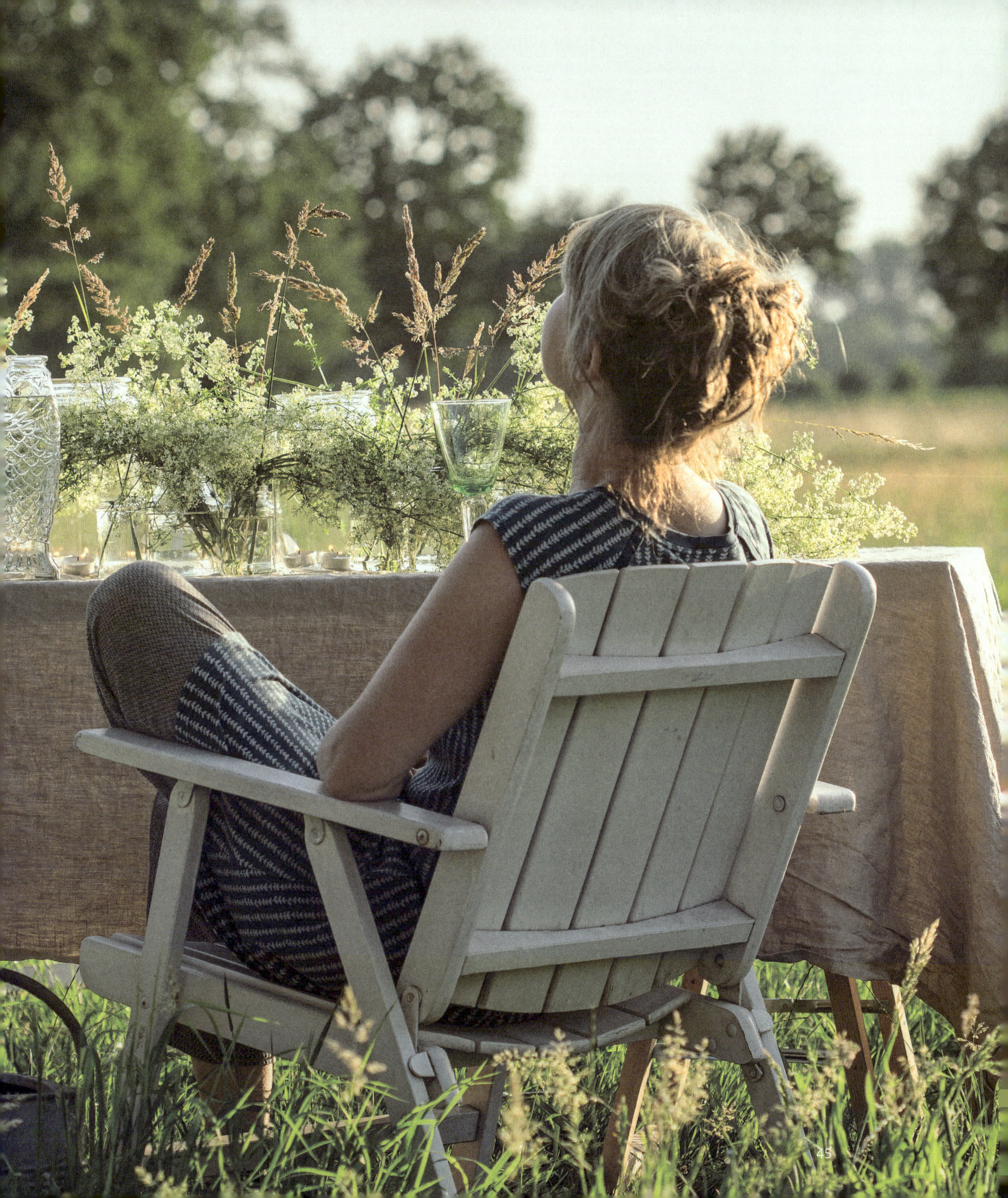

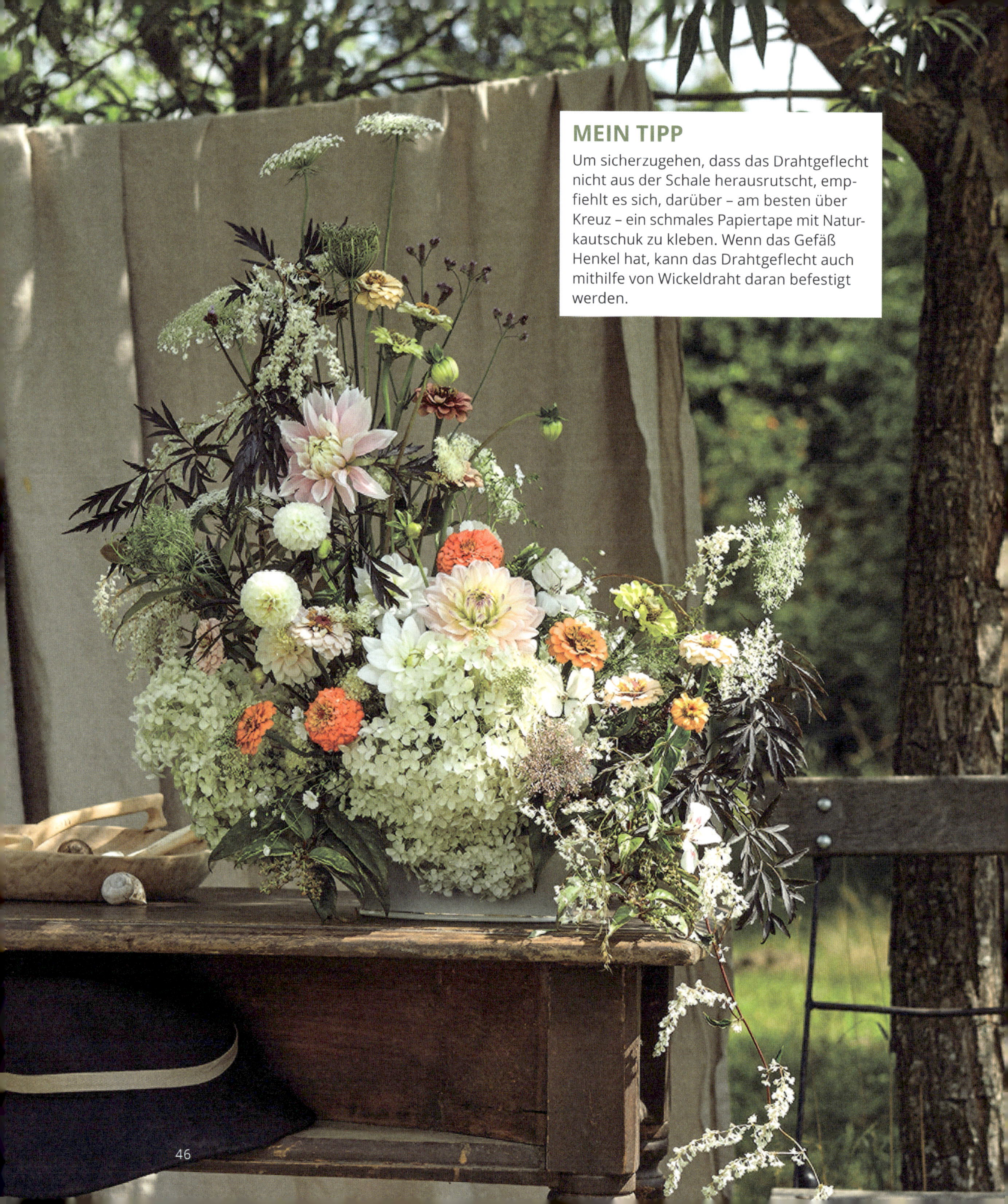

MEIN TIPP

Um sicherzugehen, dass das Drahtgeflecht nicht aus der Schale herausrutscht, empfiehlt es sich, darüber – am besten über Kreuz – ein schmales Papiertape mit Naturkautschuk zu kleben. Wenn das Gefäß Henkel hat, kann das Drahtgeflecht auch mithilfe von Wickeldraht daran befestigt werden.

Blütenreiches POTPOURRI

DAS BRAUCHT IHR:

Hasendraht // Seitenschneider // Suppenterrine oder Schüssel // Sommerblumen (wie Dahlien, Zinnien, Verbenen, Hortensien, Wilde Möhren und Blätter vom Schwarzen Holunder)

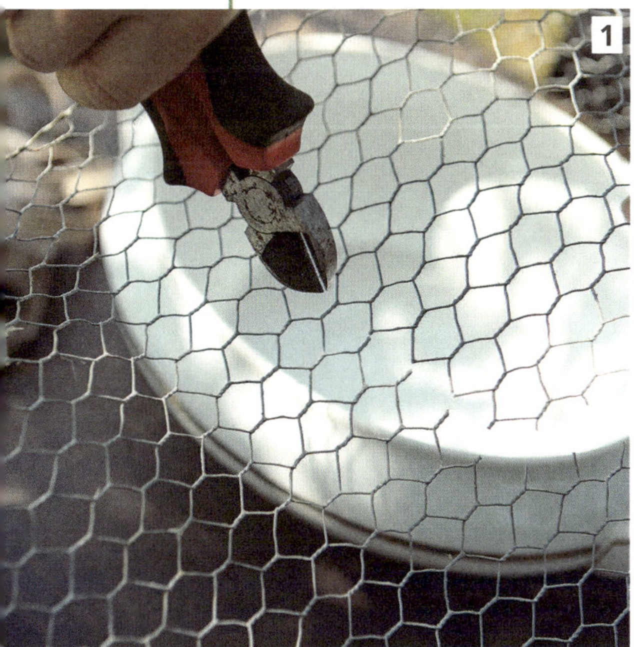

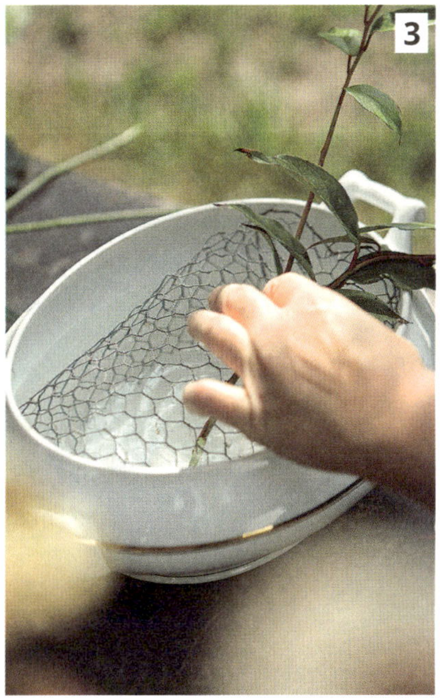

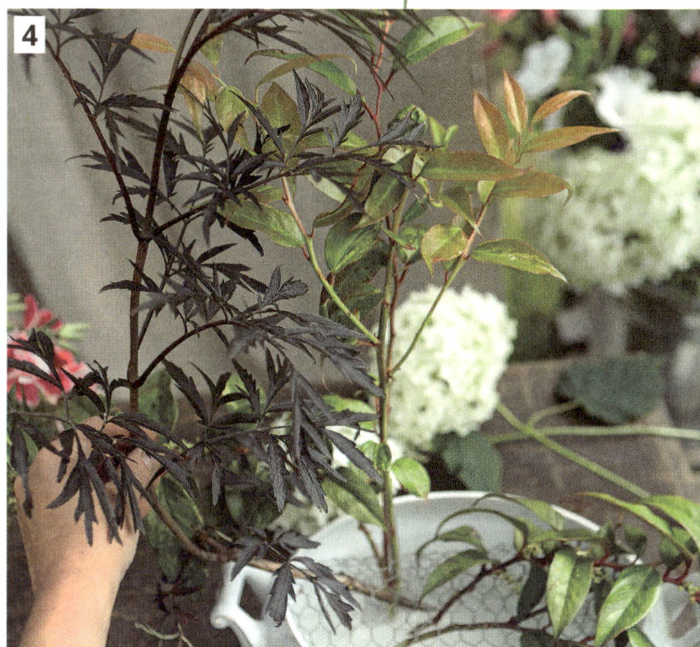

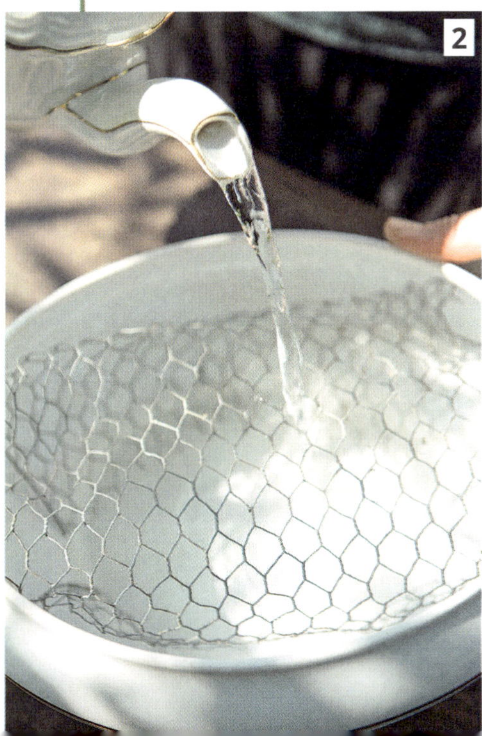

SO GEHT'S:

1+2 Den Hasendraht so zuschneiden, dass er mit leicht eingerollten Seiten in der Schüssel Platz findet. Dann Wasser eingießen.

3+4 Die Blüten und Blätter dicht an dicht so durch das Drahtgeflecht schieben, dass sie nicht nur Halt haben, sondern auch im Wasser stehen.

...fertig!

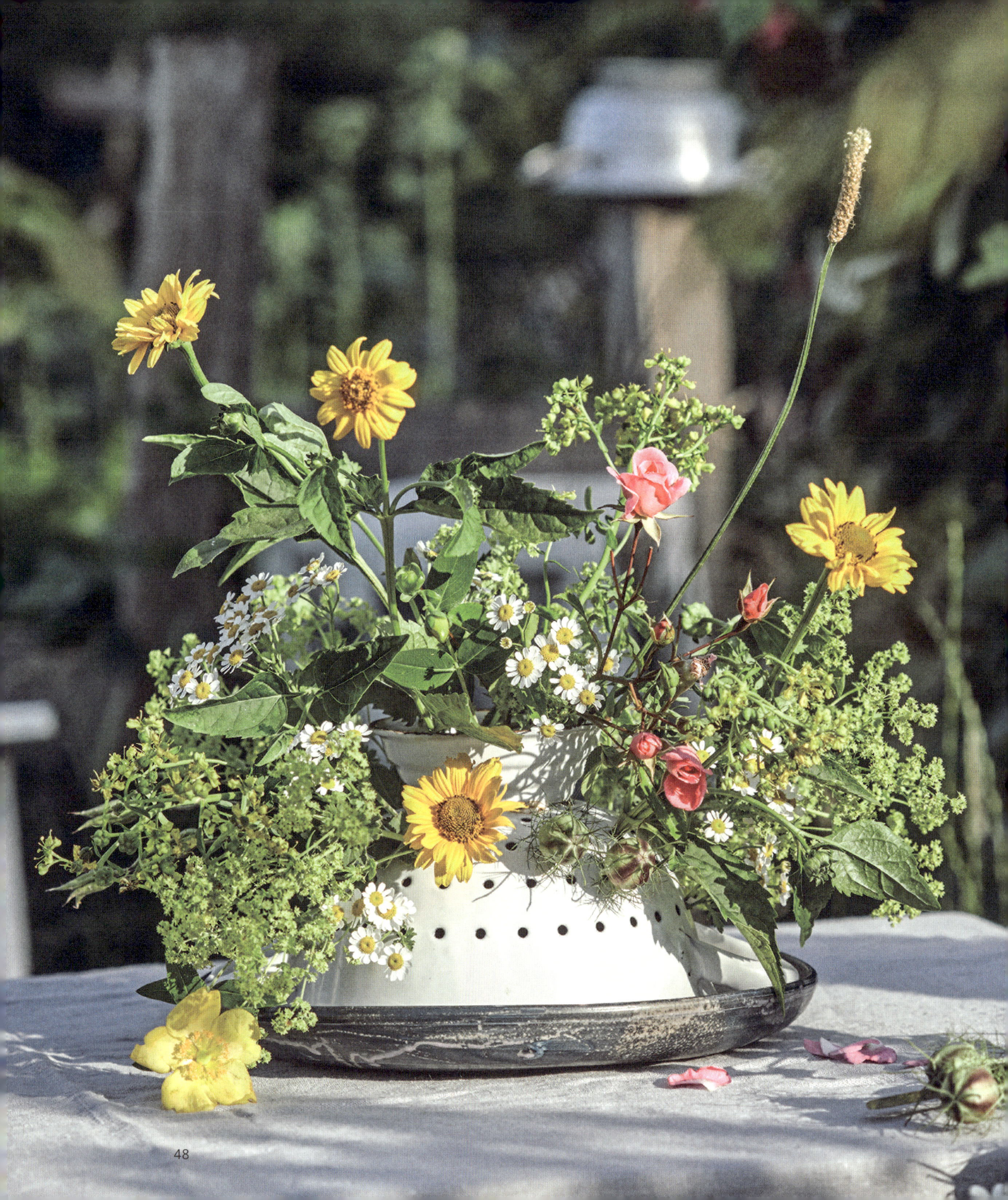

Sommerblüten-SIEB

DAS BRAUCHT IHR:

Teller mit hohem Rand oder flache Schale // Metallsieb // Kies // Blüten
(wie Frauenmantel, Rosen, Sonnenaugen, Mutterkraut, Weinraute und Spitzwegerich)

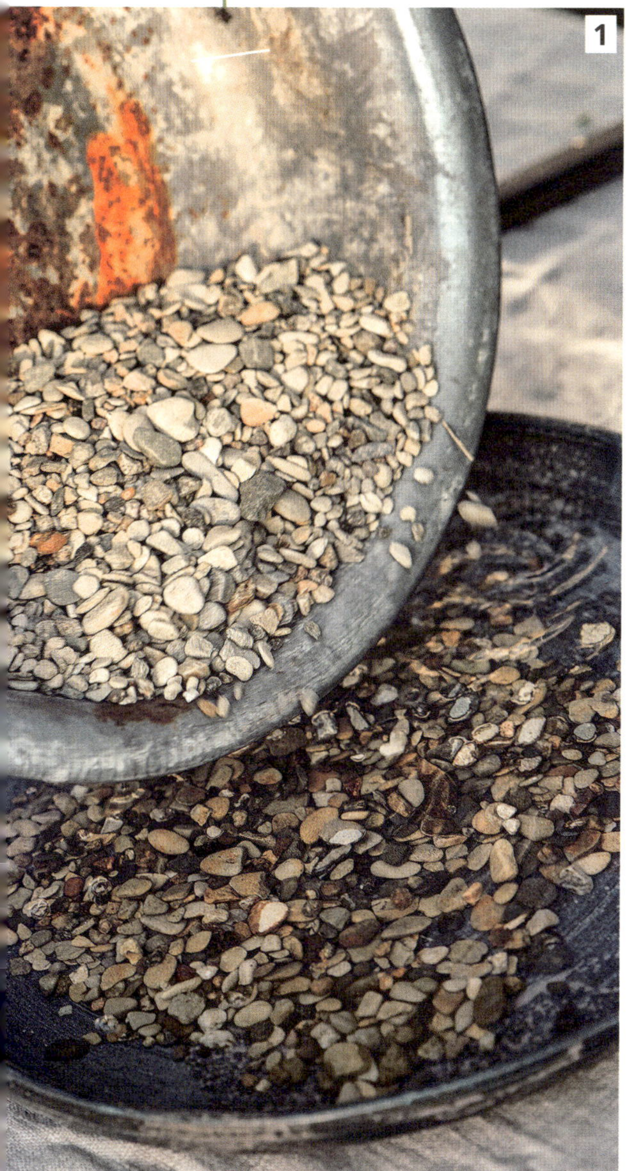

1

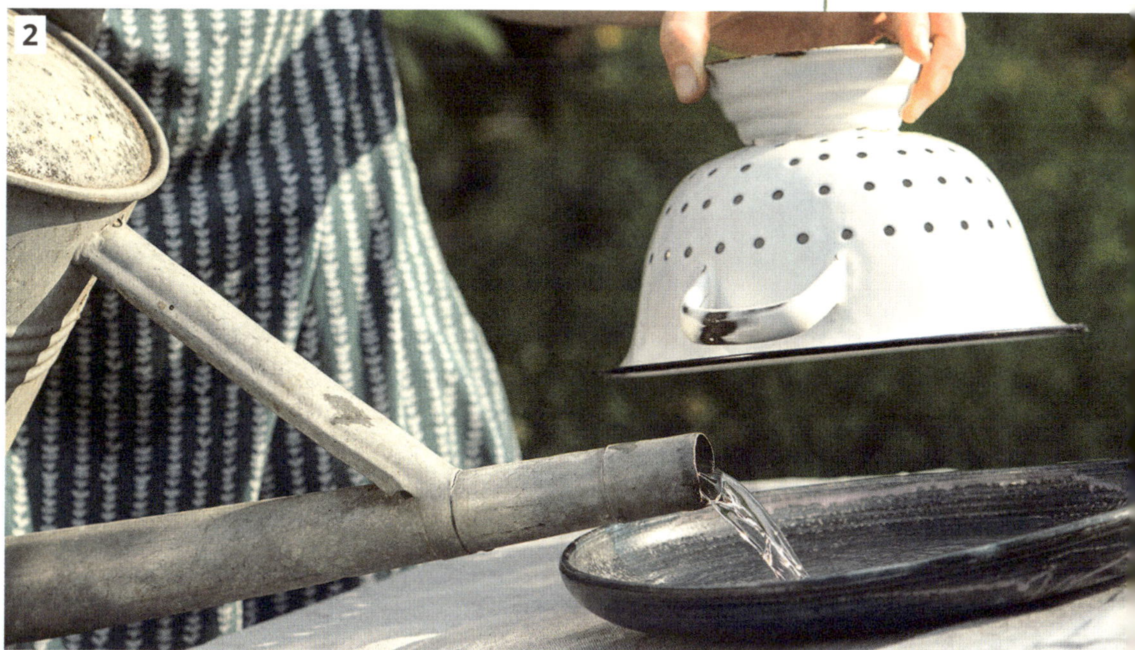

2

SO GEHT'S:

1 Zunächst eine flache Schale oder einen Teller mit einem hohen Rand mit etwas Kies füllen.

2 Dann Wasser eingießen und ein Metallsieb mit der Öffnung nach unten auf dem Kiesbett platzieren.

... weiter AUF DER NÄCHSTEN SEITE.

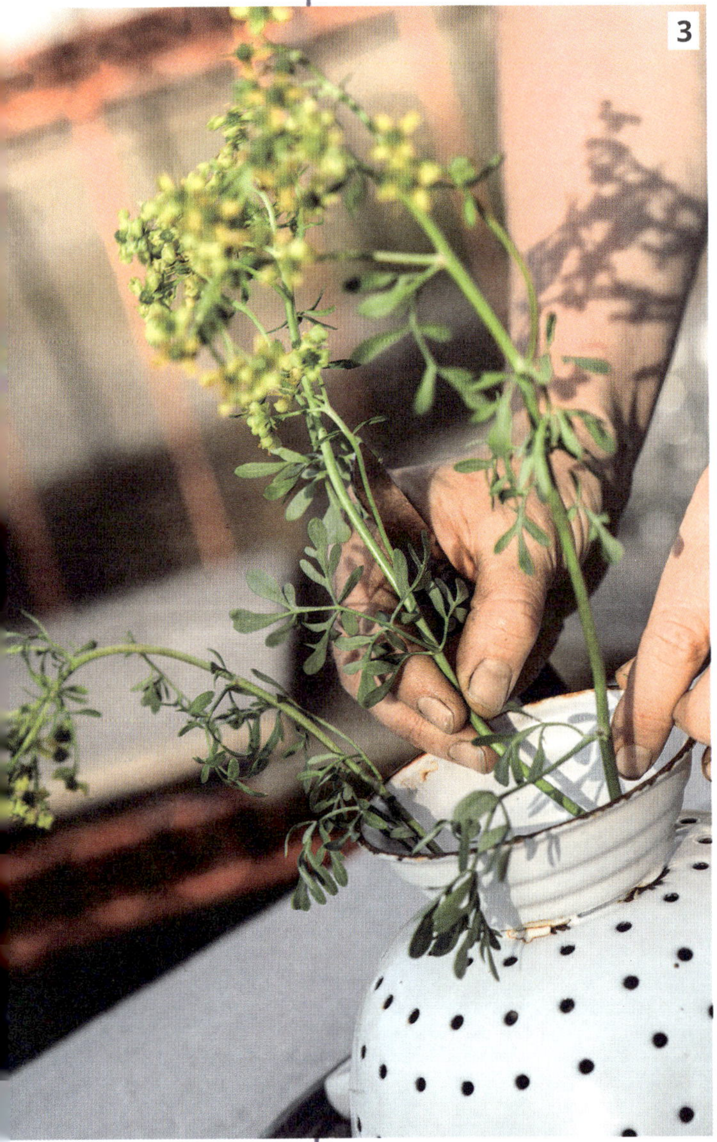

SO GEHT'S WEITER:

3–5 Die einzelnen Stängel der Blüten nach und nach durch die Löcher im Sieb stecken, bis sie im Wasser stehen.

Um die Dekoration etwas lebendiger zu gestalten, bietet es sich an, unterschiedlich lange Blüten zu verwenden. Zudem könnt Ihr auch – je nachdem, ob Ihr den Tischschmuck buschiger wollt – jedes Loch im Sieb mit einem Stängel befüllen.

... fertig!

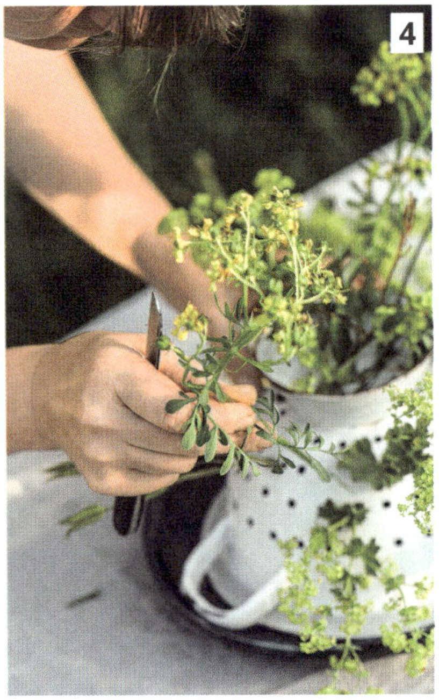

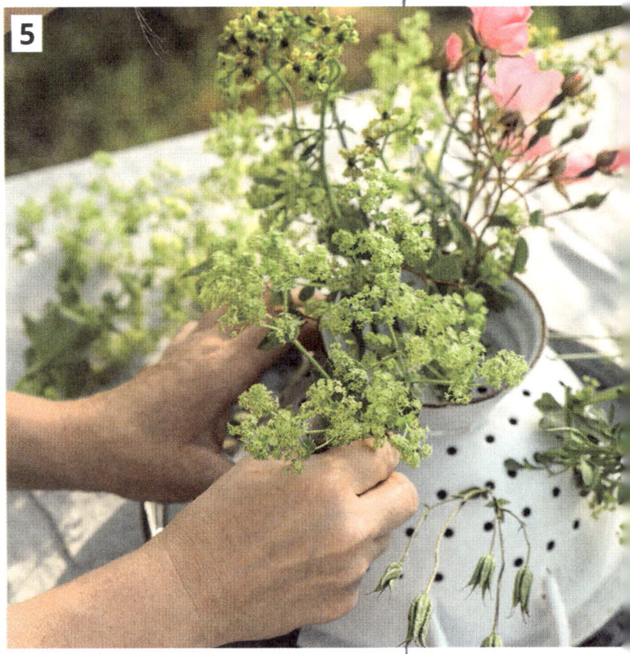

Ich liebe diese *Dekoration*, weil sie so schön wild ist. Kündigt sich spontan Besuch an, sammle ich einige Blüten für den Tisch im *Garten*. Diesmal hatte ich aber auch Lust auf etwas Ausgefallenes und habe einfach ein Nudelsieb zweckentfremdet. So etwas besorge ich gerne auf *Flohmärkten*. Bei mir hängt das Sieb meist an den Hochbeeten und wird zum Ernten von Salat oder Beeren genutzt. Diesmal dachte ich aber, dass es mit einigen Blüten besonders toll aussehen würde.

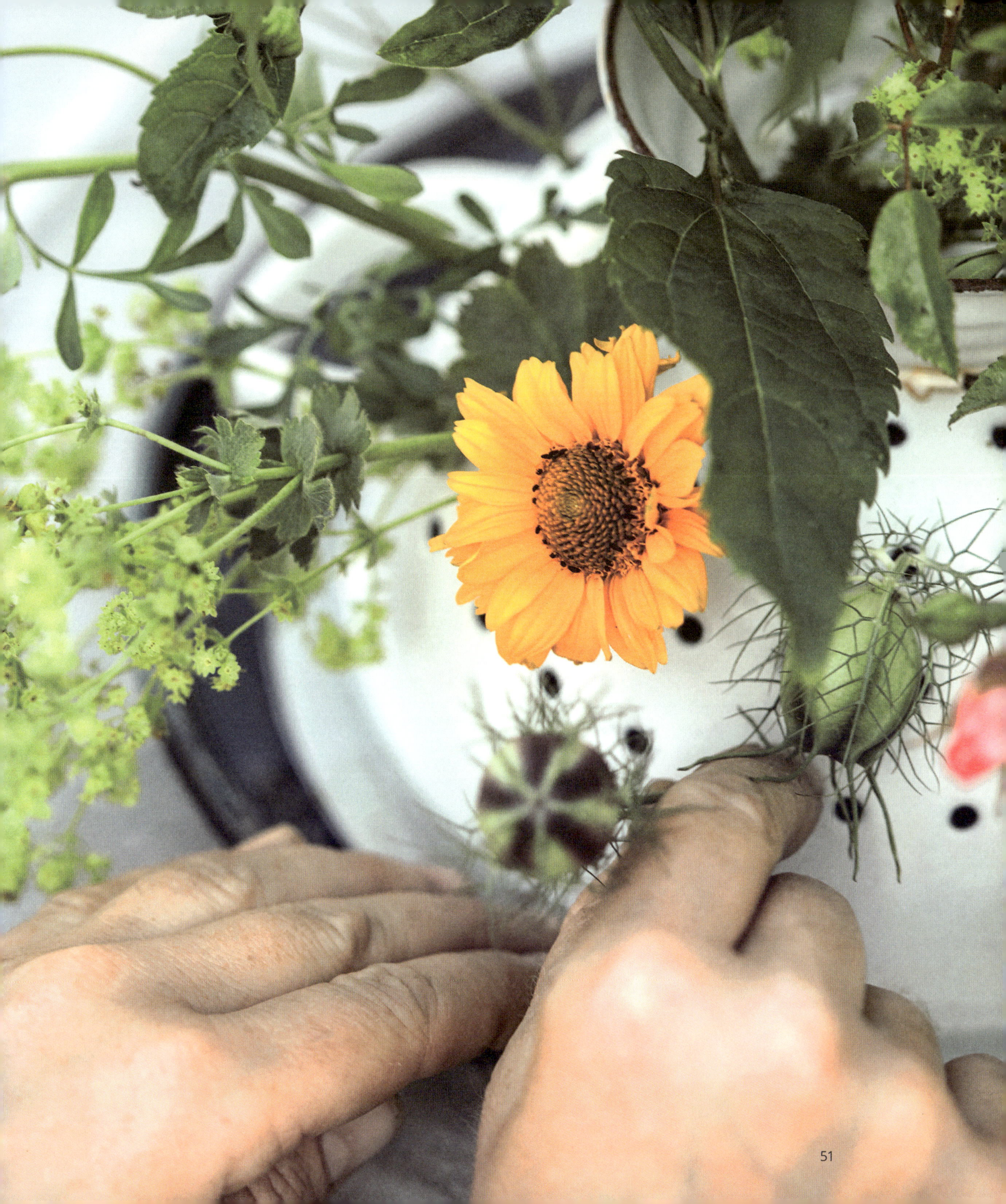

MEIN TIPP

Achtet darauf, dass das Gefäß nicht in der prallen Sonne hängt und überprüft regelmäßig, ob die Blumen noch genügend Wasser haben.

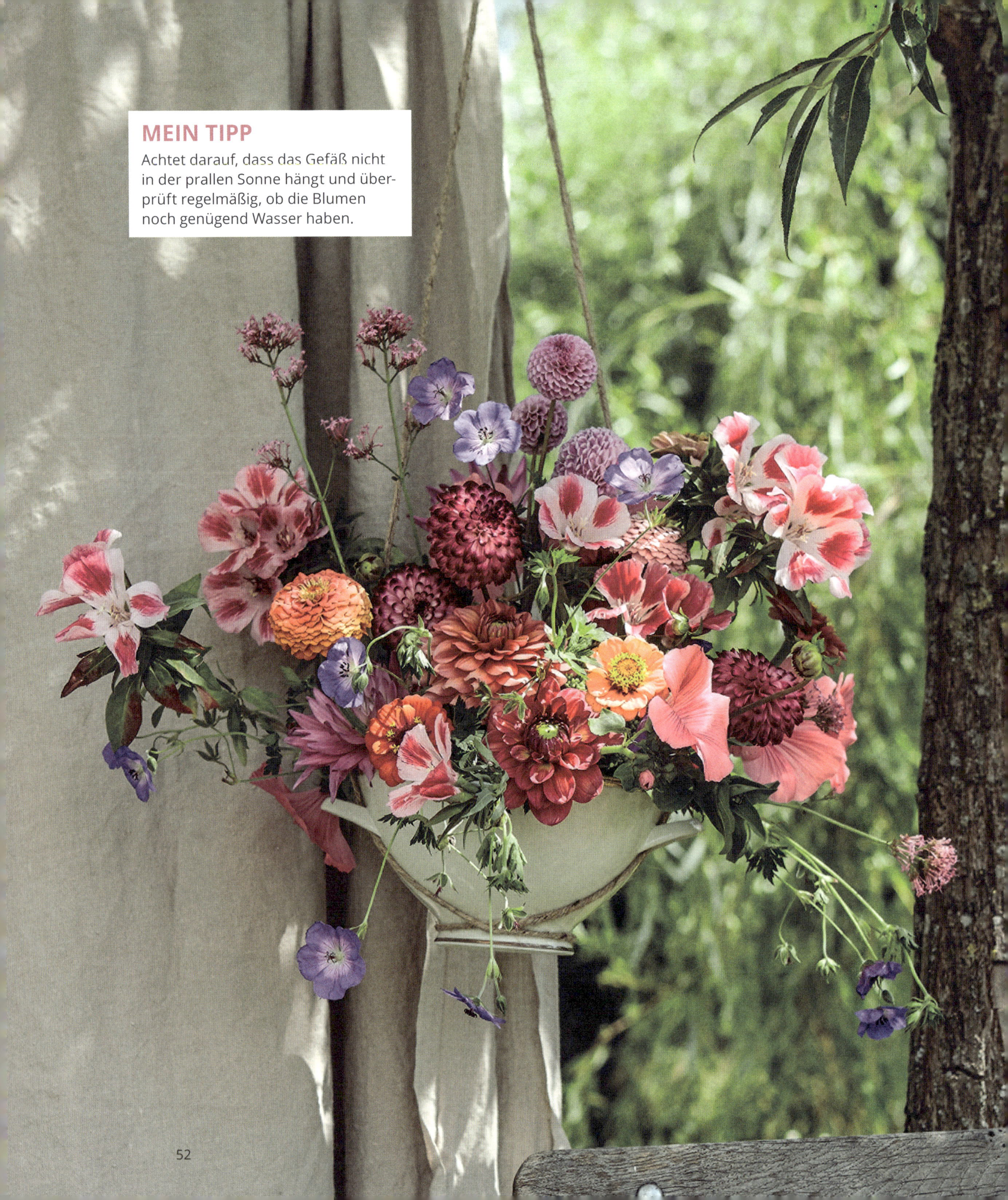

Farbspektakel IN DER HÄNGEAMPEL

DAS BRAUCHT IHR:

Hasendraht // Suppenterrine // Seitenschneider // Jutekordel // Wickeldraht // Blüten (wie Bechermalven, Zinnien, Dahlien, Storchenschnabel und Spornblumen)

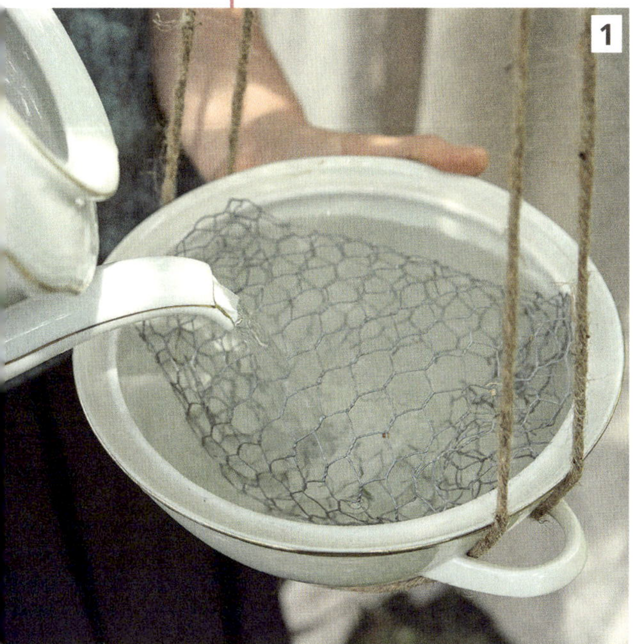

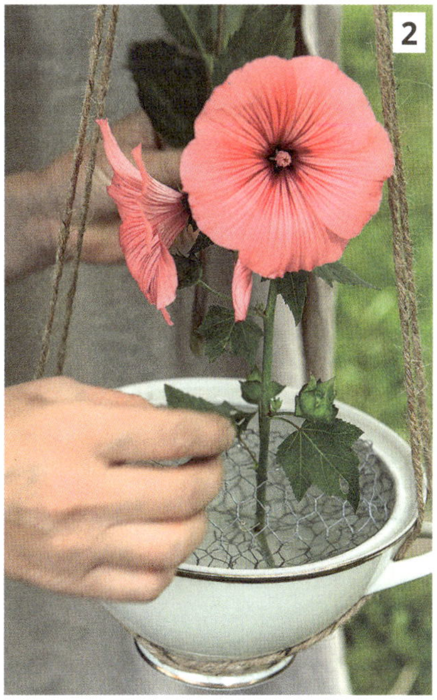

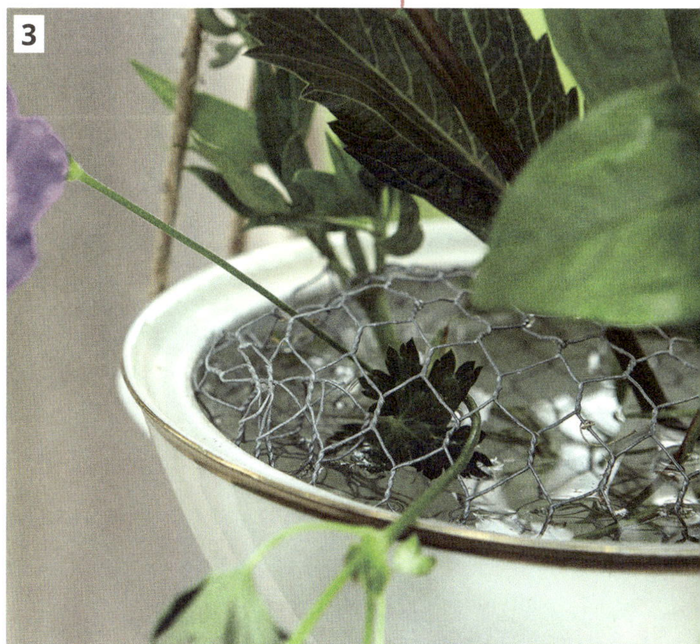

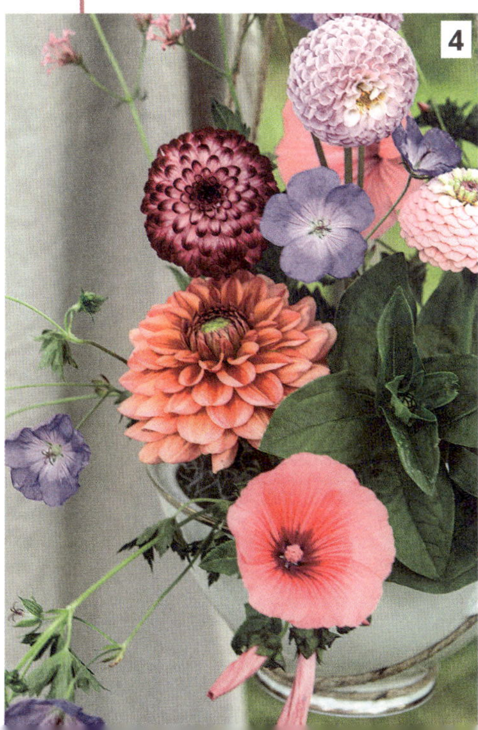

SO GEHT'S:

1 Die Jutekordel als Schlaufe um den Fuß der Suppenterrine legen und durch die Henkel an der Seite nach oben führen. Gegebenenfalls mit etwas Draht verstärken. Hasendraht mithilfe eines Seitenschneiders zurechtschneiden, leicht einrollen und in die Terrine setzen. Im Anschluss Wasser einfüllen.

2–4 Nach und nach die einzelnen Blütenstängel durch das Drahtgeflecht fädeln, bis sie im Wasser stehen und sich eine dichte Blütenkuppel gebildet hat.

... fertig!

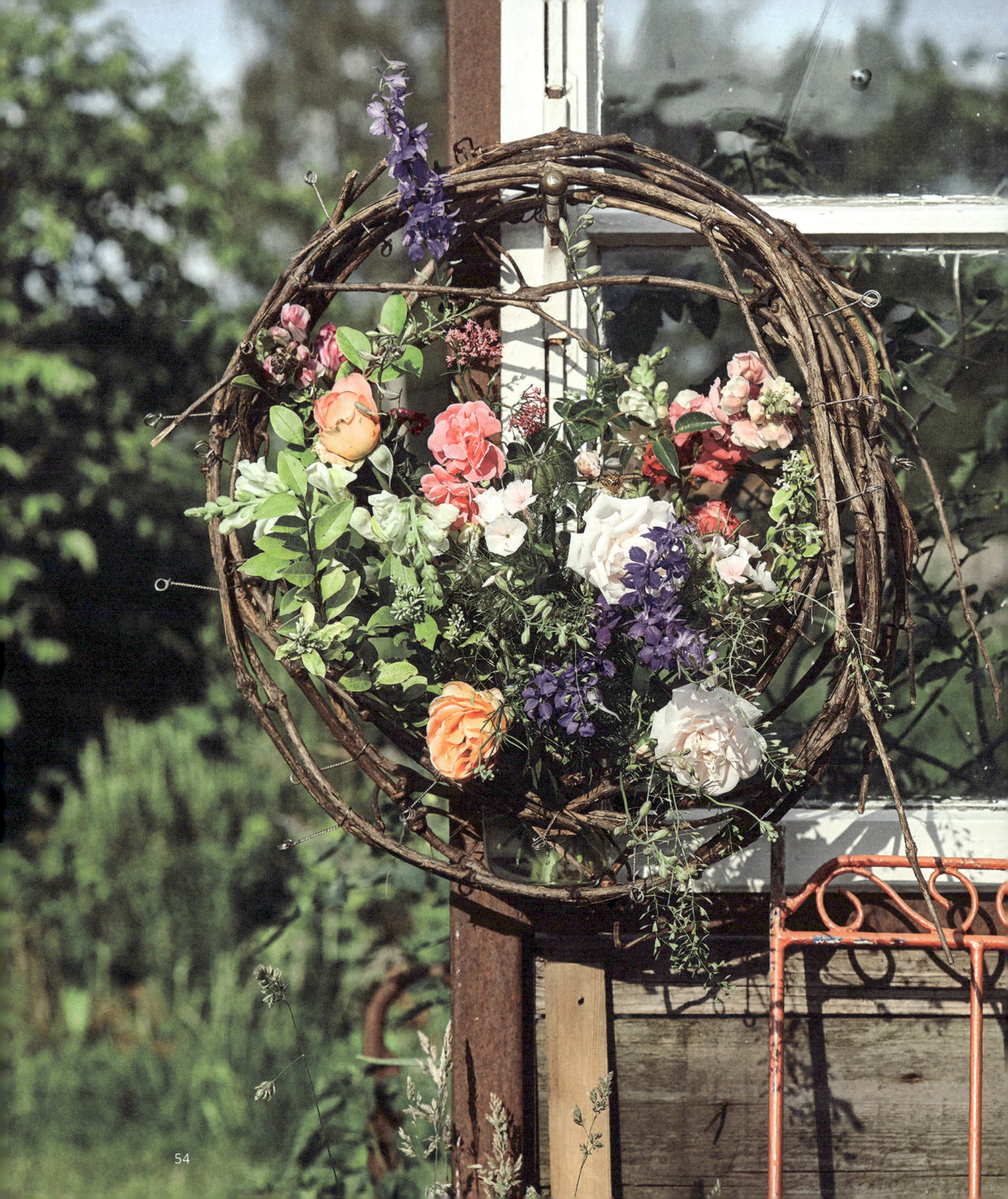

Ranken-Kranz MIT BLÜTENMITTE

DAS BRAUCHT IHR:

Einmachglas // Drillapparat // Drilldraht // Weinranken // verschiedene Sommerblumen (wie Rittersporn, Rosen, Löwenmäulchen, Jasmin und mehr)

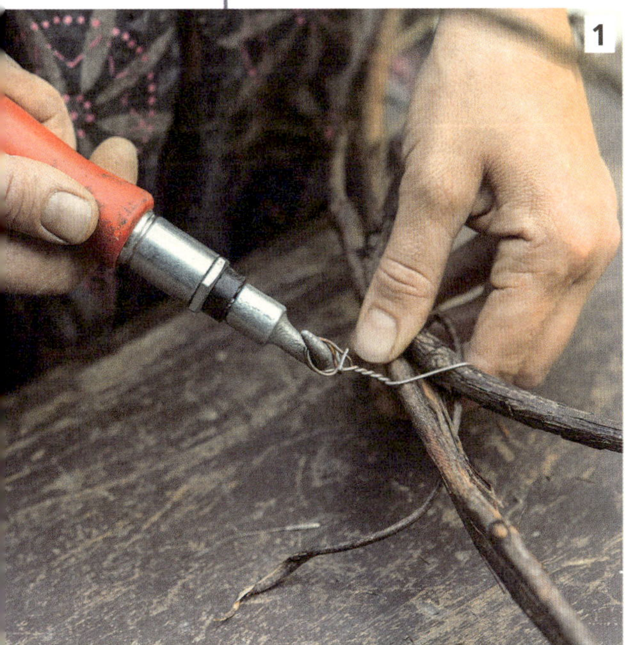

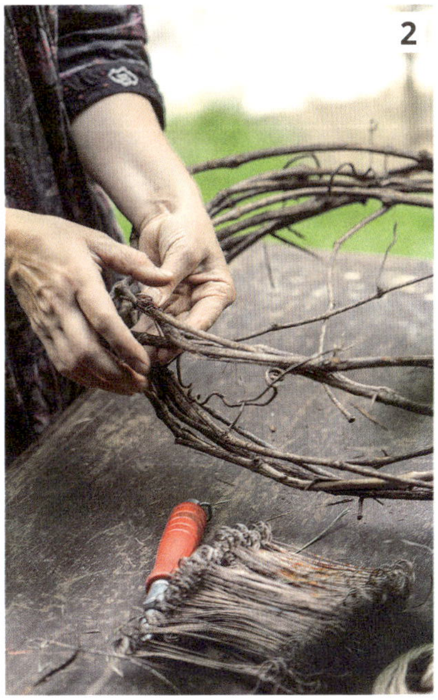

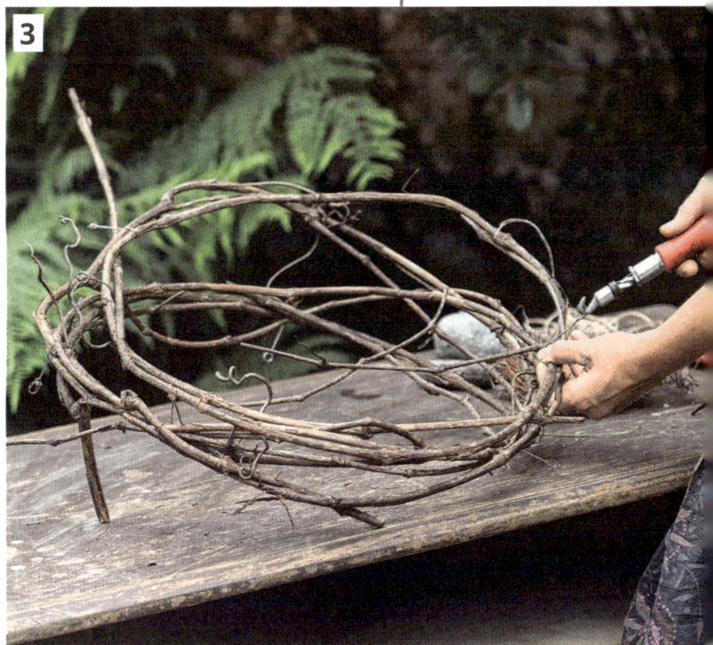

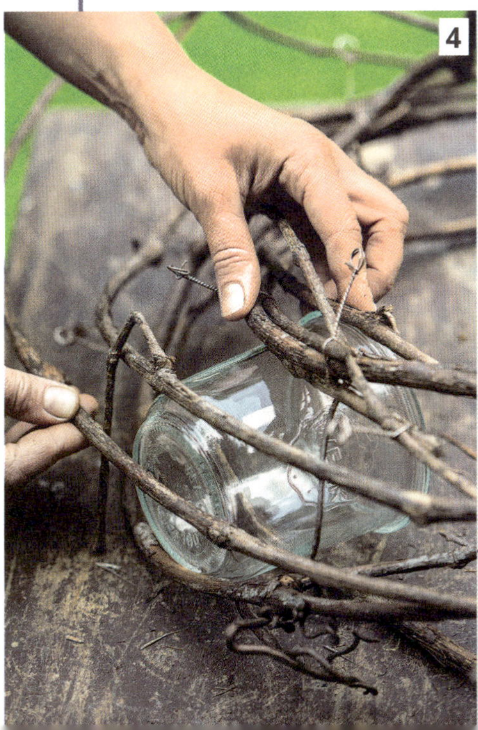

SO GEHT'S:

1–3 Aus den Weinranken einen Kranz winden, der mithilfe des Drillapparats und Drilldraht an verschiedenen Stellen fixiert wird.

4 An einer Stelle ein Einmachglas zwischen den Ranken einklemmen. Wichtig: Das Glas muss wirklich festsitzen. Erst dann in dieses Gefäß Wasser einfüllen und verschiedene Sommerblumen einstellen.

...fertig!

Ich liebe es, wenn am *Gartenzaun,* Gewächshaus oder am Fenster Kränze hängen. Wenn ich in meinen Beeten beschäftigt bin, fällt meistens pflanzliches Material an, das zu solch einem *Kranz* gewunden werden kann. Außerdem sind diese individuellen Kränze ein besonderes *Geschenk* für liebe Menschen.

MEIN TIPP

Für das spätere Wassernachfüllen bietet sich eine Schwanenhalsflasche an.

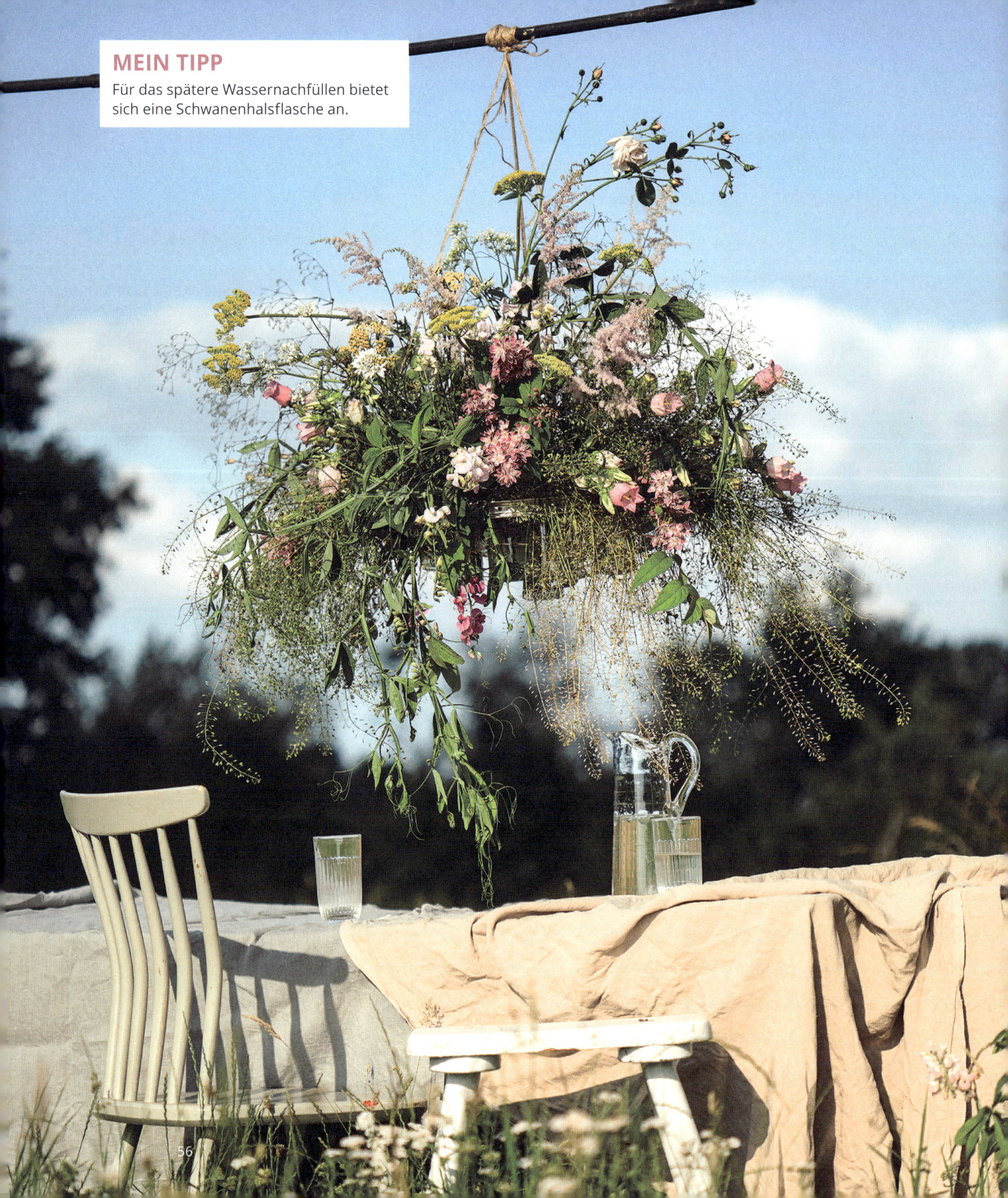

Sommerblüten-Traum MIT FAHRRADFELGE

DAS BRAUCHT IHR:

Fahrradfelge mit Speichen // Einmachgläser // Wickeldraht // Schwanenhalsflasche // Schnur // Blumen (wie Gold-Garbe, Wicken, Rosen, Dill, Glockenblumen, Astilben, Hirtentäschel, Silberblatt und mehr)

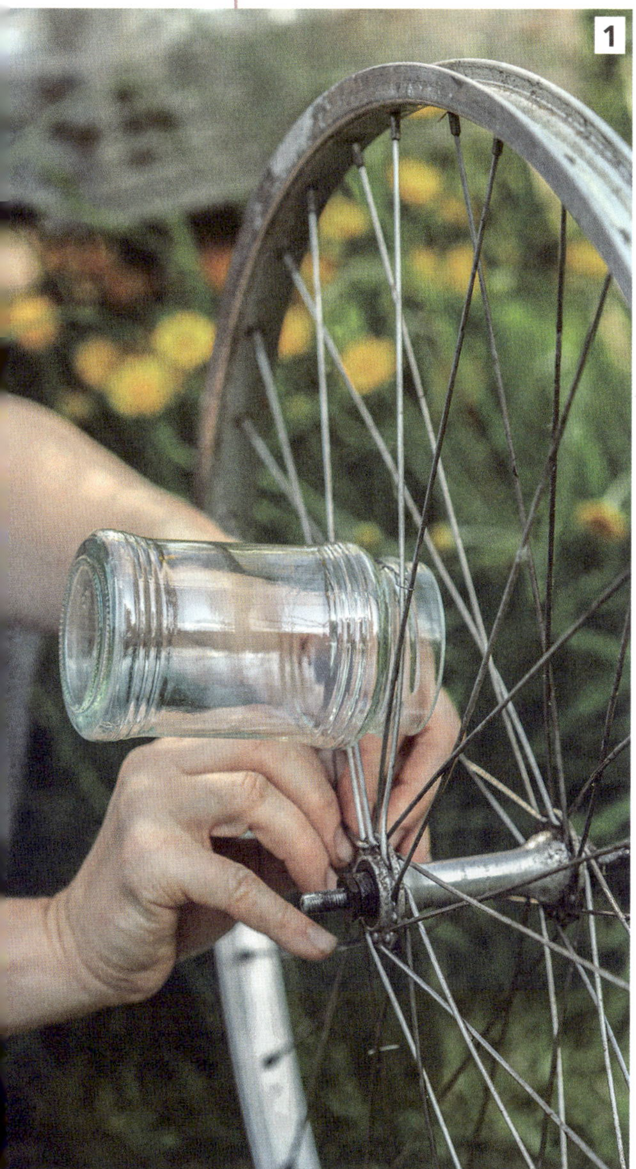
1

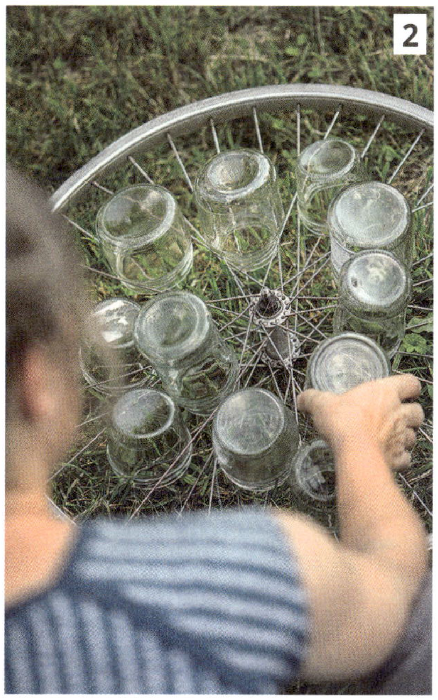
2

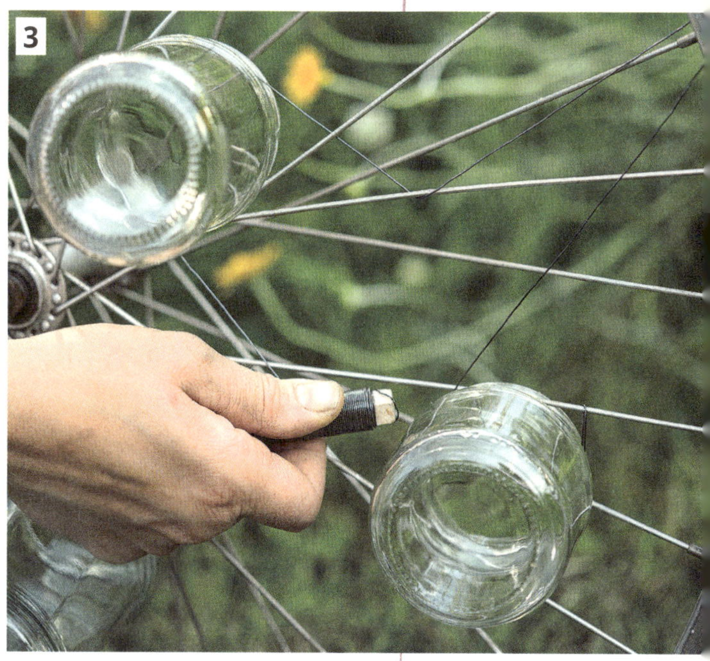
3

SO GEHT'S:

1+2 Zwischen die Speichen der ausgedienten Fahrradfelge nach und nach mehrere schmale Marmeladengläser einklemmen. Sie werden erst ganz außen zwischen den Speichen eingesetzt und dann etwas weiter nach innen geschoben, bis sie Halt haben.

3 Damit aber nichts verrutschen kann, die Gläser zusätzlich mit Wickeldraht fixieren.

... *weiter* **AUF DER NÄCHSTEN SEITE.**

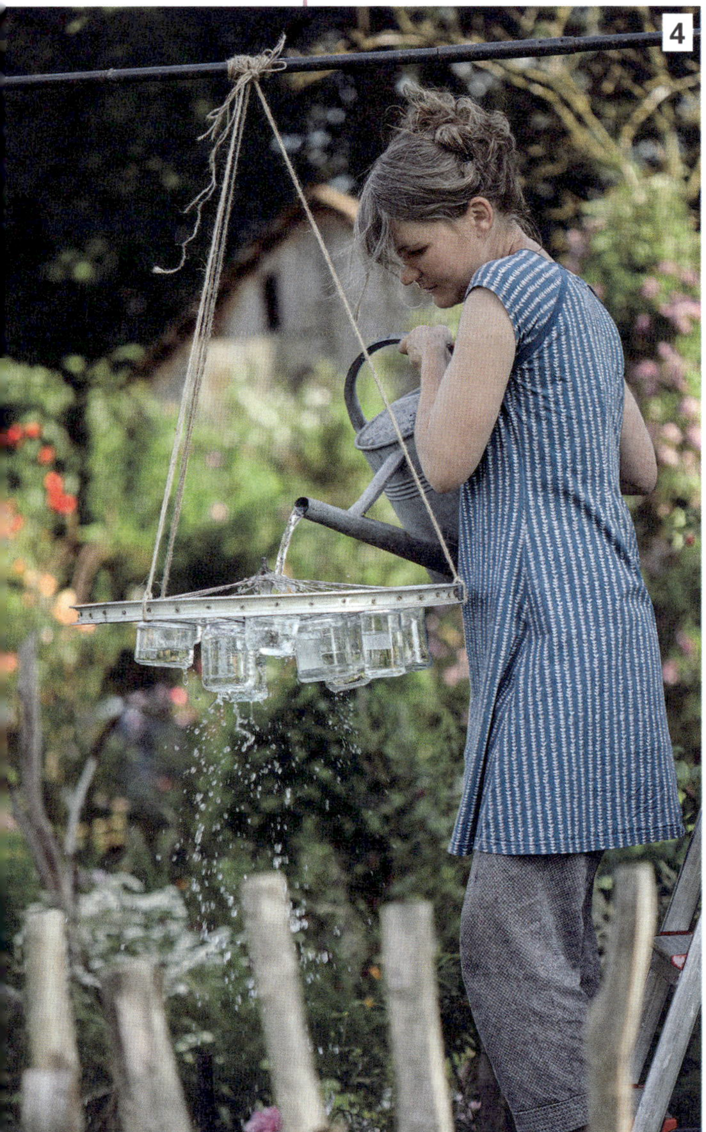

4 SO GEHT'S WEITER:

4 An drei Stellen Schnüre anbringen, die zusammengeführt die Aufhängung für das Gerüst ergeben. Dann die Gläser mit Wasser befüllen.

Da Silberblatt und Hirtentäschel nicht unbedingt Wasser benötigen, können sie als eine Art Füllmaterial zwischen den Speichen eingeschoben werden. Dann die Blüher nach und nach einarbeiten.

... fertig!

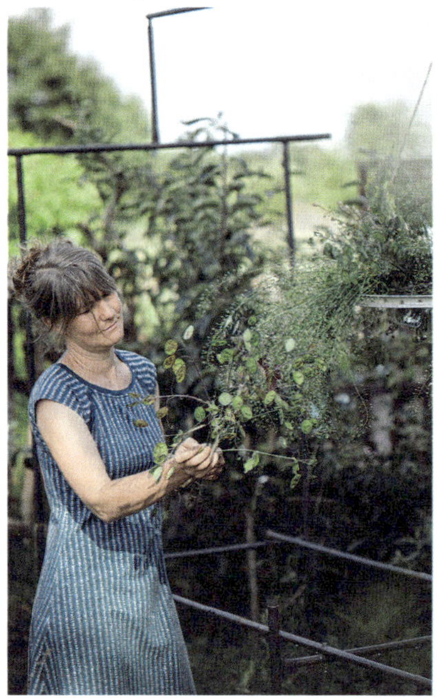

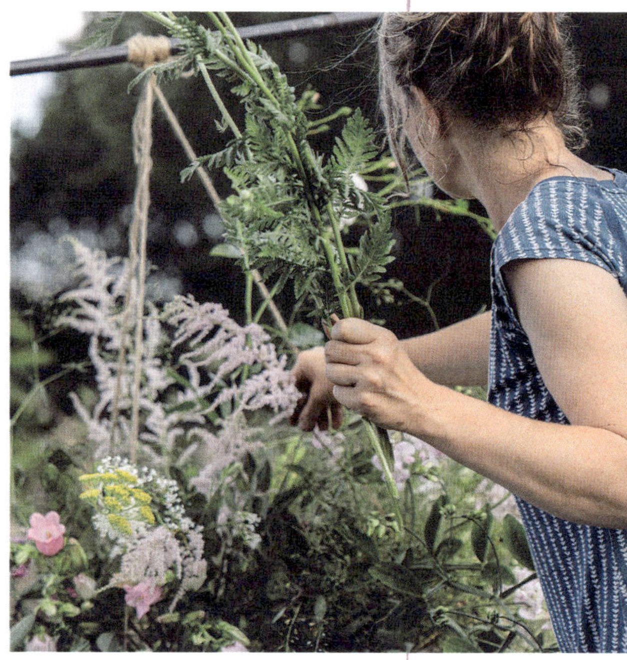

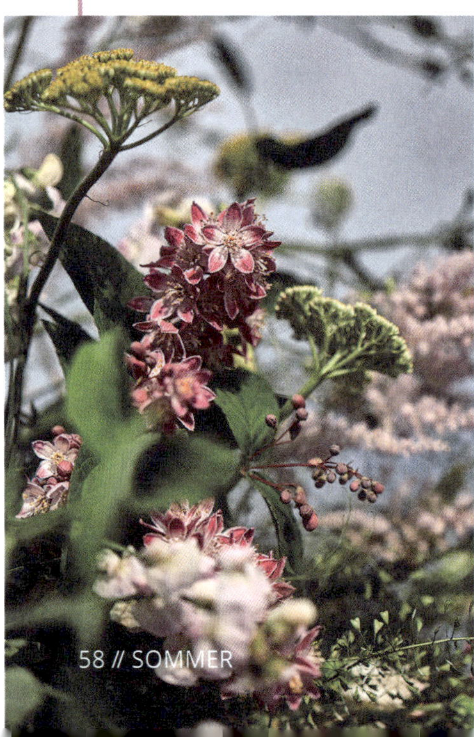

Fahrradfelgen als Hilfsmittel für die Unterkonstruktion von außergewöhnlichen *Werkstücken* zu verwenden, finde ich super! Insbesondere bei schweren Kränzen aus Obstzweigen sind sie ideal, weil sie viel Gewicht aushalten und außerdem verhindern, dass der *Kranz* nach einiger Zeit in sich zusammensackt.

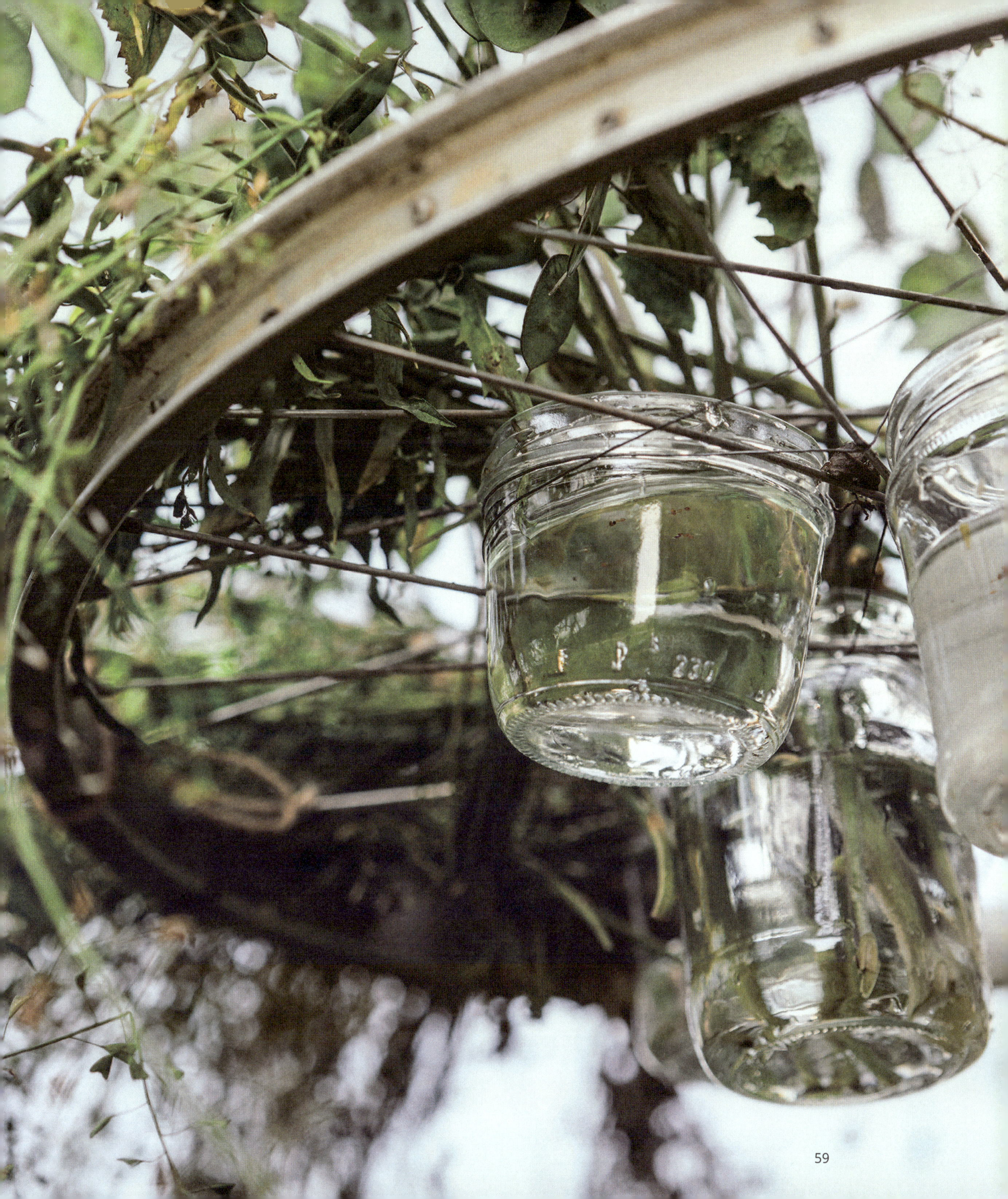

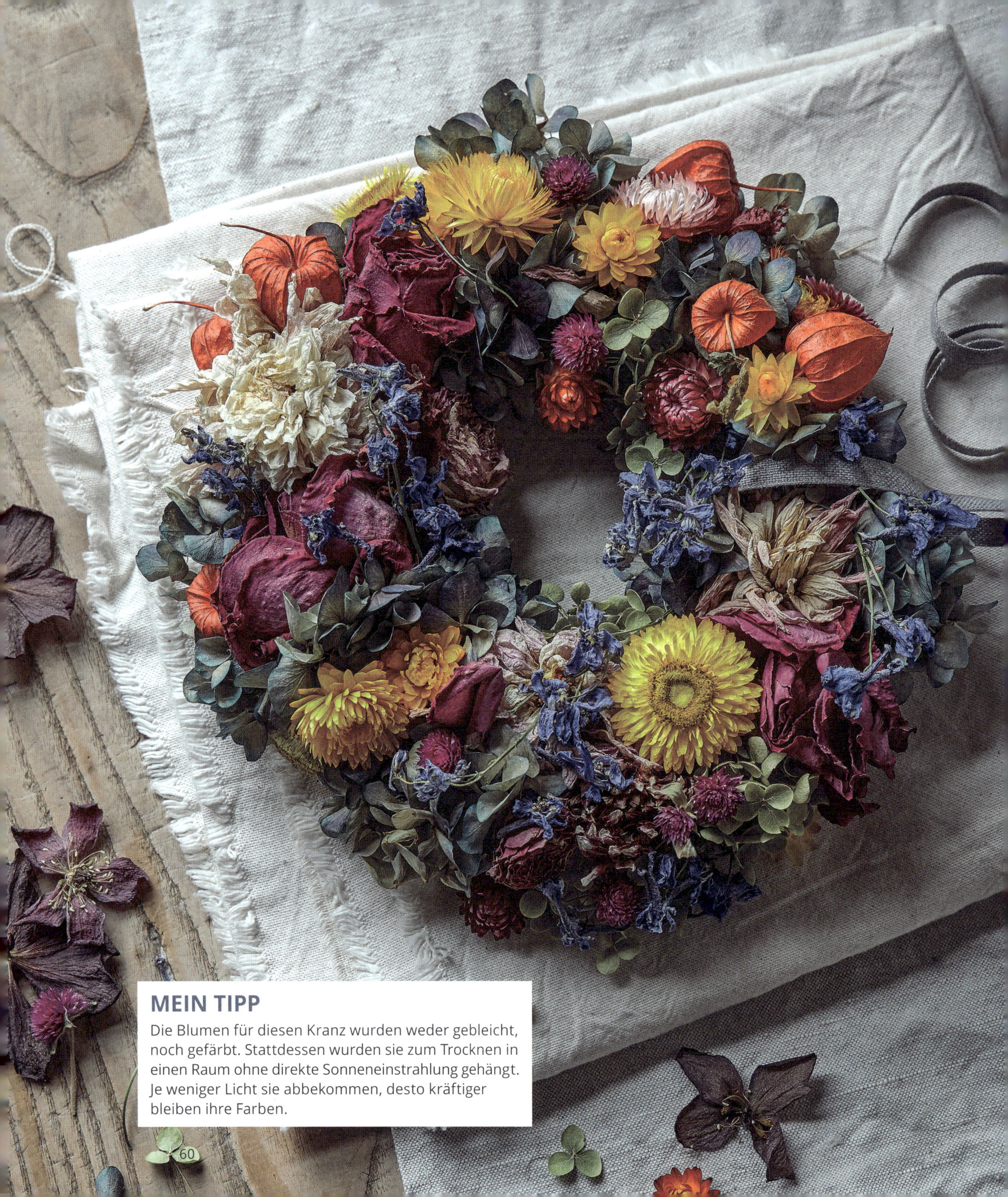

MEIN TIPP

Die Blumen für diesen Kranz wurden weder gebleicht, noch gefärbt. Stattdessen wurden sie zum Trocknen in einen Raum ohne direkte Sonneneinstrahlung gehängt. Je weniger Licht sie abbekommen, desto kräftiger bleiben ihre Farben.

Fröhlicher GARTENBLUMEN-KRANZ

DAS BRAUCHT IHR:

Strohrömer (Durchmesser ca. 25 cm) // Stecknadeln // Patenthaften // Trockenblumen (wie Hortensien, Rittersporn, Strohblumen, Gartenrosen, Lampionblumen, Dahlien und Lenzrosen)

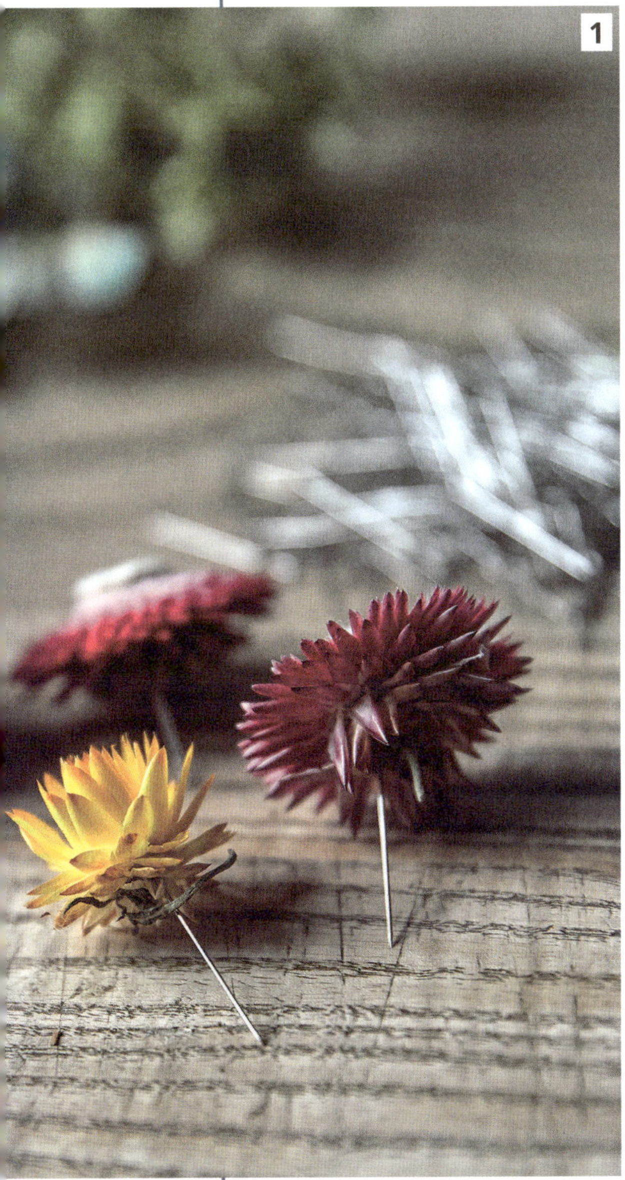

1

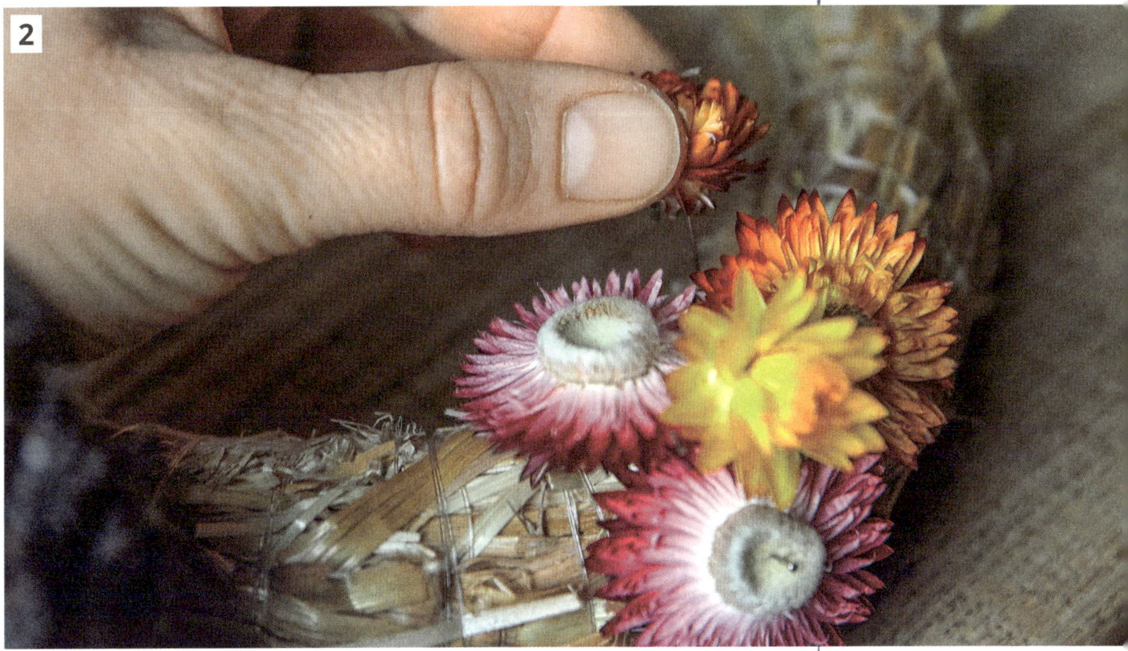

2

SO GEHT'S:

1+2 Einzelne Stecknadeln von oben durch die filigranen Blütenköpfe stecken und die Blüten so dicht an dicht in dem Strohrömer befestigen.

... weiter **AUF DER NÄCHSTEN SEITE.**

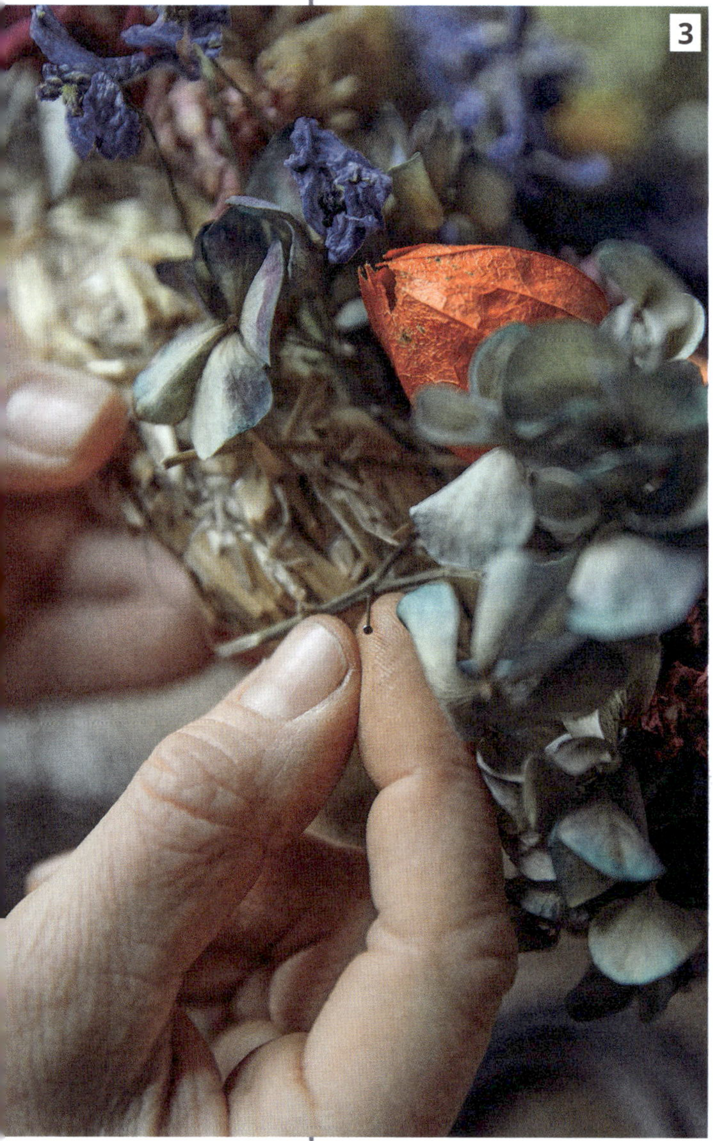

3

SO GEHT'S WEITER:

3 Hortensienblütenbälle in die einzelnen Blüten zerlegen und diese nach und nach abwechselnd mit den anderen Trockenblumen mithilfe von Patenthaften oder Stecknadeln in der Basis befestigen.

4 Zu lange Stiele mithilfe einer Zange kürzen.

... *fertig!*

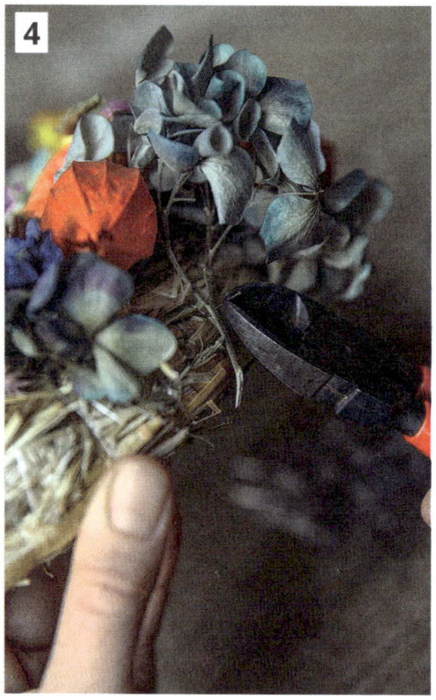

4

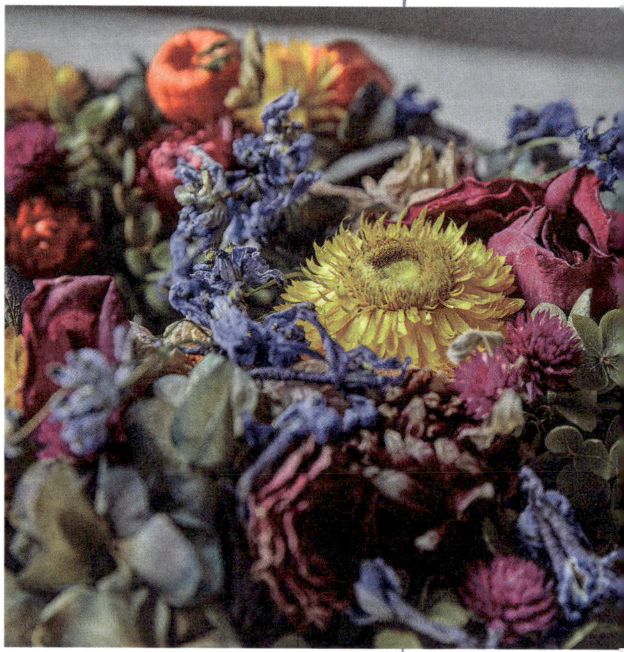

Mittlerweile hat es sich in meinem Familien- und *Freundeskreis* herumgesprochen, dass ich „fast" alles verarbeite und trockne, was im Garten blüht. Vor einiger Zeit hat mich eine Freundin angerufen, die gerade ihre Rosen geschnitten hatte und die beim *Anblick* der magentafarbenen *Blüten* an mich dachte. Da die Blüten recht kurz abgeschnitten waren, habe ich sie zum Trocknen auf einen Rost gelegt. Nun finden sie eine neue Bestimmung in diesem Kranz.

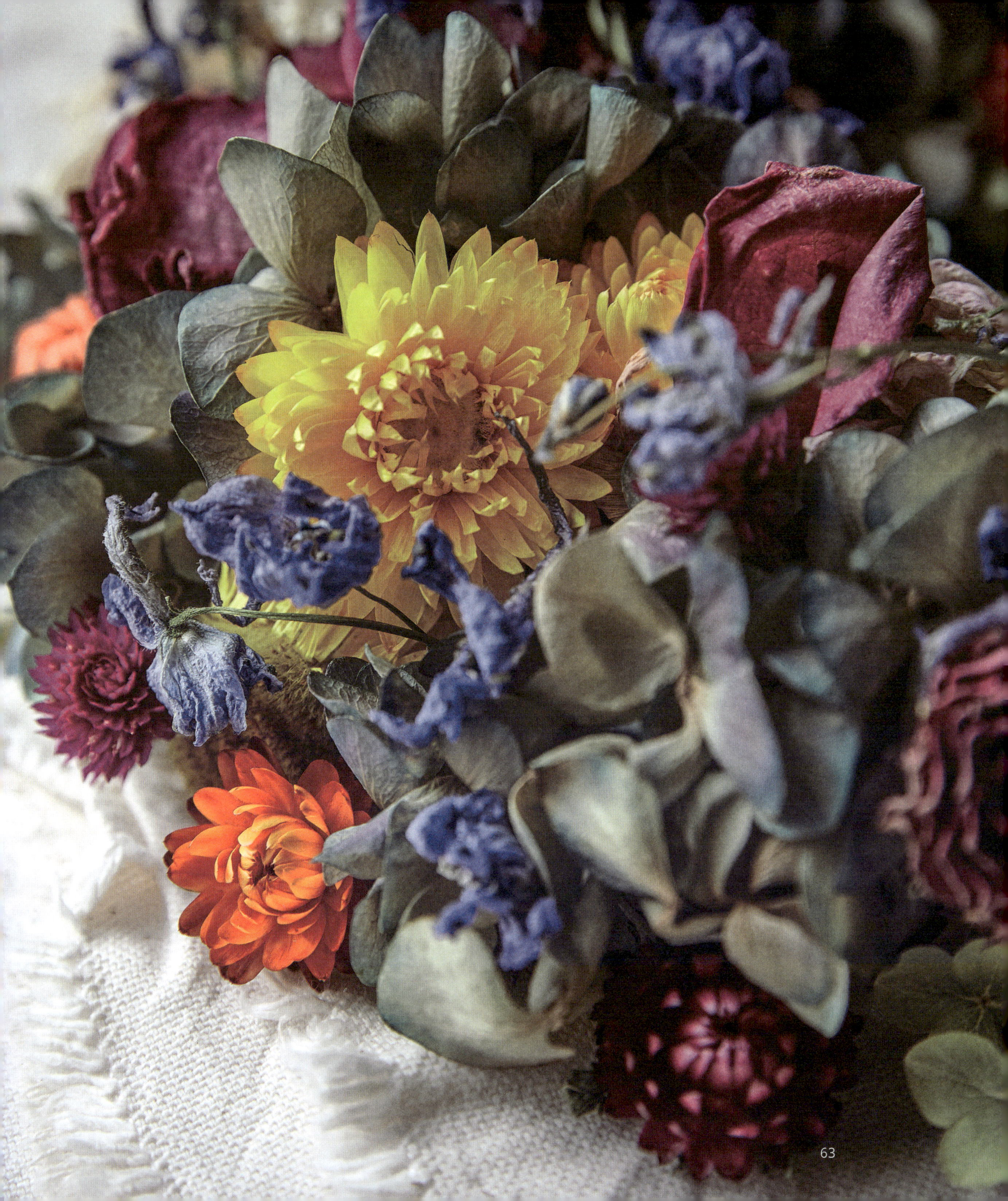

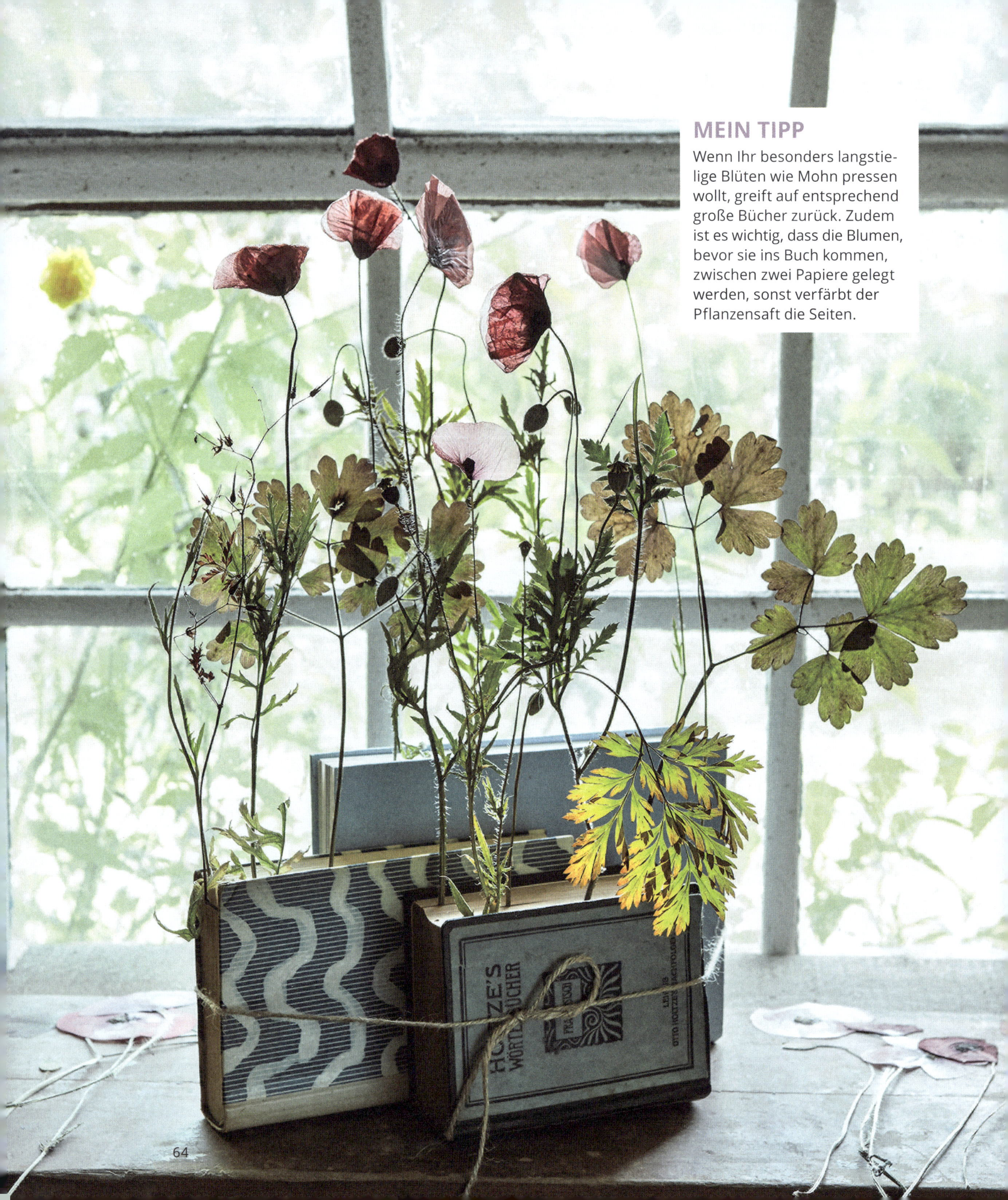

MEIN TIPP

Wenn Ihr besonders langstielige Blüten wie Mohn pressen wollt, greift auf entsprechend große Bücher zurück. Zudem ist es wichtig, dass die Blumen, bevor sie ins Buch kommen, zwischen zwei Papiere gelegt werden, sonst verfärbt der Pflanzensaft die Seiten.

Gepresste MOHNBLÜTEN IM FENSTER

DAS BRAUCHT IHR:

Jutekordel // alte Bücher in verschiedenen Größen // Klebewachs // Mohnblumen // Akeleien // Storchenschnabel

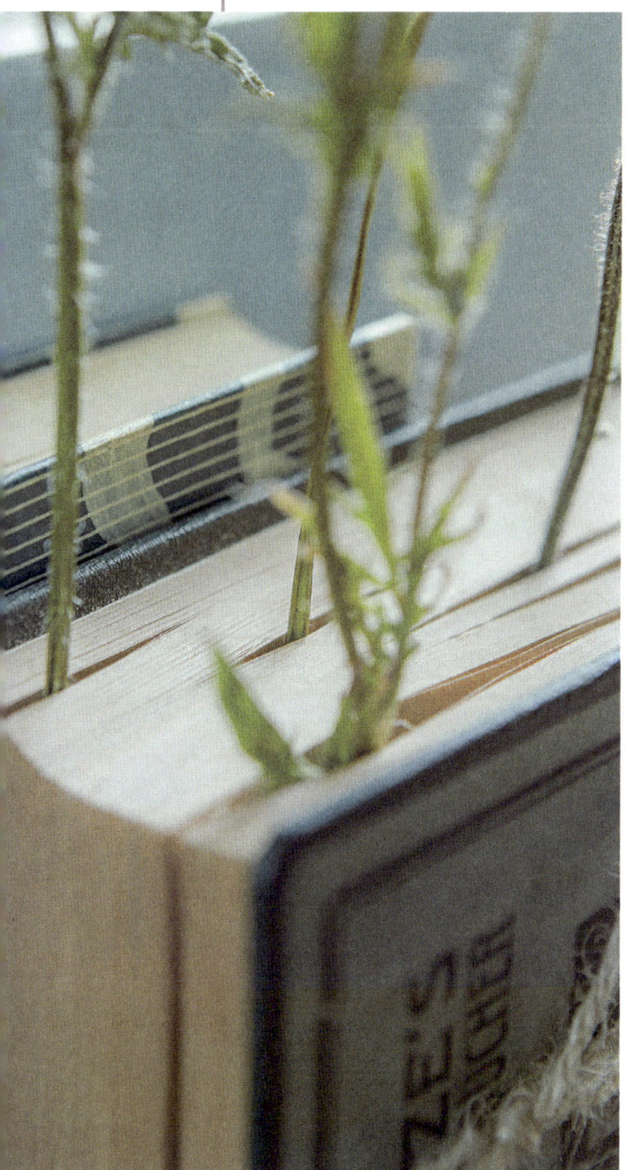

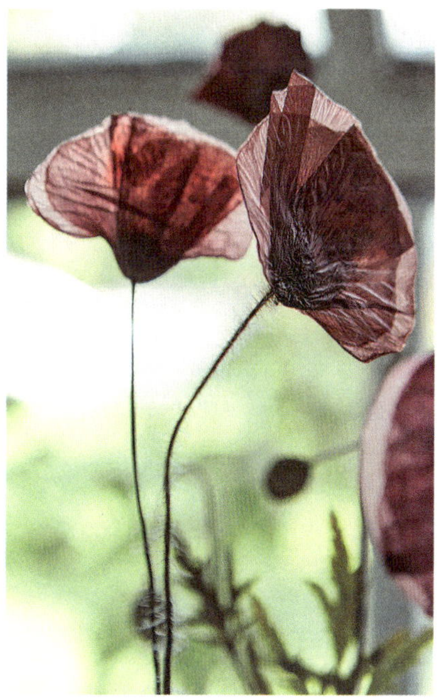

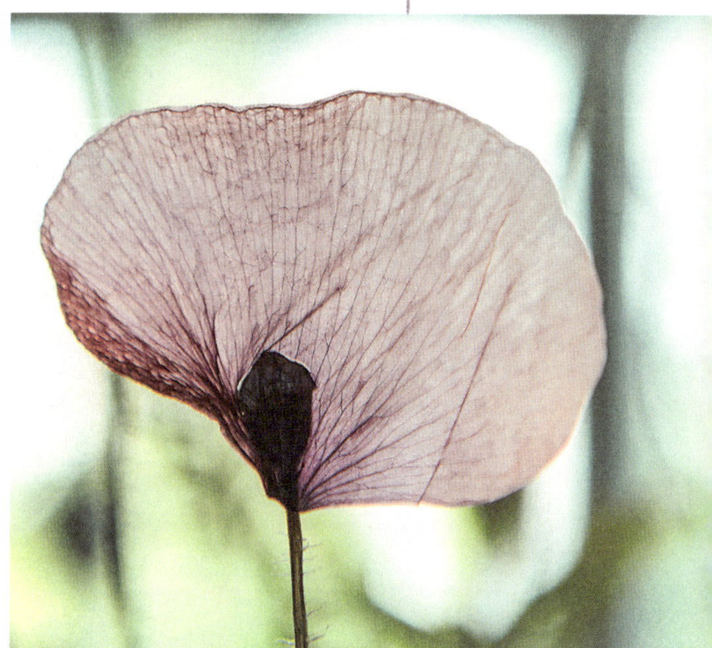

SO GEHT'S:

Verschieden große, ausgediente Bücher mithilfe von Klebewachs aneinander befestigen. Eine drumherum geschlungene Jutekordel verziert das Bücherbündel.

Die getrockneten Blüten behutsam vom Papier des Buches lösen, in dem sie etwa zehn Tage lang gepresst wurden. Die Stiele vorsichtig zwischen die zusammengeklebte Buchkonstruktion schieben.

... fertig!

Oft landet ausgedientes *Geschirr* im Müll. Häufig wird es aber auch auf Flohmärkten oder in *Secondhand-Läden* angeboten. Und da habe ich schon so mach individuelles Stück entdeckt. In meiner Werkstatt habe ich mittlerweile einen kleinen *Fundus* mit vielen besonderen Stücken, die bei dieser Tischdeko zum Einsatz kommen.

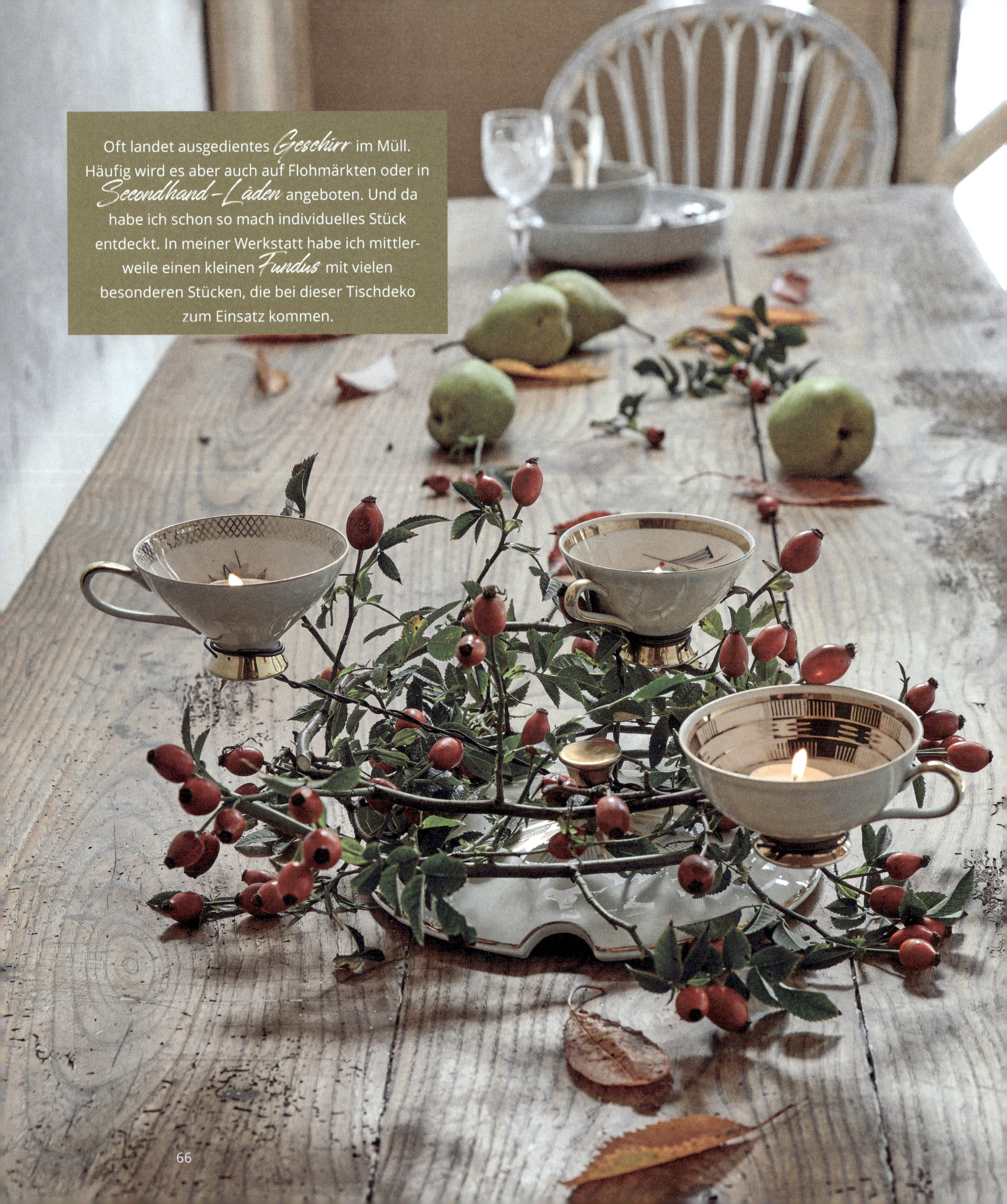

Tassen–KRÄNZCHEN

DAS BRAUCHT IHR:

Steckdraht // drei Sammeltassen // Deckel von einer Suppenterrine // Hagebuttenranken

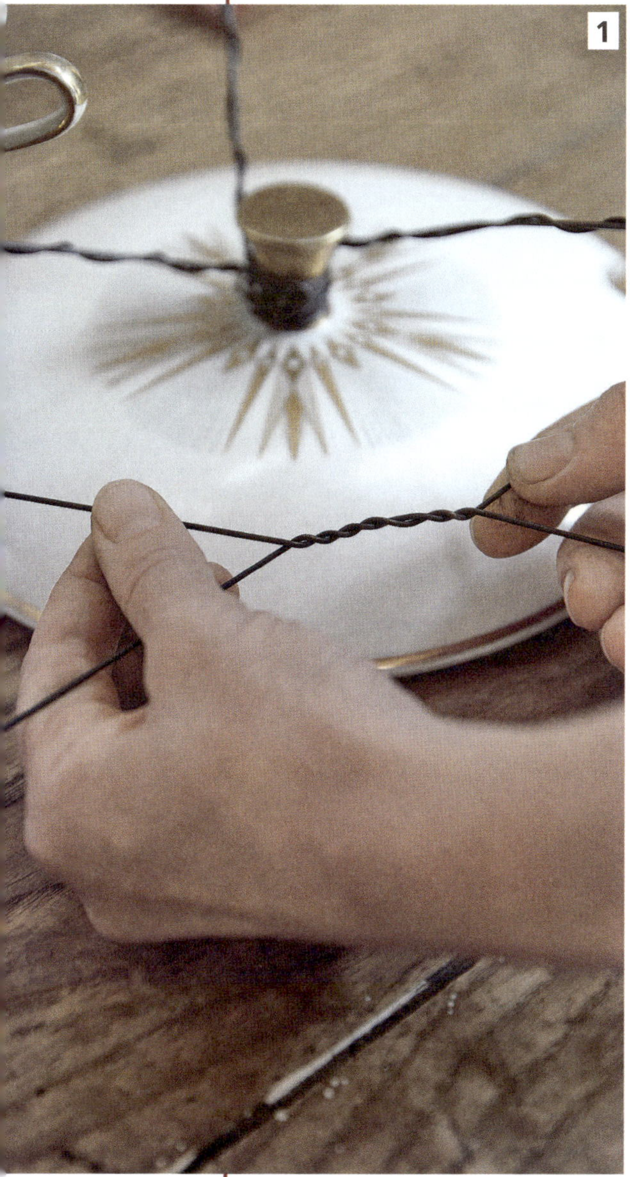

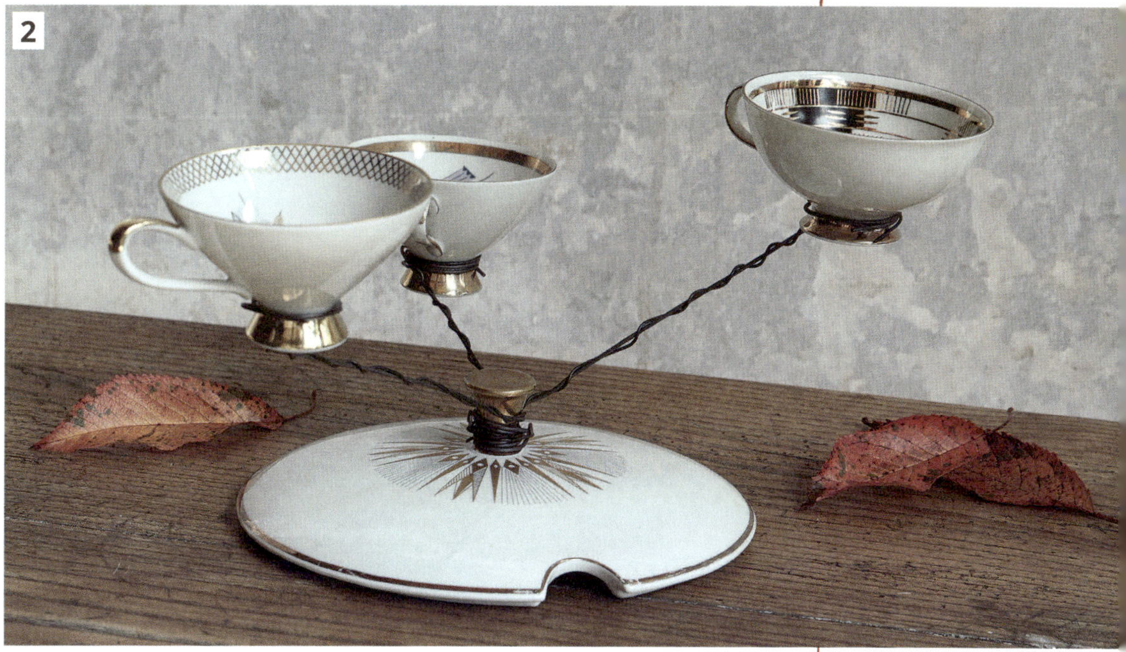

SO GEHT'S:

1 Zunächst immer zwei Steckdrähte miteinander verzwirbeln, damit sie mehr Stabilität bekommen.

2 Dann das eine Ende jeweils um einen Fuß der Sammeltasse schlingen und das andere um den Deckelknauf der Suppenterrine winden.

Sind alle drei Tassen befestigt, Hagebuttenranken dazwischen weben. Es sollten allerdings nicht zu viele sein, damit die Tassen den Anschein erhalten, als würden sie schweben. Die Tassen können nun mit Kerzen oder aber auch mit Wasser und Blüten gefüllt werden.

... fertig!

MEIN TIPP

Sammeltassen sind schön leicht, noch dazu haben sie einen Fuß, an dem sich der Draht leicht befestigen lässt.

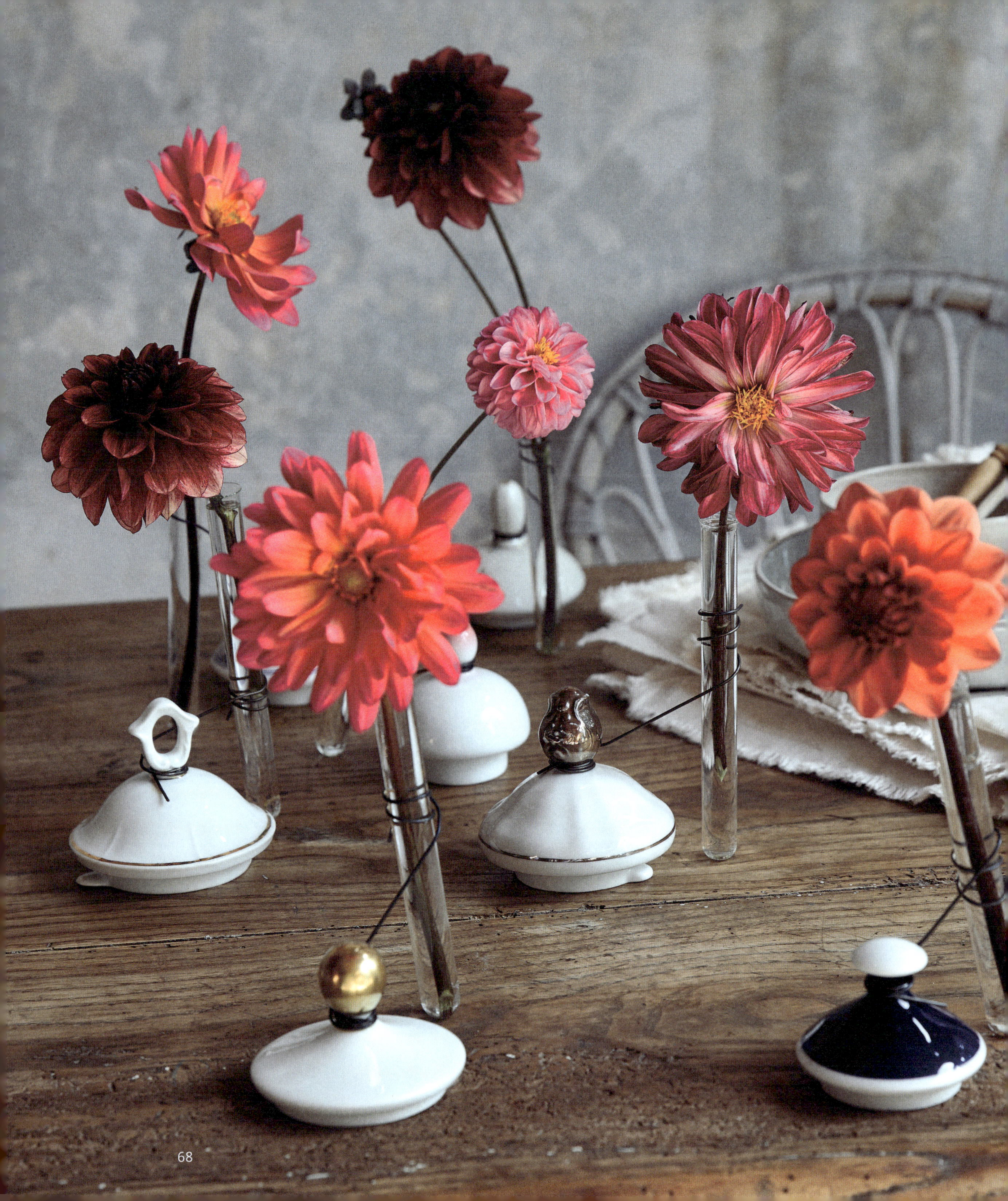

Deckel-VÄSCHEN

DAS BRAUCHT IHR:

Steckdraht // Glasröhrchen // Deckel von Teekannen, Zuckerdosen oder ähnliches // Dahlien

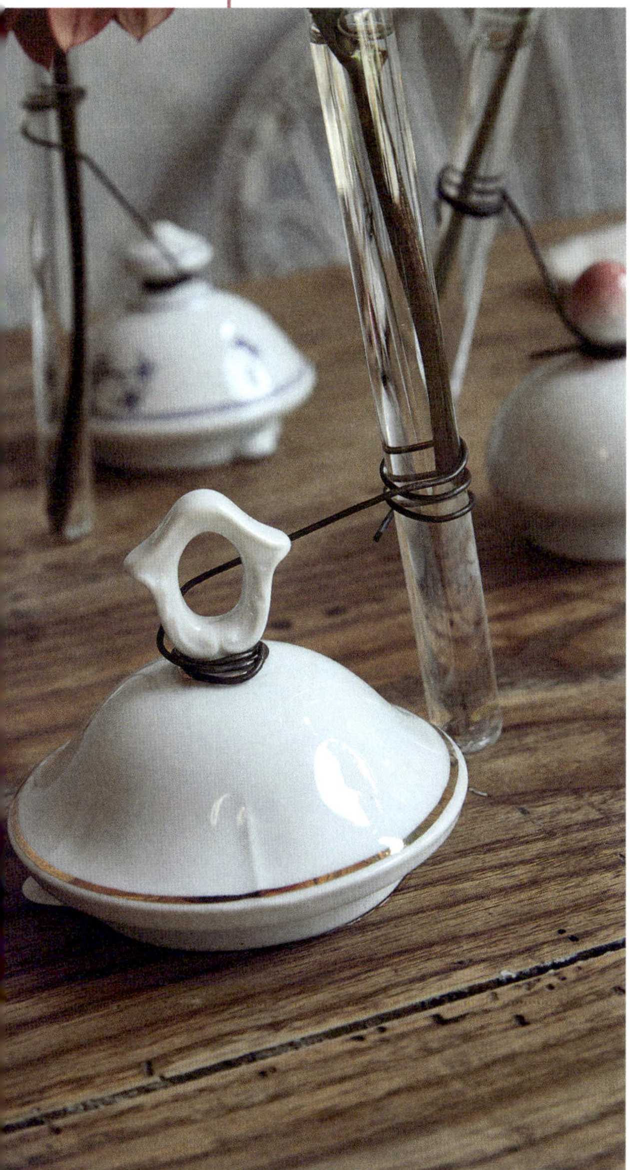

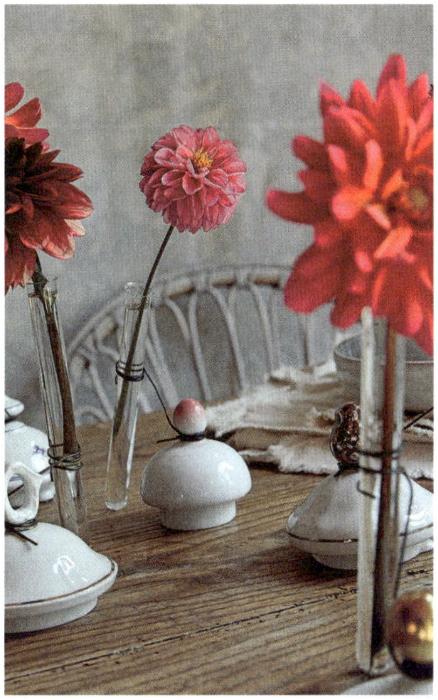

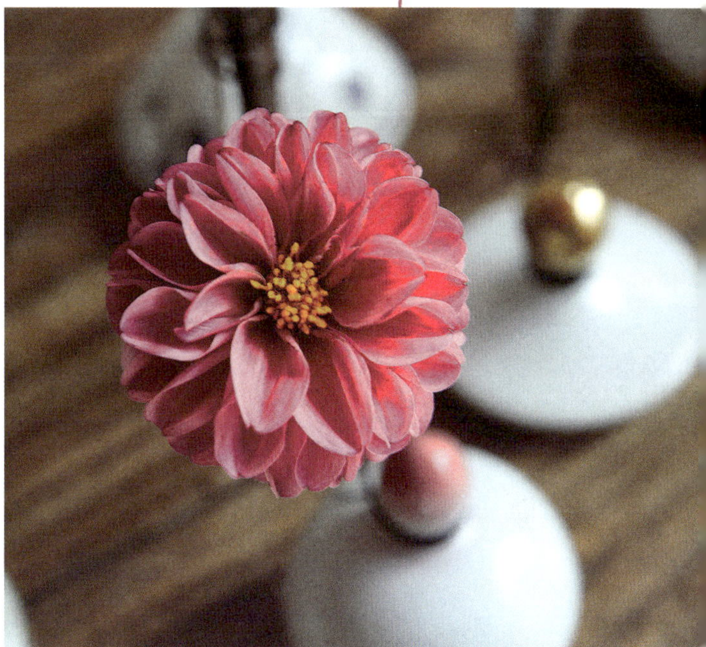

SO GEHT'S:

Den Deckelknauf einer Teekanne oder einer Zuckerdose mit Steckdraht umwickeln. Das Ende des Steckdrahts mehrfach um ein Glasröhrchen schlingen, sodass dieses aufrecht stehen kann. Dann Wasser einfüllen und eine Dahlie einstellen.

... fertig!

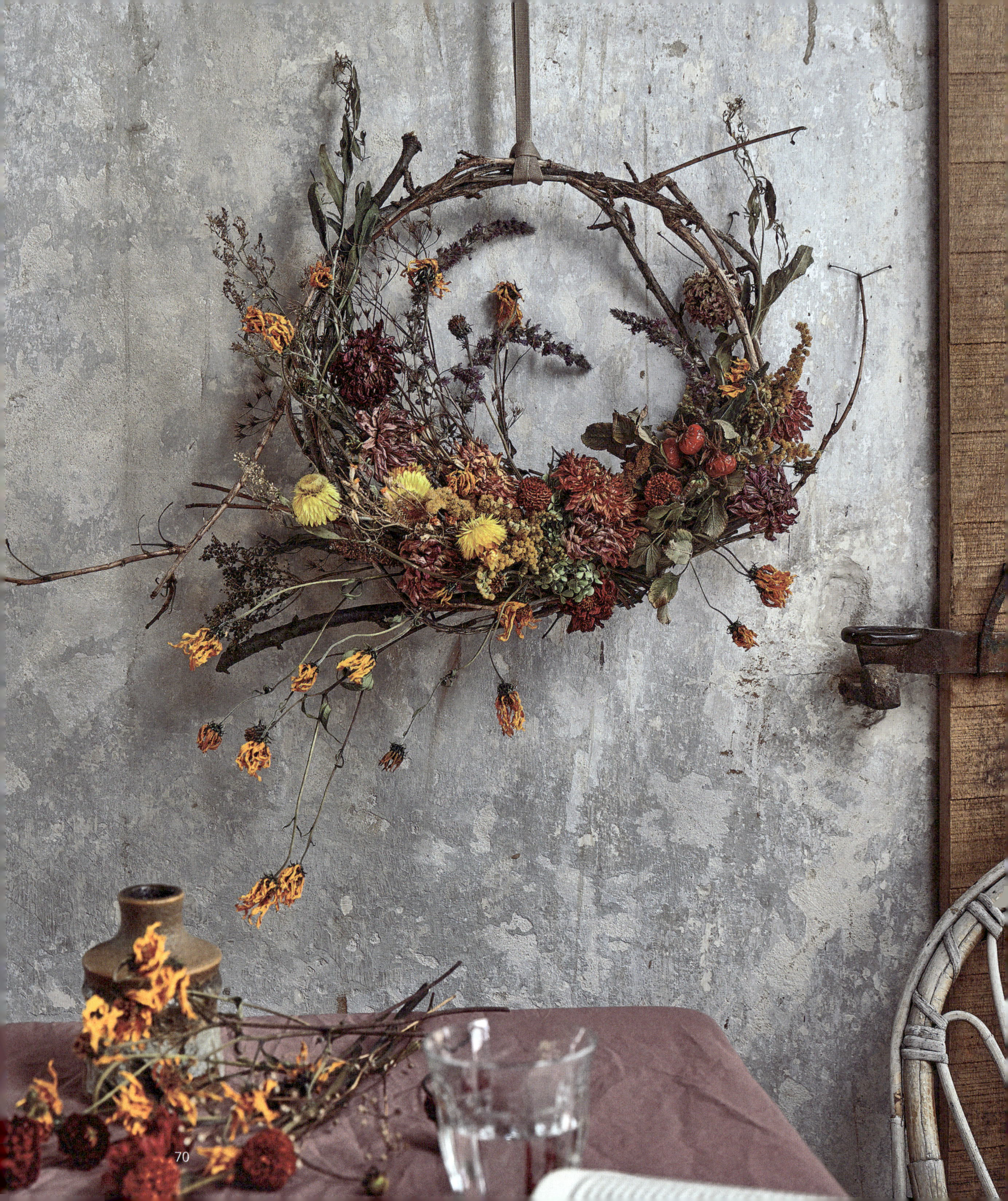

Natürlicher BLÜTENREIGEN

DAS BRAUCHT IHR:

Wickeldraht // Zange // Band // Weinranken // Zweige der Jostabeere // Trockenblumen (Hortensien, Studentenblumen, Dahlien, Goldrute, Strohblumen, Hagebutten, Topinambur und Steppen-Salbei)

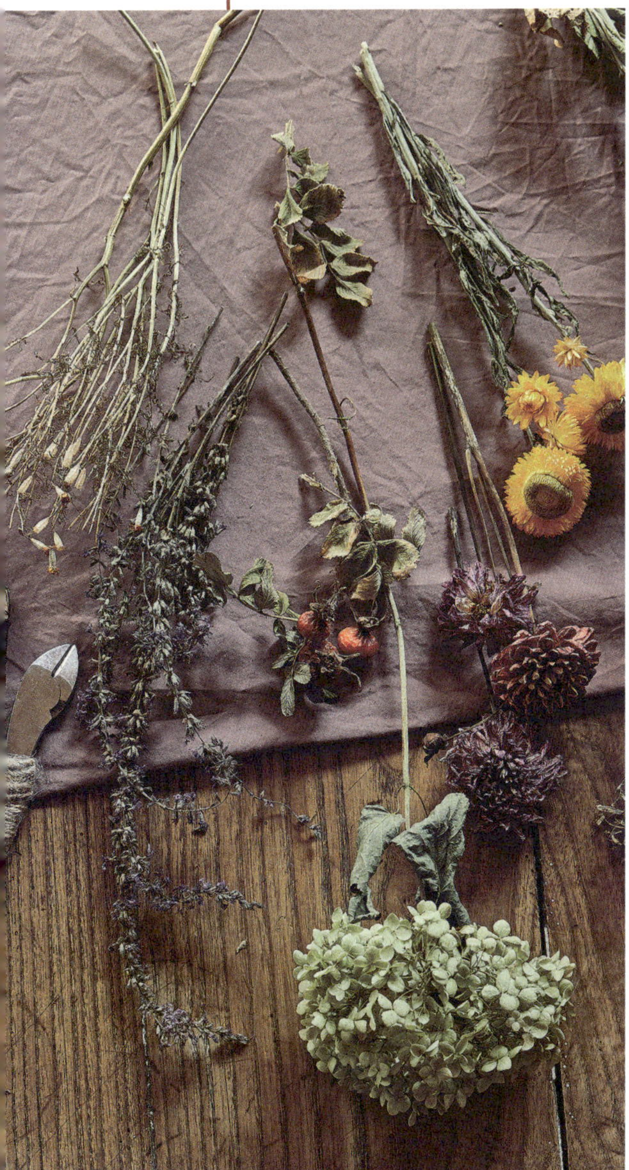

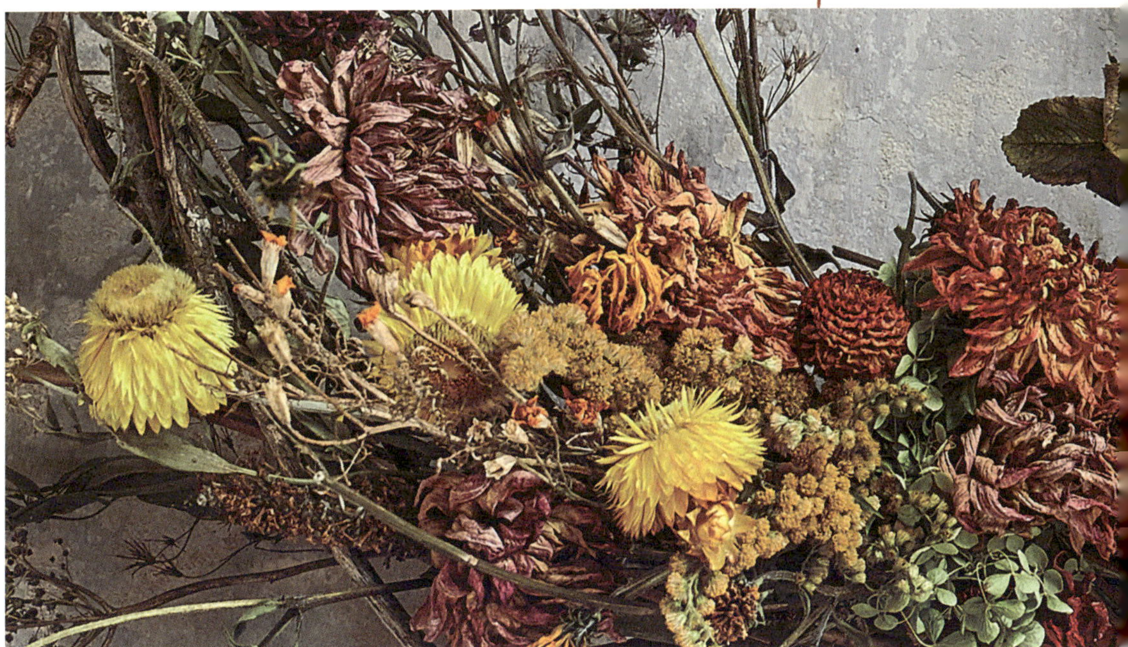

SO GEHT'S:

Die Weinranken und die Jostabeerenzweige zu einem Kranz winden und mit Wickeldraht punktuell fixieren. Trockenblumen vom tiefsten Punkt aus nach rechts und nach links hin aufwickeln. Zum Abschluss auf der Rückseite den Wickeldraht verdrehen.

... fertig!

In meinem *Garten* wachsen das ganze Jahr über zahlreiche Blumen. Einige von ihnen schneide ich auf der Höhe ihrer *Schönheit* ab und lasse sie kopfüber aufgehängt trocknen. Als *Trockenblumen* finden sie dann in verschiedenen Dekorationen eine neue Bestimmung.

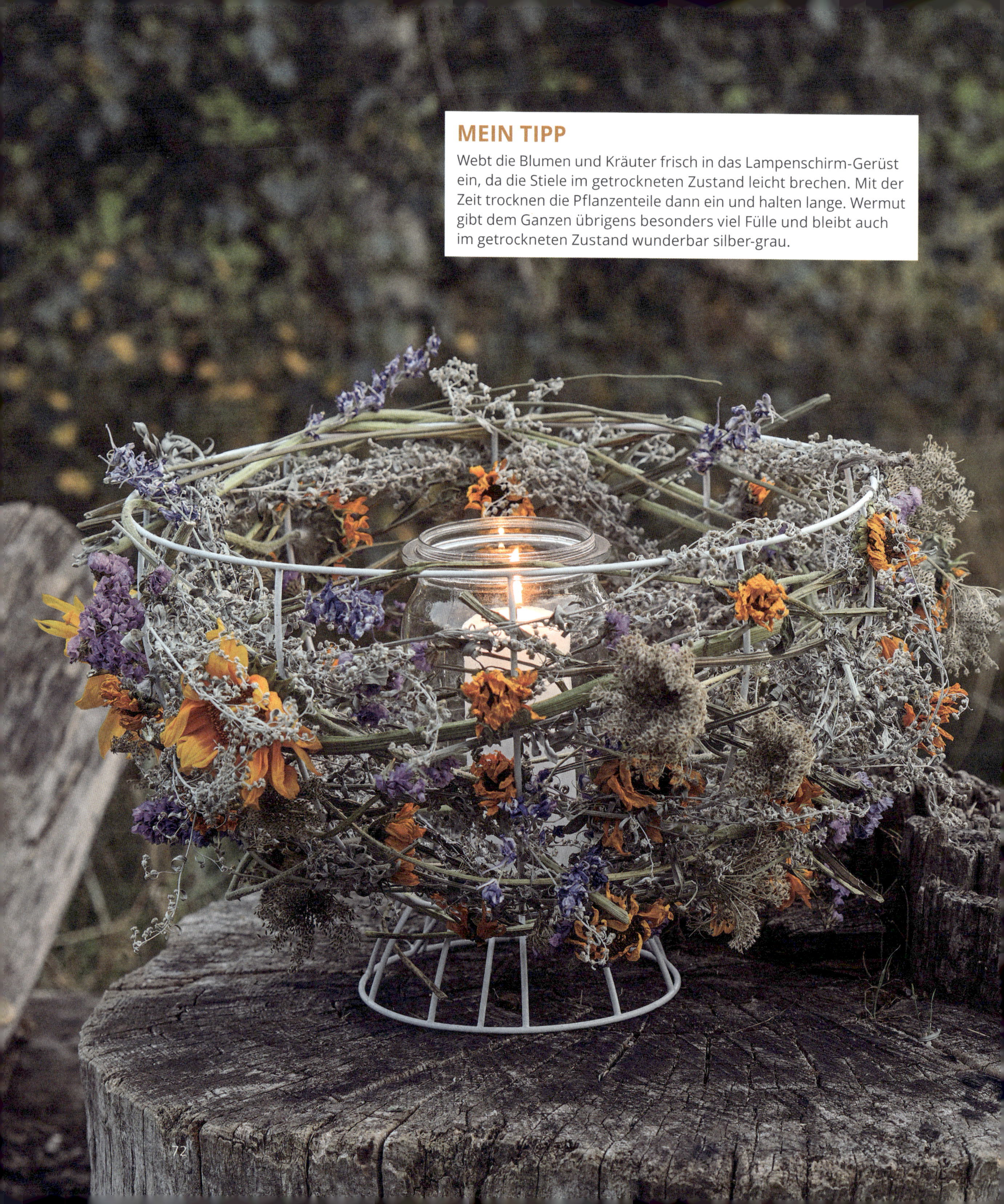

MEIN TIPP

Webt die Blumen und Kräuter frisch in das Lampenschirm-Gerüst ein, da die Stiele im getrockneten Zustand leicht brechen. Mit der Zeit trocknen die Pflanzenteile dann ein und halten lange. Wermut gibt dem Ganzen übrigens besonders viel Fülle und bleibt auch im getrockneten Zustand wunderbar silber-grau.

Lampenschirm-WINDLICHT

DAS BRAUCHT IHR:

Lampenschirm // Einmachglas // Kerze // Rittersporn // Strandflieder // Wilde Möhre // Wermut

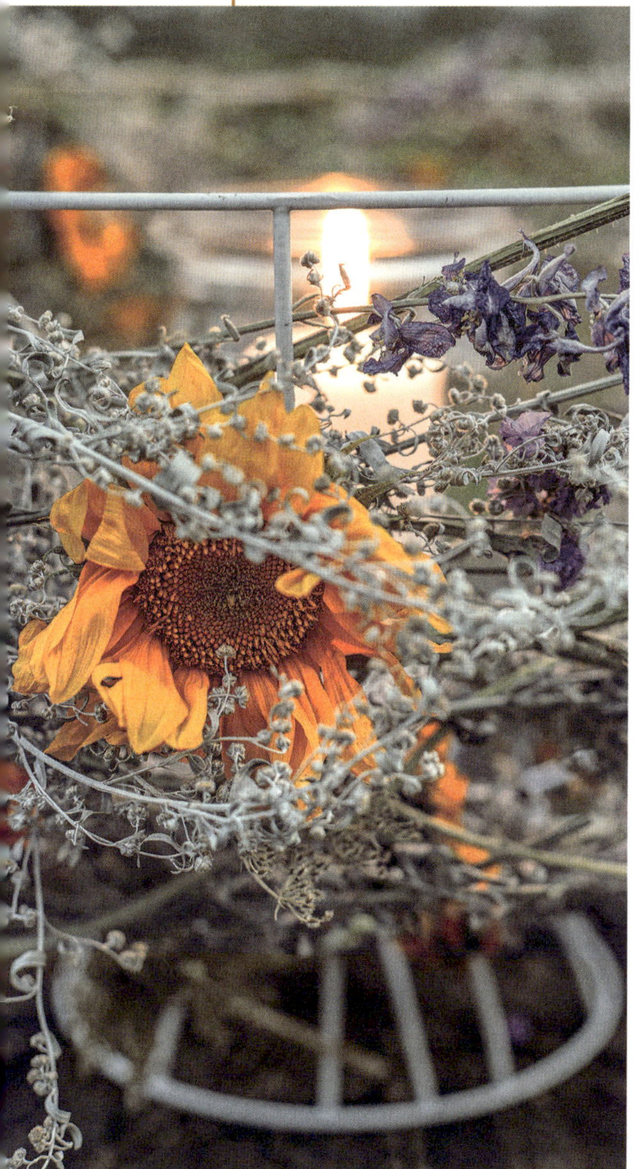

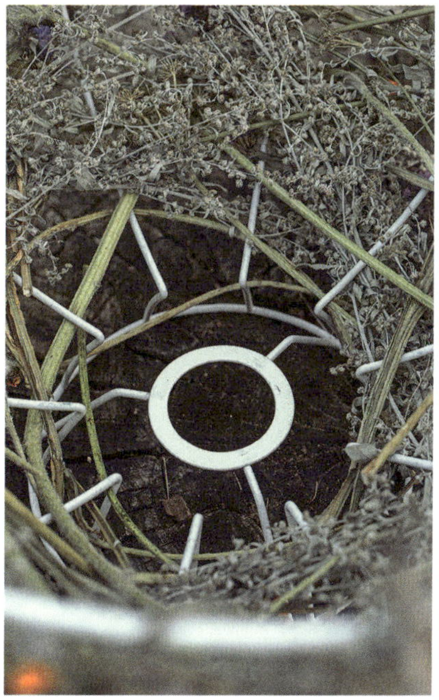

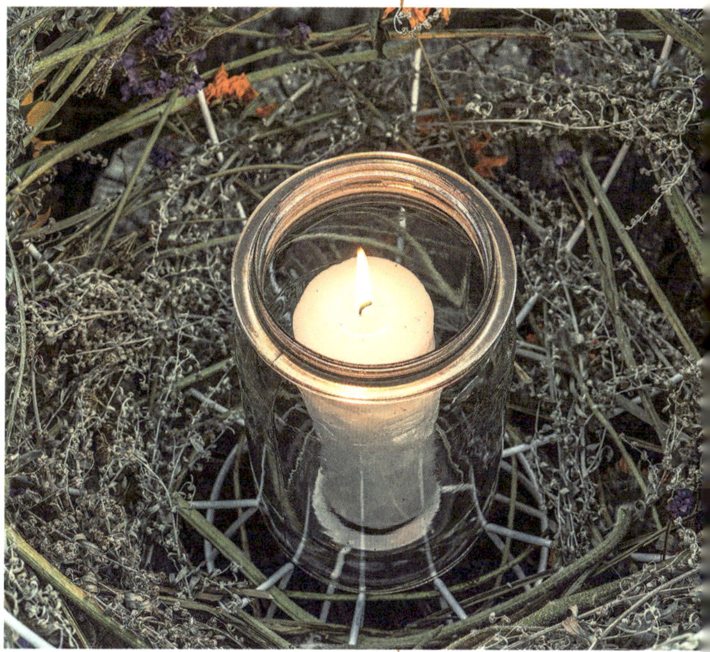

SO GEHT'S:

Befreit zunächst den Lampenschirm von dem Stoff, sodass nur noch das Metallgerüst übrig bleibt. Die Blüten durch das Gerüst weben. Wer Blüten und Pflanzen verwendet, an denen auch einige Blätter sind, erhält schnell mehr Fülle beim Dekorieren. Zum Schluss ein Einmachglas samt Kerze in der Mitte platzieren.

... fertig!

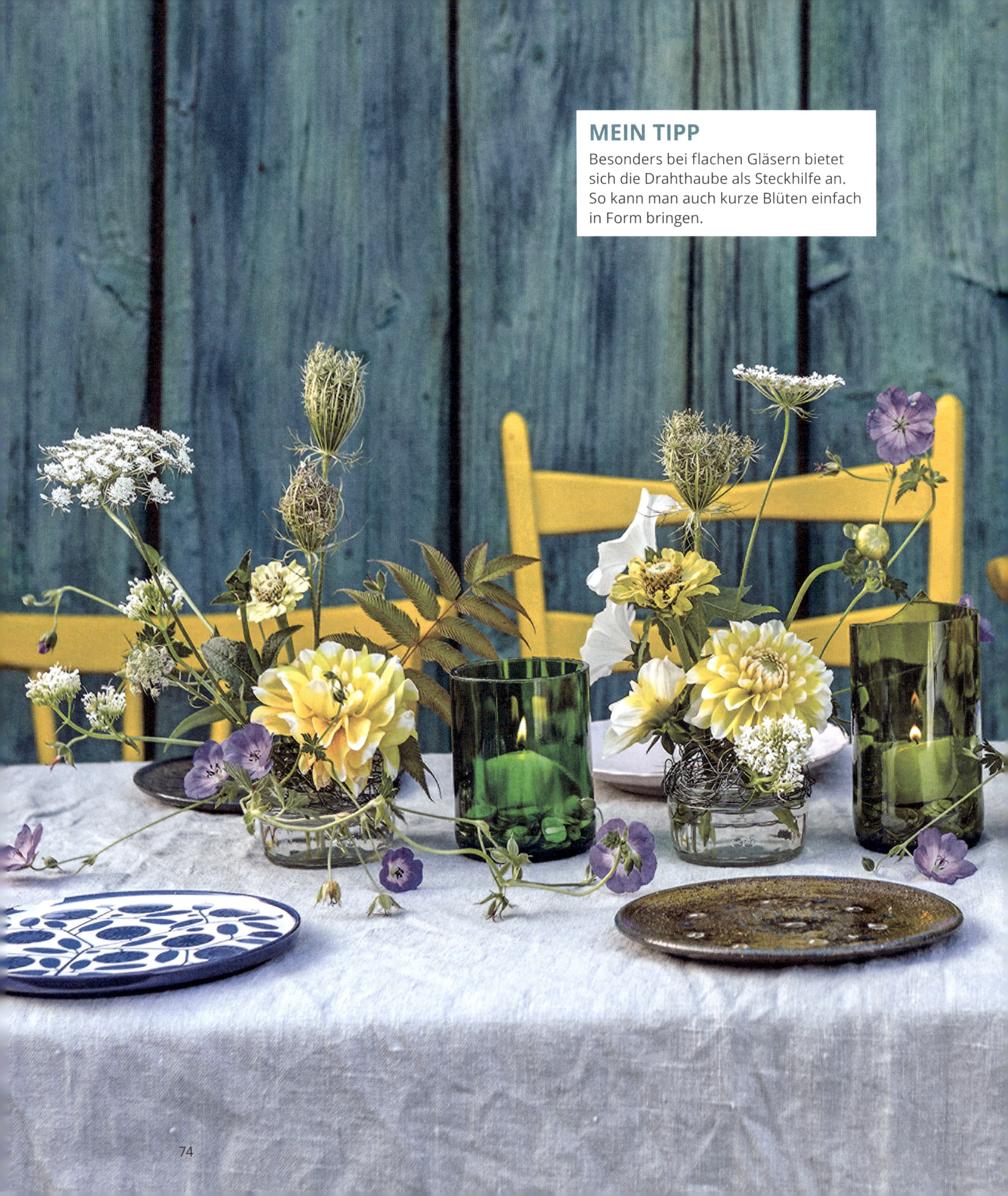

MEIN TIPP

Besonders bei flachen Gläsern bietet sich die Drahthaube als Steckhilfe an. So kann man auch kurze Blüten einfach in Form bringen.

Marmeladenglas MIT DRAHTHAUBE

DAS BRAUCHT IHR:

Marmeladen- oder Einmachgläser // Wickeldraht oder Drahtreste // Sommerblumen (wie Wilde Möhre, Storchenschnabel, Malven, Spornblumen und Zinnien)

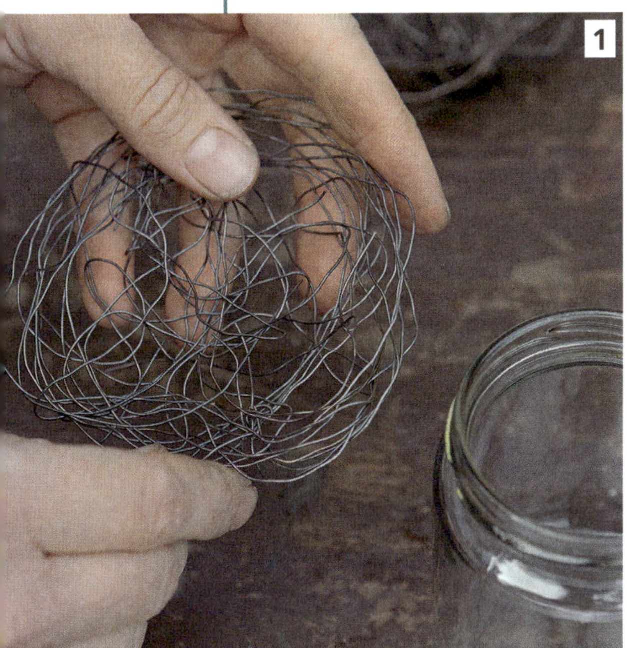

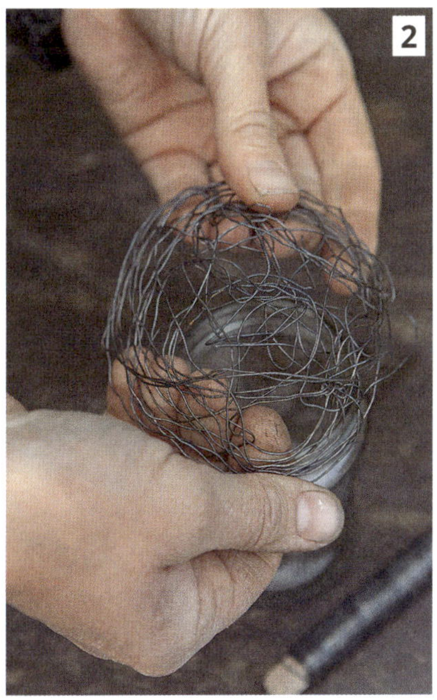

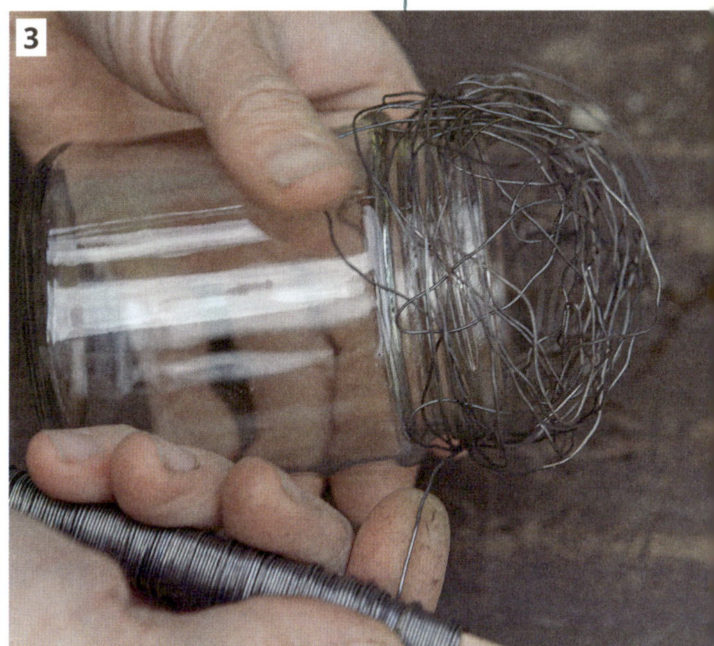

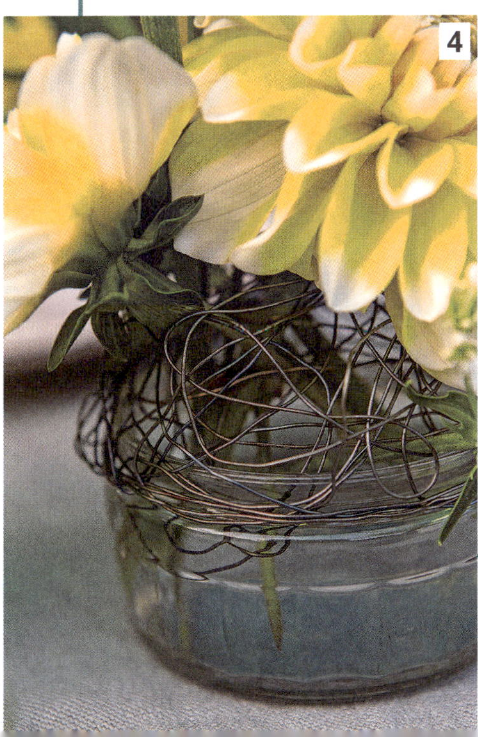

SO GEHT'S:

1–3 Mehrere Meter des Wickeldrahts abrollen oder verschiedene Drahtreste verwenden. Den Draht zusammenknautschen und über die Öffnung des Marmeladenglases stülpen. Mit Wickeldraht von außen befestigen.

4 Das Glas mit Wasser füllen und die Blumen durch das Drahtknäul hindurch einstellen.

... fertig!

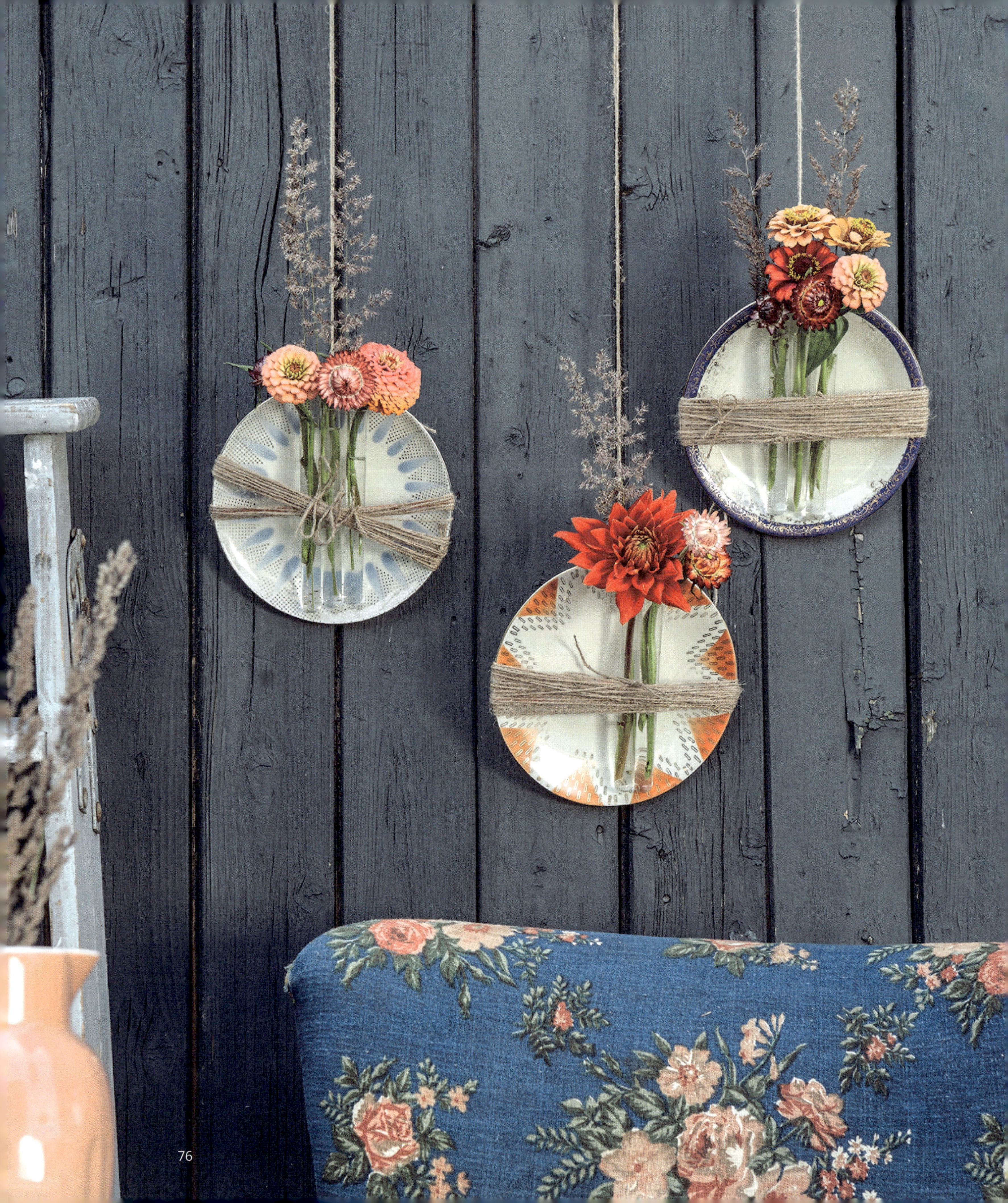

Wandteller MIT BLÜTENDEKOR

DAS BRAUCHT IHR:

Kuchenteller // Glasröhrchen // Einmachgummis // Jutekordel // Dahlien // Zinnien // Strohblumen // Gräser

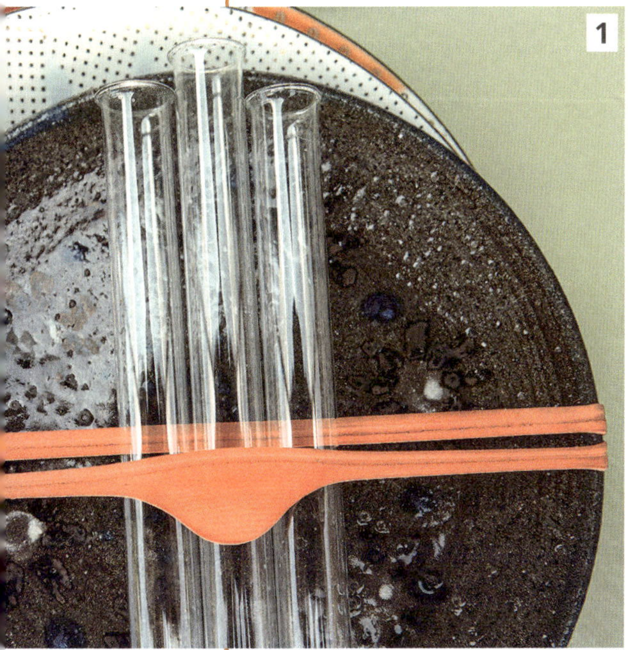

1

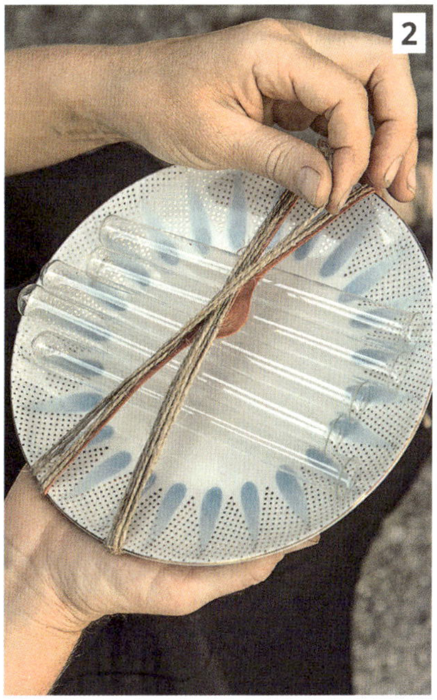

2

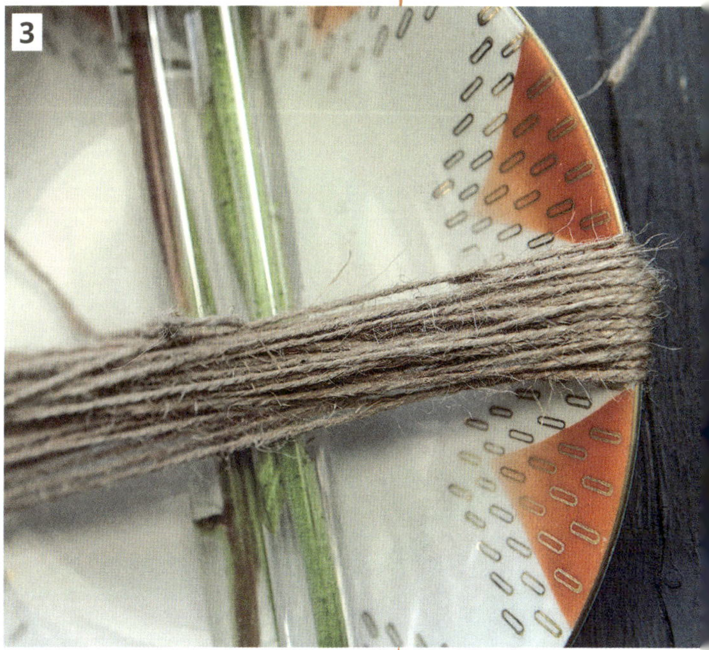

3

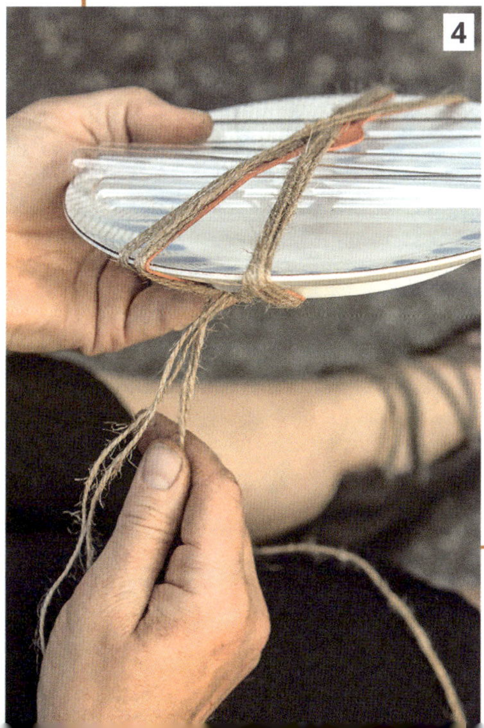

4

SO GEHT'S:

1 Um den Teller zwei Einmachgummis spannen. Die Glasröhrchen dazwischen schieben.

2+3 Dann die Gummis mit einer dicken Wicklung aus Jutekordel kaschieren. Die Kordel kann einfach nur an einer Stelle um den Teller geschlungen werden oder aber auch versetzt.

4 Bei den Wicklungen auch gleich eine Aufhängung anbringen. Die Glasröhrchen mithilfe einer Schwanenhalsflasche mit Wasser befüllen, Blüten einstecken und aufhängen.

... fertig!

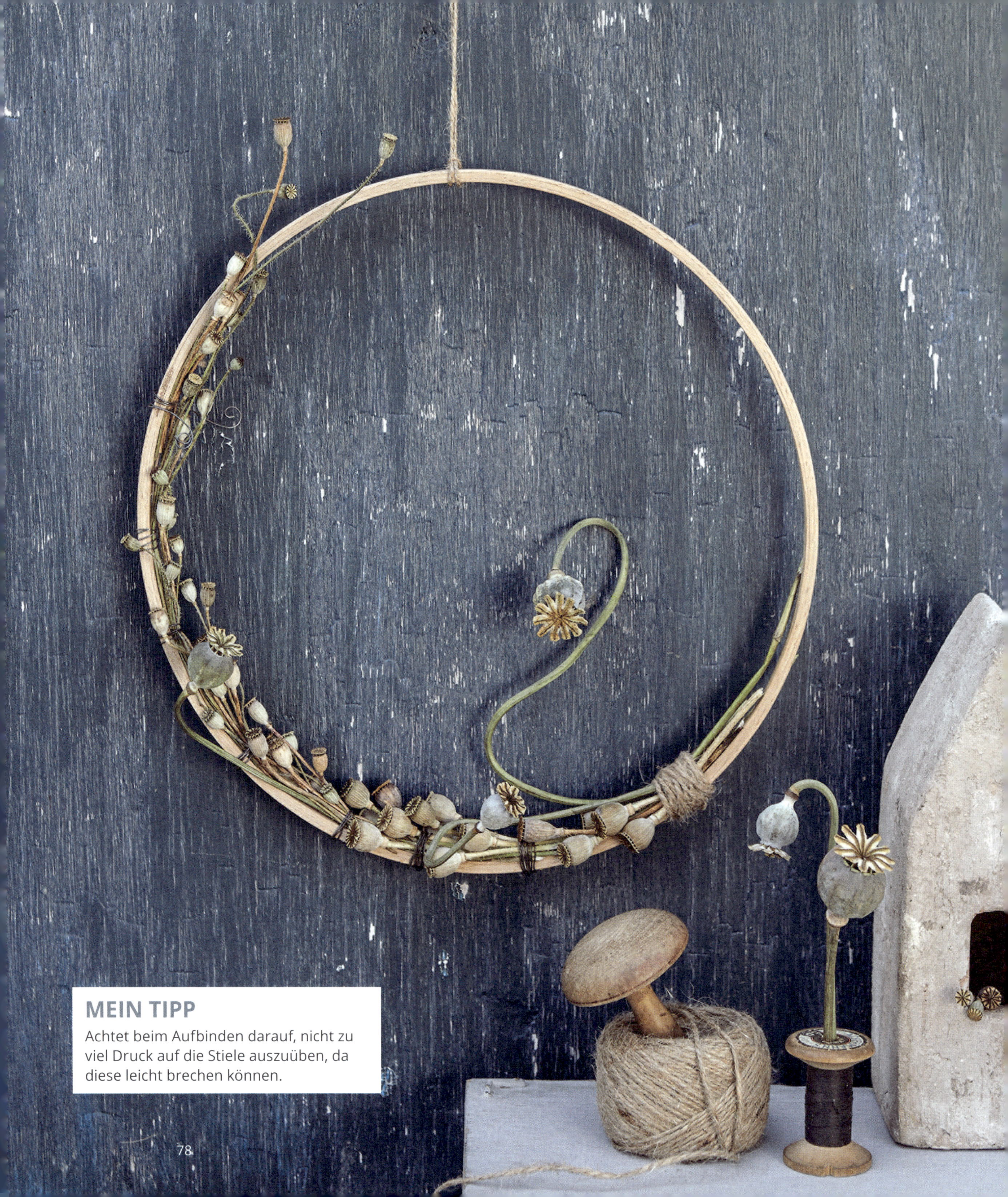

MEIN TIPP

Achtet beim Aufbinden darauf, nicht zu viel Druck auf die Stiele auszuüben, da diese leicht brechen können.

Minimalistischer MOHNKAPSEL-KRANZ

DAS BRAUCHT IHR:

Wickeldraht // Jutekordel // Holzring oder den inneren Ring eines alten Stickrahmens // Mohnkapseln

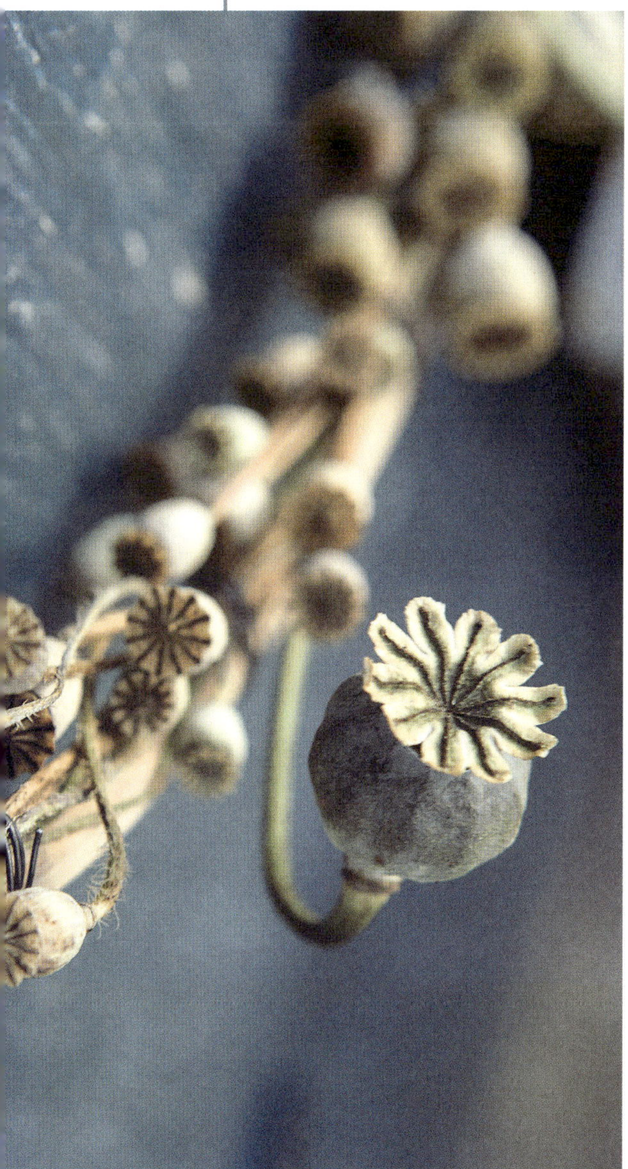

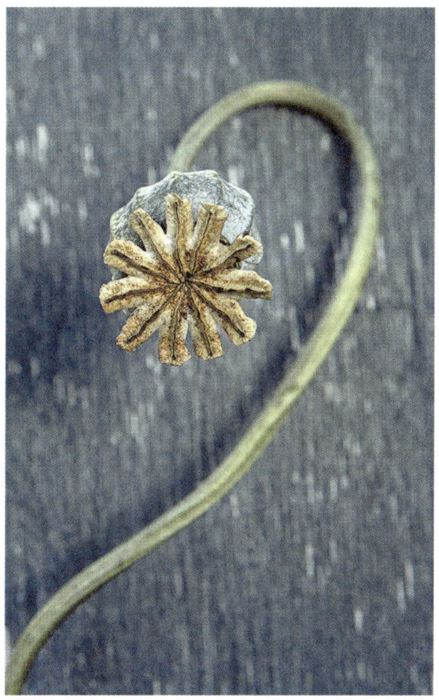

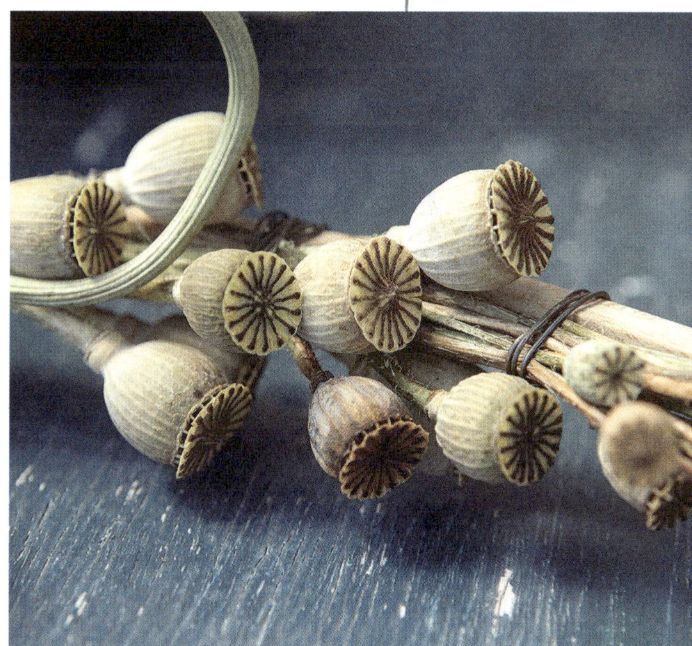

SO GEHT'S:

Die Stiele der Mohnkapseln nur ein wenig kürzen, dann mithilfe von Wickeldraht am inneren Rand des Holzreifens befestigen. Dabei mit besonders kleinen Mohnkapseln beginnen und nach und nach immer größere verwenden, bis etwas mehr als die Hälfte des Rings bewickelt ist. Den Abschluss bildet Jutekordel, die um die Stiele geschlungen wird. Dann eine Aufhängung anbringen.

... fertig!

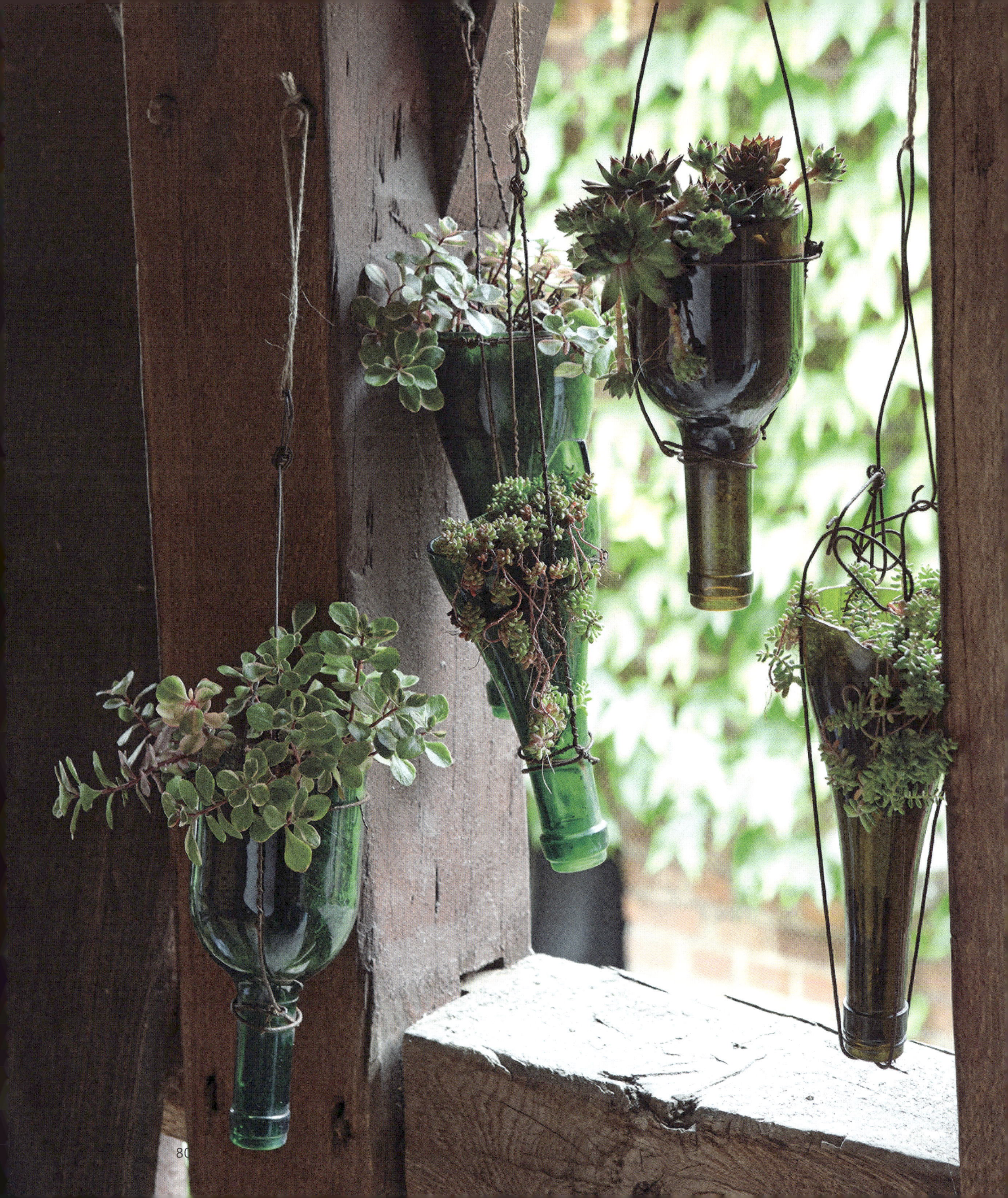

Bepflanztes ALTGLAS

DAS BRAUCHT IHR:

Weinflaschen // Glasschneider für Flaschen // einen tiefen Topf // Draht // Seitenschneider // Kerze // Feinstaubmaske // Arbeitshandschuhe // Schleifpapier // Jutekordel // Pflanzerde // Moos // Hauswurzpflanzen

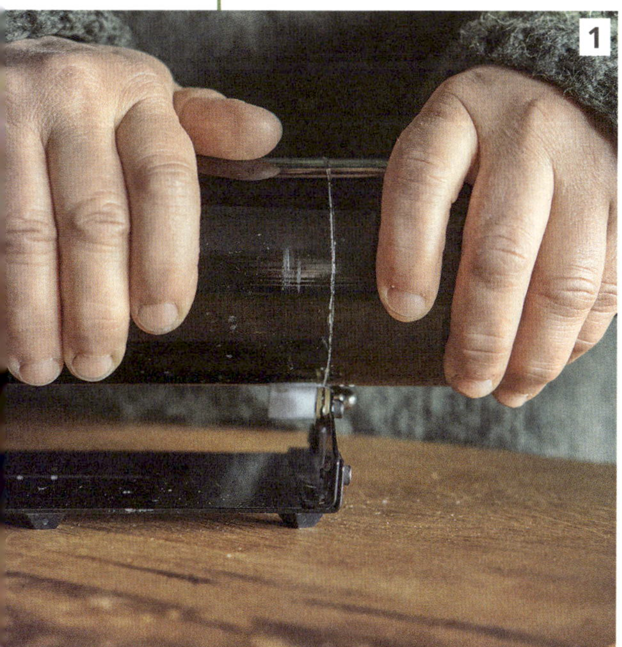

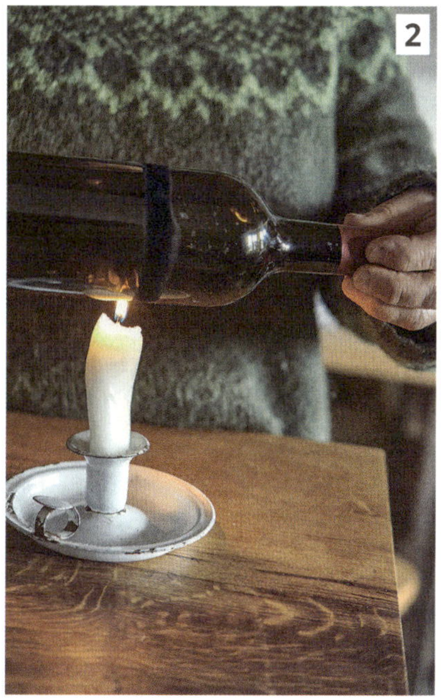

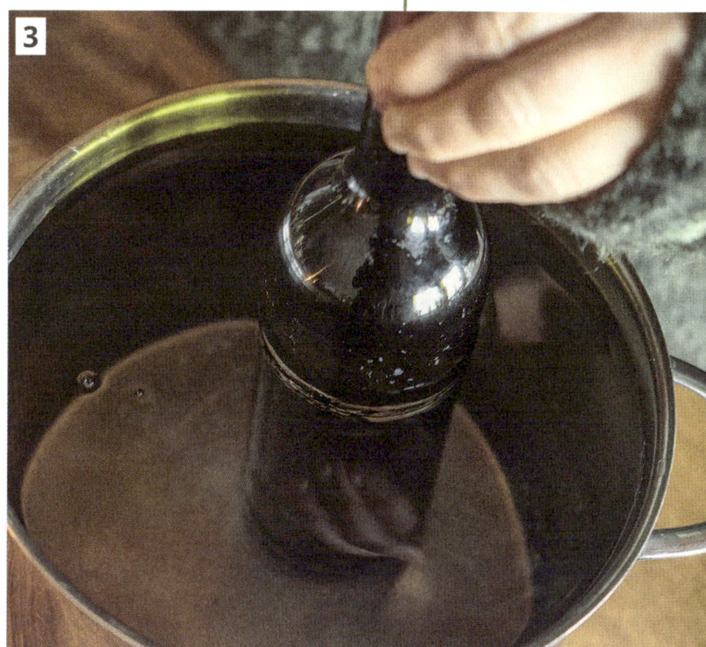

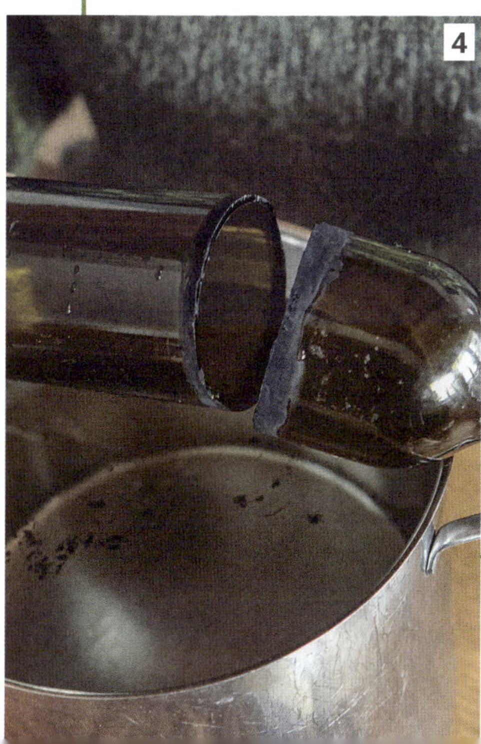

SO GEHT'S:

1 Die Flasche gründlich waschen, dabei das Etikett entfernen. Um die Verletzungsgefahr zu minimieren, am besten Arbeitshandschuhe anziehen, bevor die Flasche auf einen Glasschneider gelegt wird. Mit leichtem Druck die Flasche einmal rundherum drehen, sodass eine kleine Rille erkennbar ist.

2 Nun diese über einer Kerzenflamme für zwei bis drei Minuten erhitzen. Die Flasche dabei immer wieder rundherum drehen.

3+4 Danach die Flasche in einen tiefen Topf mit kaltem Wasser tauchen, dann zerspringt sie in zwei Teile.

... weiter **AUF DER NÄCHSTEN SEITE.**

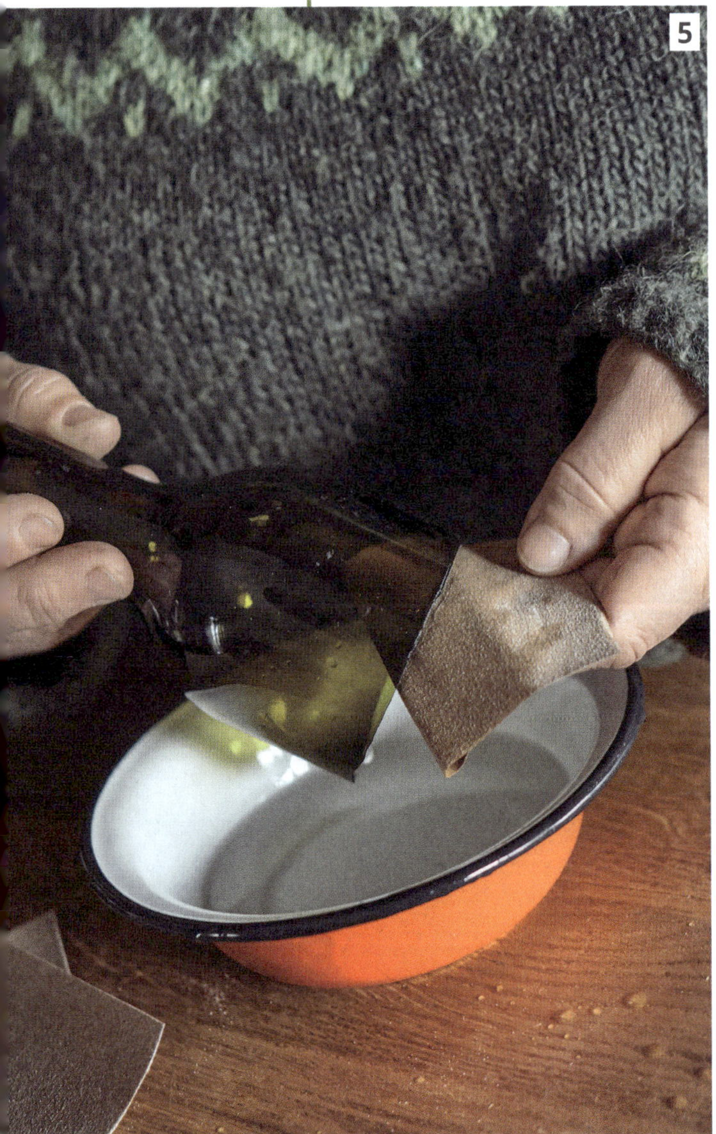

SO GEHT'S WEITER:

5–7 Nun steht das Schleifen auf dem Programm. Dazu am besten eine Feinstaubmaske tragen. Die scharfen Ränder der Schnittstellen mit angefeuchtetem Schleifpapier abschleifen und mit einem Küchenpapier vorsichtig säubern.

Danach Jutekordel, Steckdraht oder Wickeldraht so um den Flaschenhals wickeln, dass eine Aufhängung entsteht. Nun den Flaschenhals von innen mit etwas Moos ausstopfen und die Hauswurzpflanzen zusammen mit etwas Erde einsetzen.

... fertig!

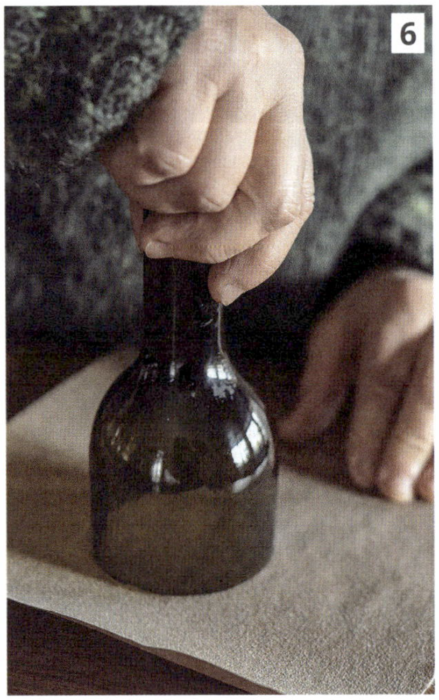

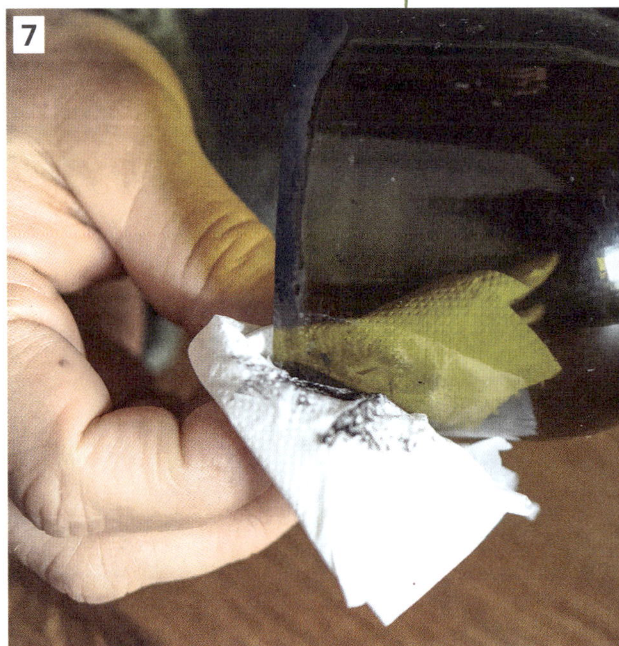

MEIN TIPP

Die andere Hälfte der Flasche lässt sich, nachdem Ihr die Kanten geschliffen habt, zum Beispiel als Windlicht oder als Vase verwenden.

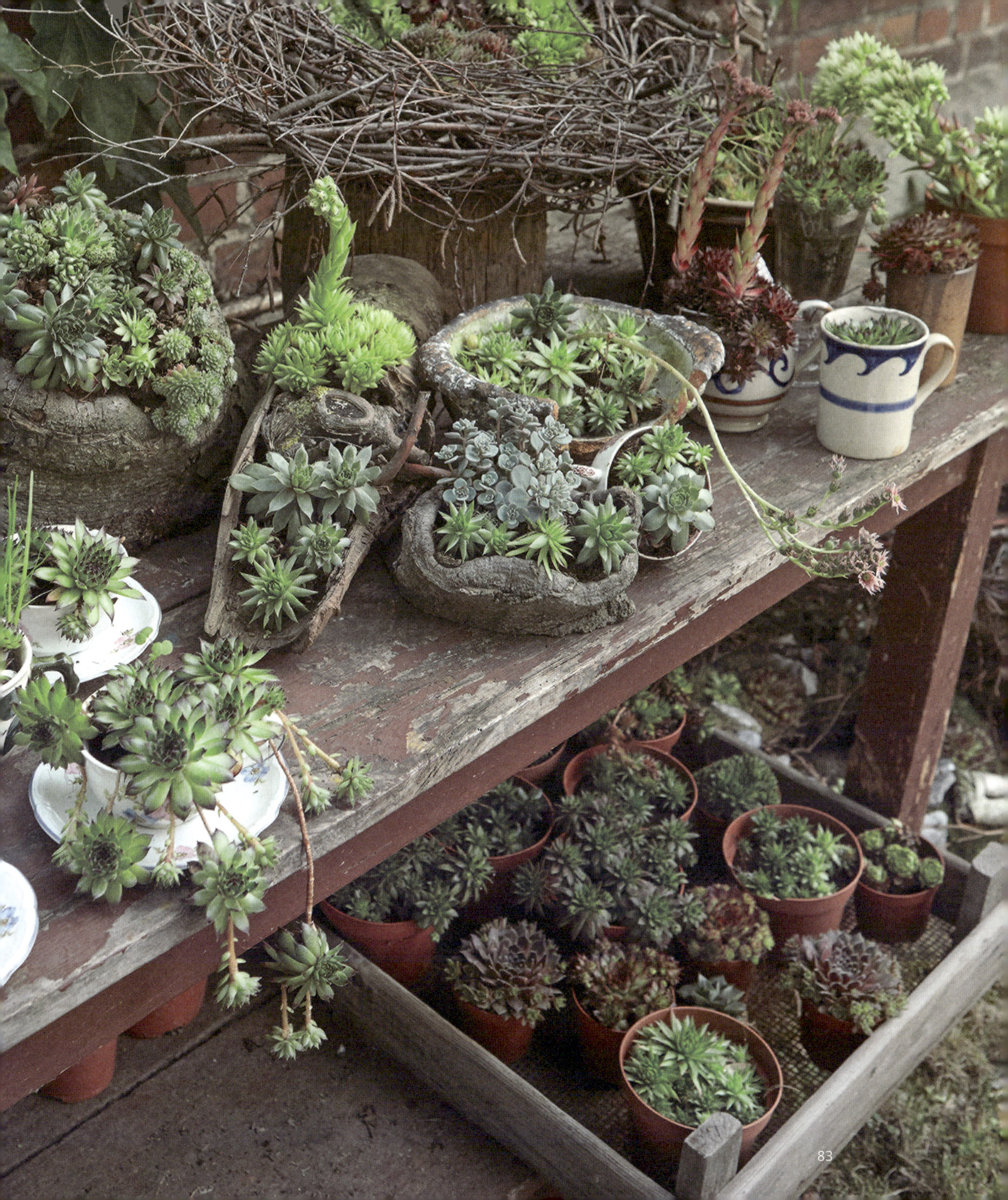

MEIN TIPP

Das Gerüst aus Ranken ist langlebig und kann nach Belieben mit verschiedenen Blumen aus dem Garten bestückt werden.

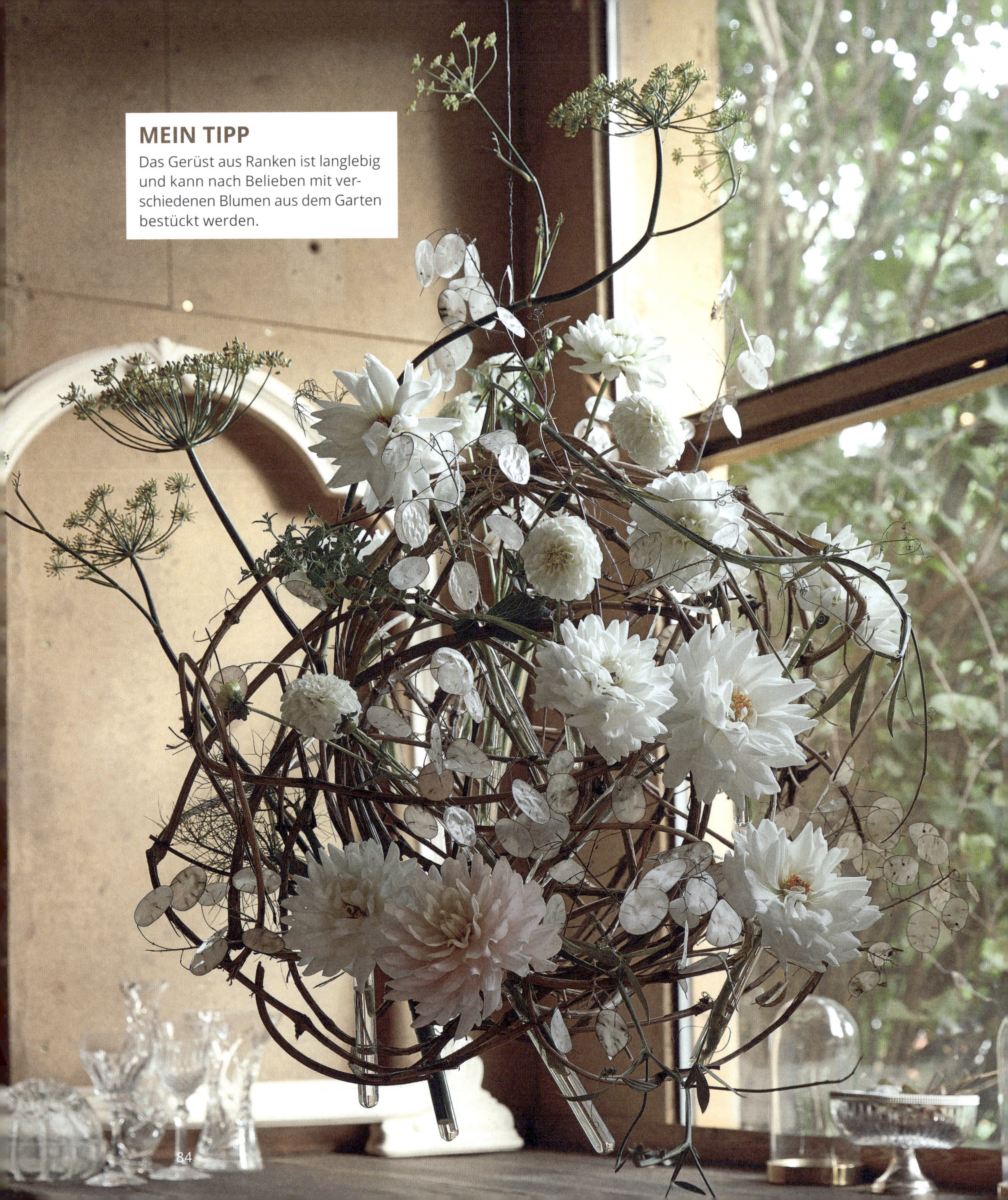

Hängende
SCHÖNHEIT

DAS BRAUCHT IHR:

Glasröhrchen // Zange // Wickeldraht // Band // Waldreben- und Wickenranken // Silberblatt // Dahlien // Fenchel

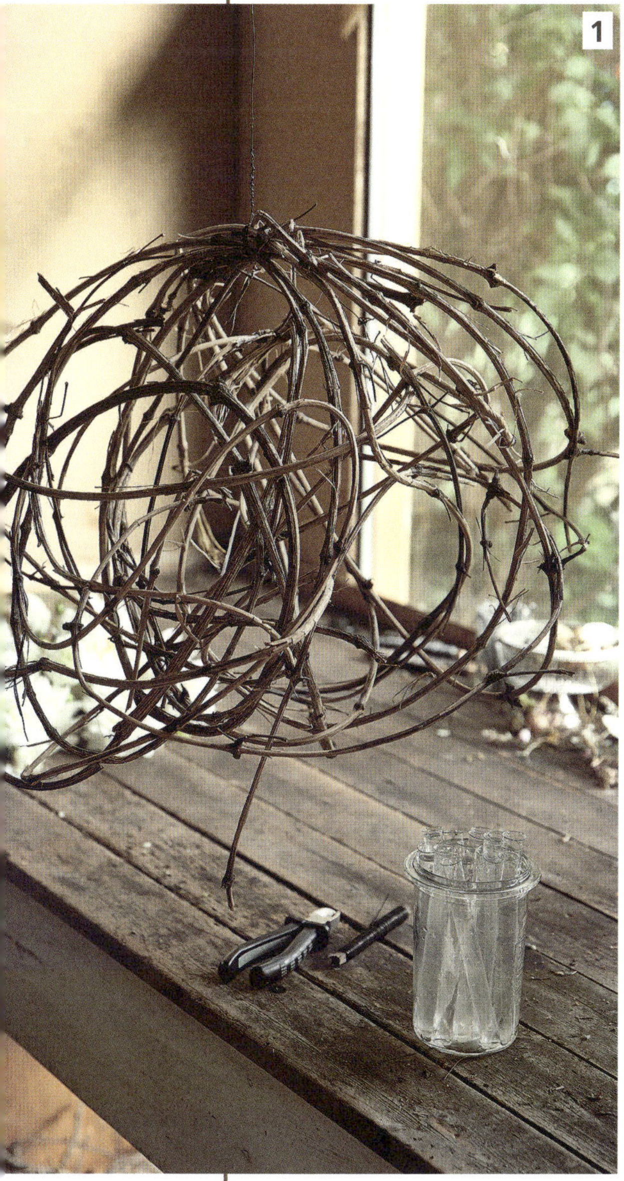

1

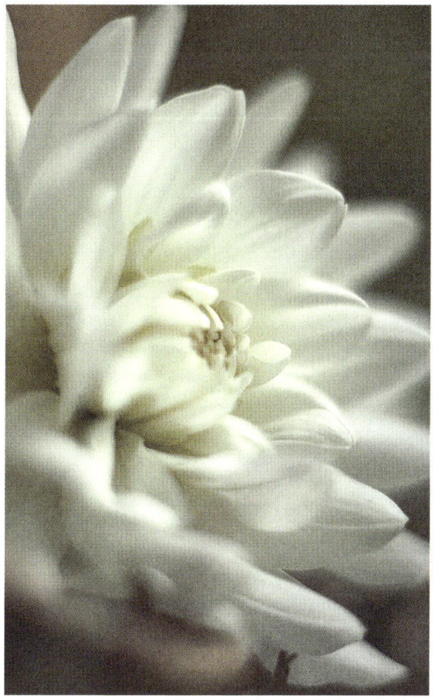

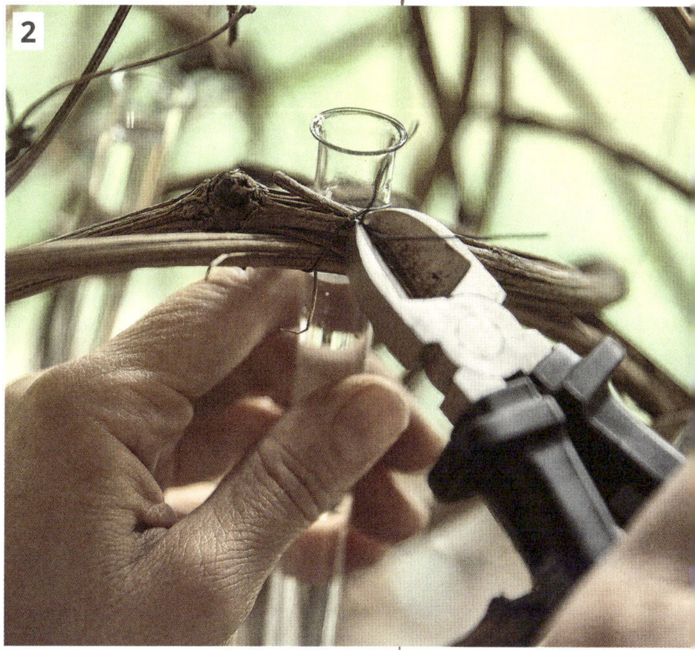

2

SO GEHT'S:

1 Waldreben- und Wickenranken zu einer lockeren, luftigen Kugel formen und diese in sich punktuell mit Wickeldraht fixieren. Wenn die Ranken beim Bewegen der Kugel nicht mehr verrutschen, kann sie mithilfe eines Bands aufgehängt werden.

2 Nach und nach die Glasröhrchen mithilfe von Wickeldraht an dem Gerüst befestigen. Zum Schluss diese mit Wasser und Blüten füllen.

... fertig!

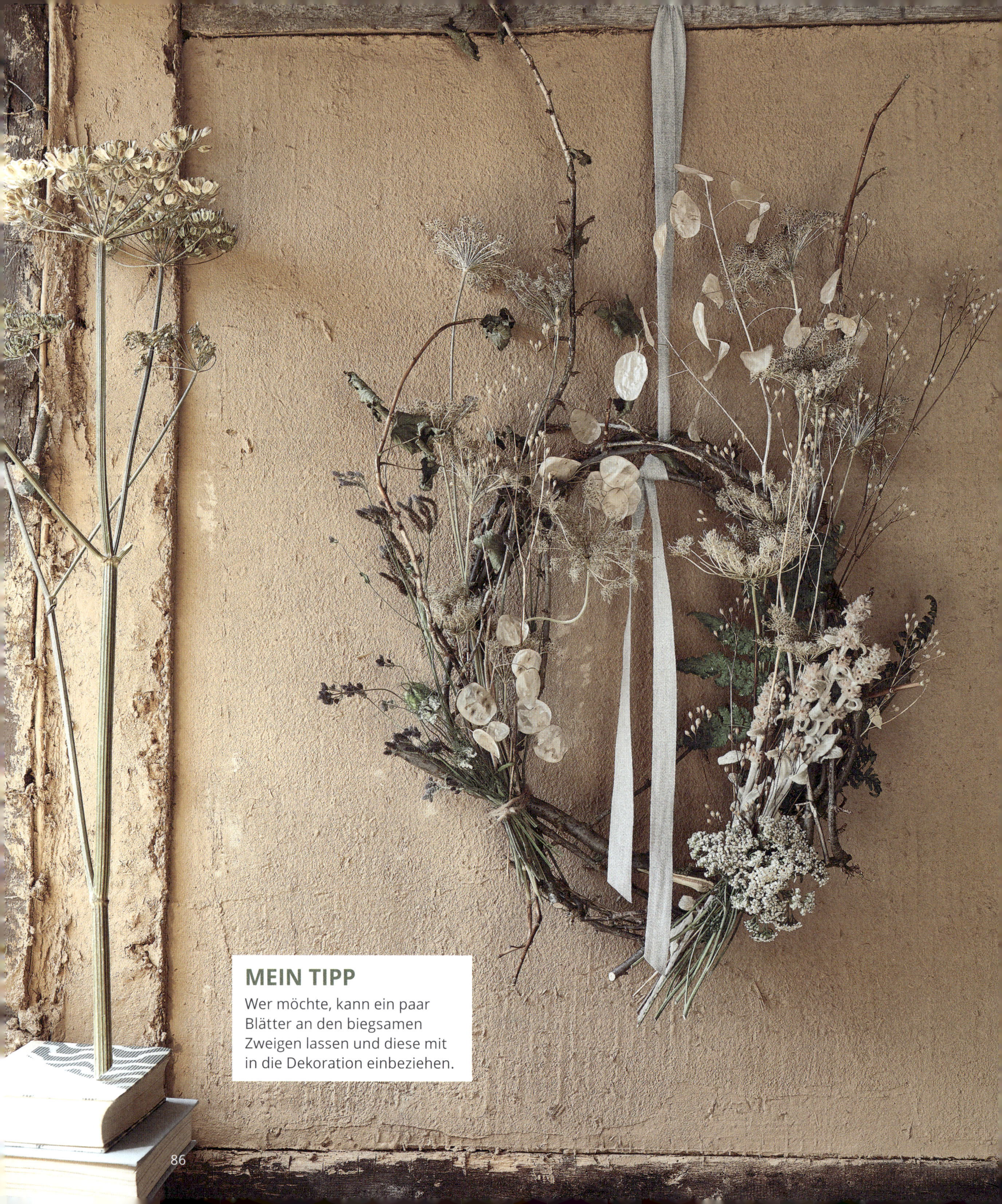

MEIN TIPP

Wer möchte, kann ein paar Blätter an den biegsamen Zweigen lassen und diese mit in die Dekoration einbeziehen.

Ovaler WANDSCHMUCK

DAS BRAUCHT IHR:

Wickeldraht // Band // Jutekordel // Wilde Möhre // Jostabeerenzweige // Silberblatt // Schafgarbe // Eisenkraut // Farnwedel

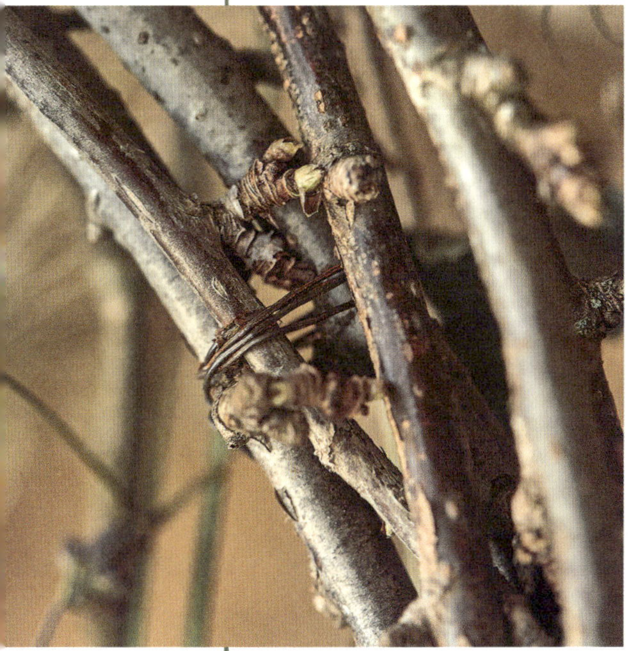

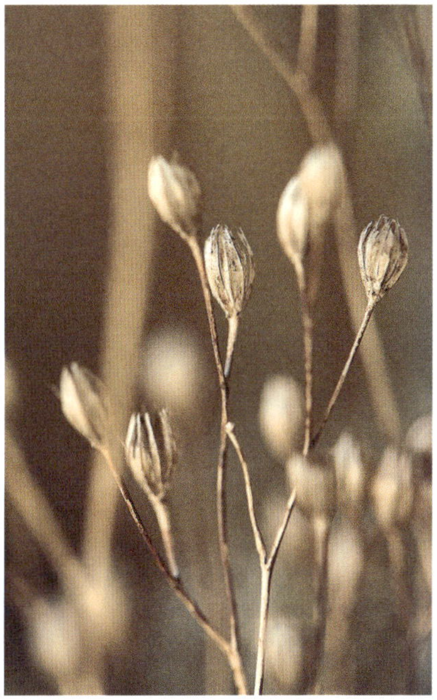

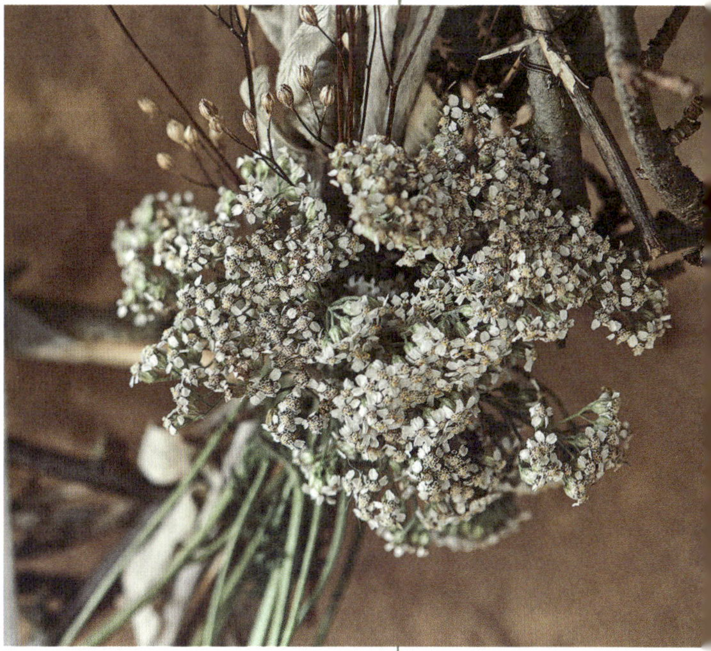

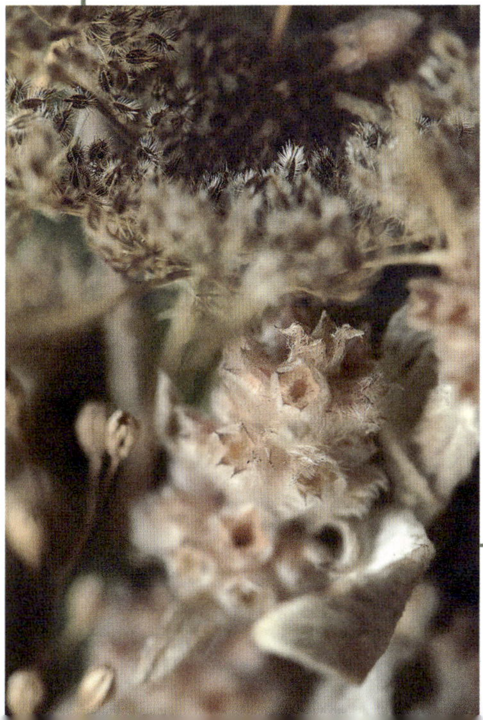

SO GEHT'S:

Die biegsamen Zweige mithilfe von Wickeldraht zu einem Oval formen. Die verschiedenen Pflanzen zu Bündeln zusammennehmen und mit Jutekordel an der Basis befestigen. Als Aufhängung ein Band anbringen.

...fertig!

Der *Herbst* ist facettenreich und inspiriert mich immer wieder aufs Neue! Auf der einen Seite präsentiert er sich mit kräftigen Farben, auf der anderen Seite ist er zurückhaltend.

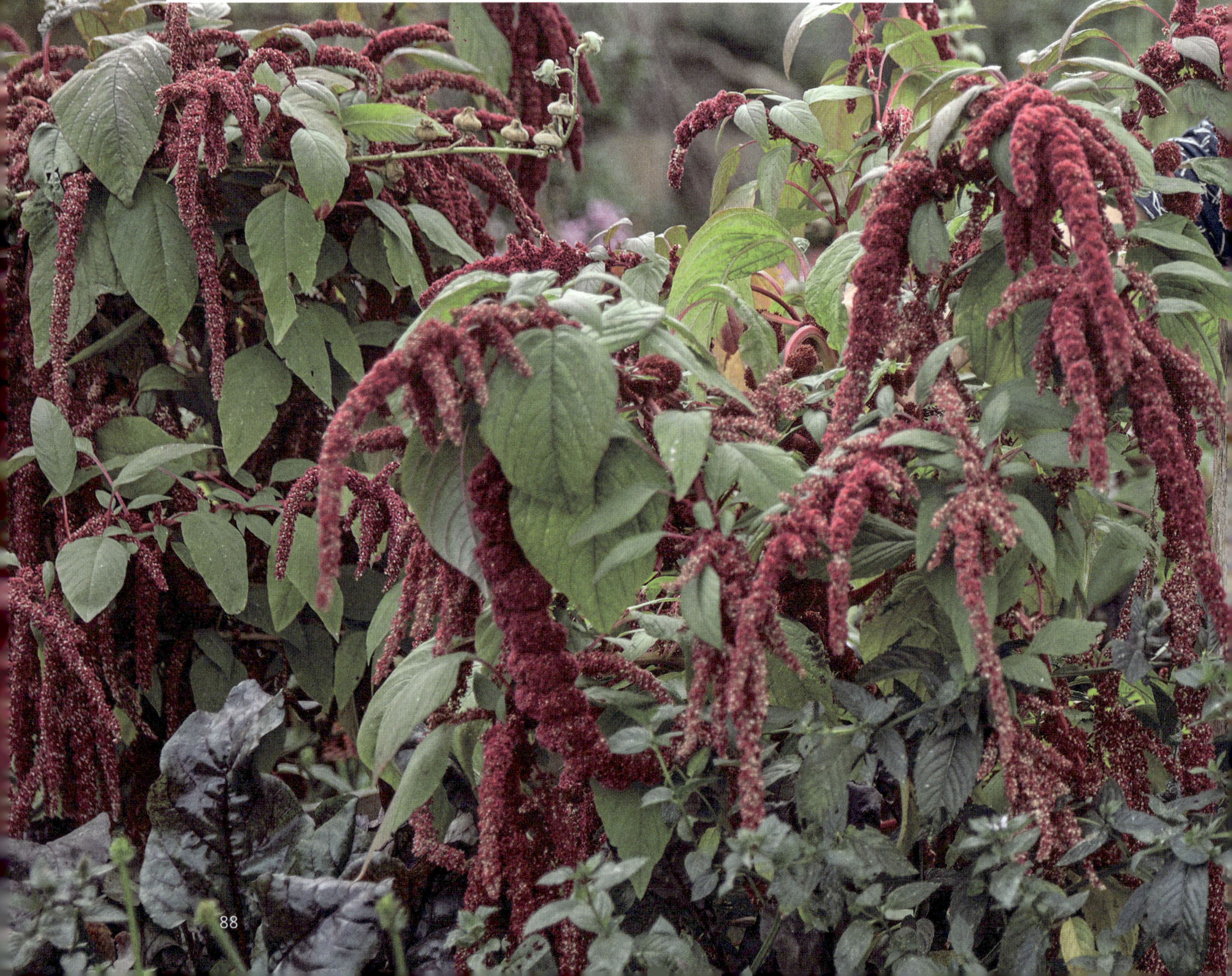

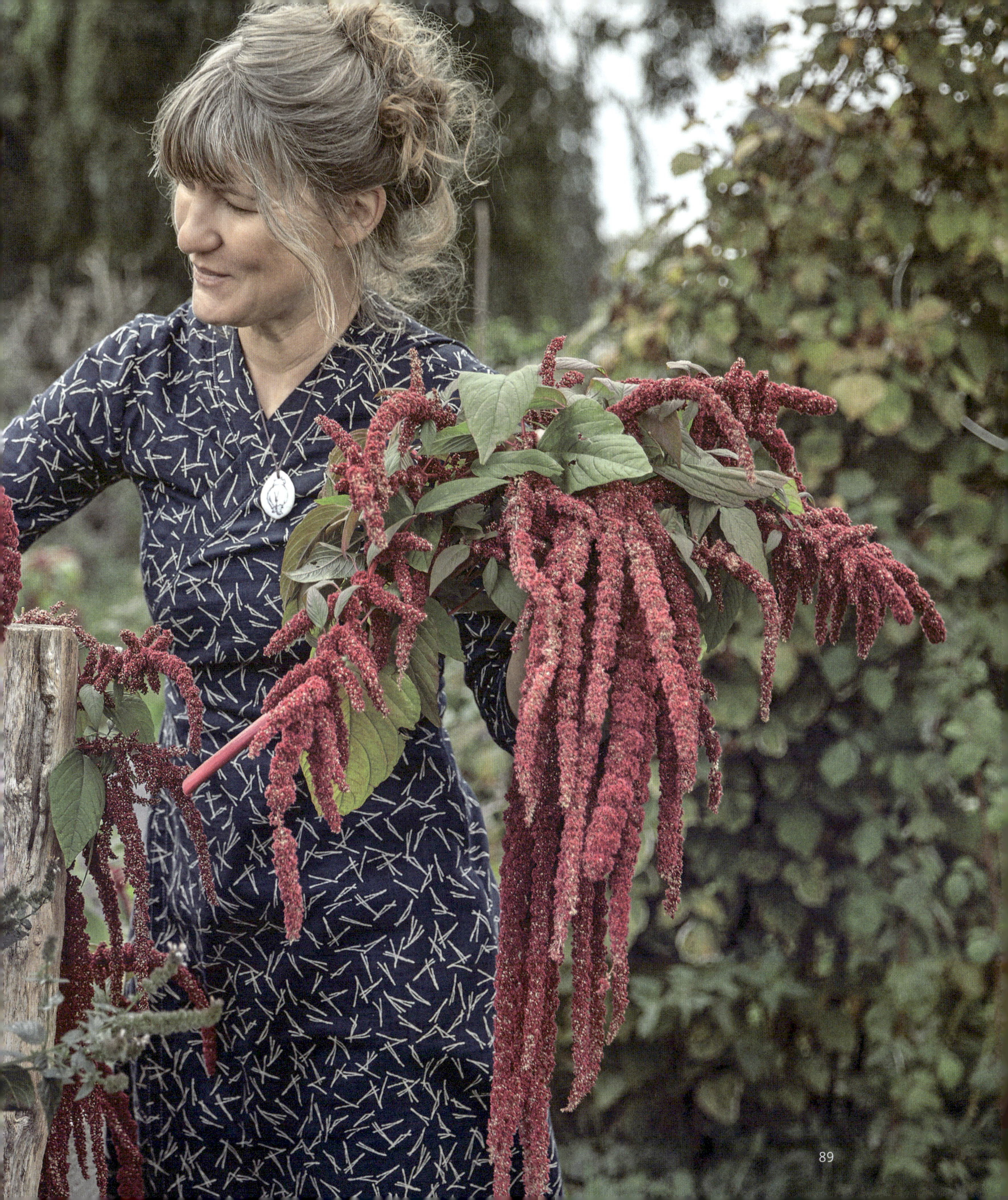

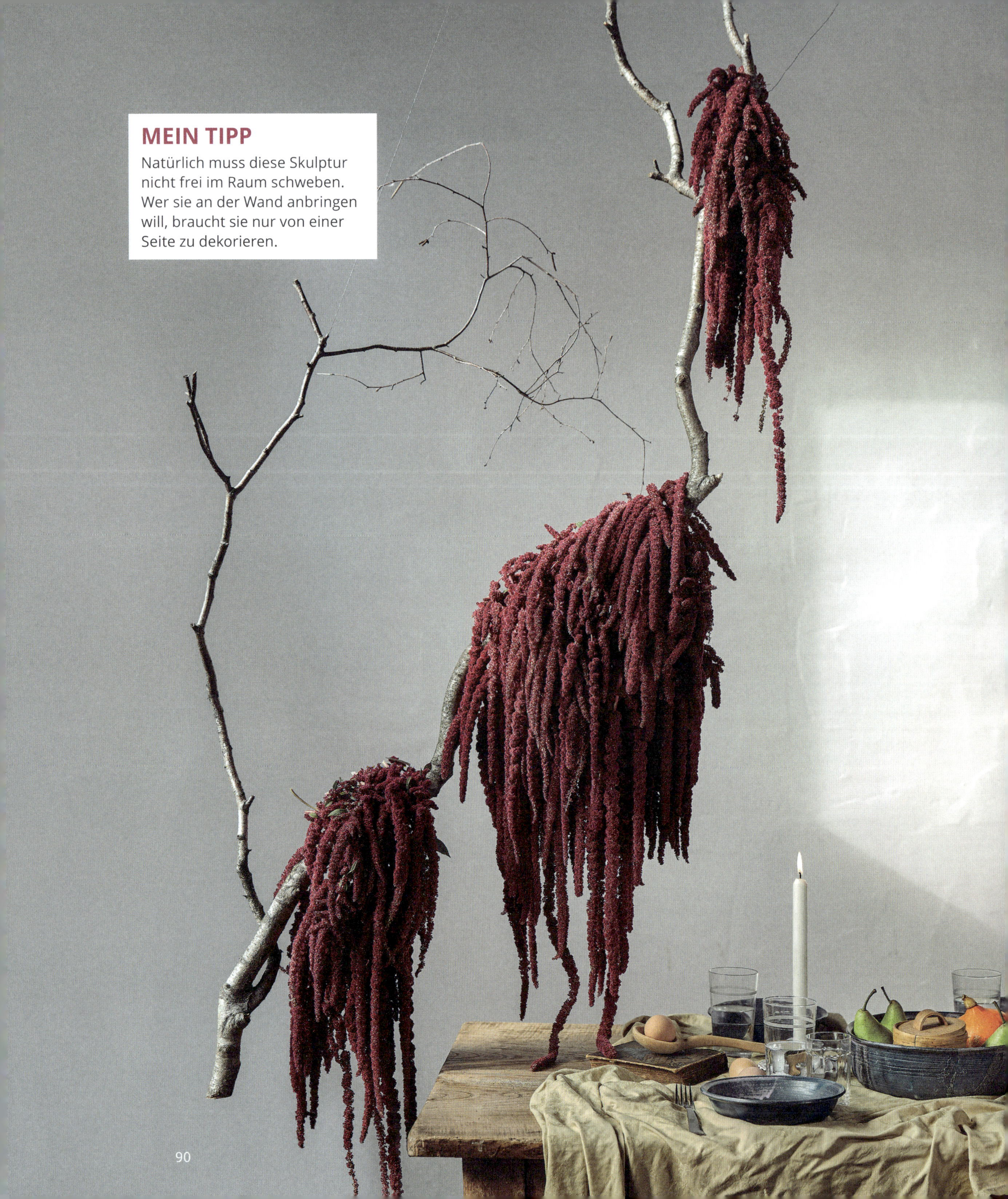

MEIN TIPP

Natürlich muss diese Skulptur nicht frei im Raum schweben. Wer sie an der Wand anbringen will, braucht sie nur von einer Seite zu dekorieren.

Gartenfuchsschwanz-SKULPTUR

DAS BRAUCHT IHR:

Wickeldraht // Schnur // Ast // Gartenfuchsschwanz

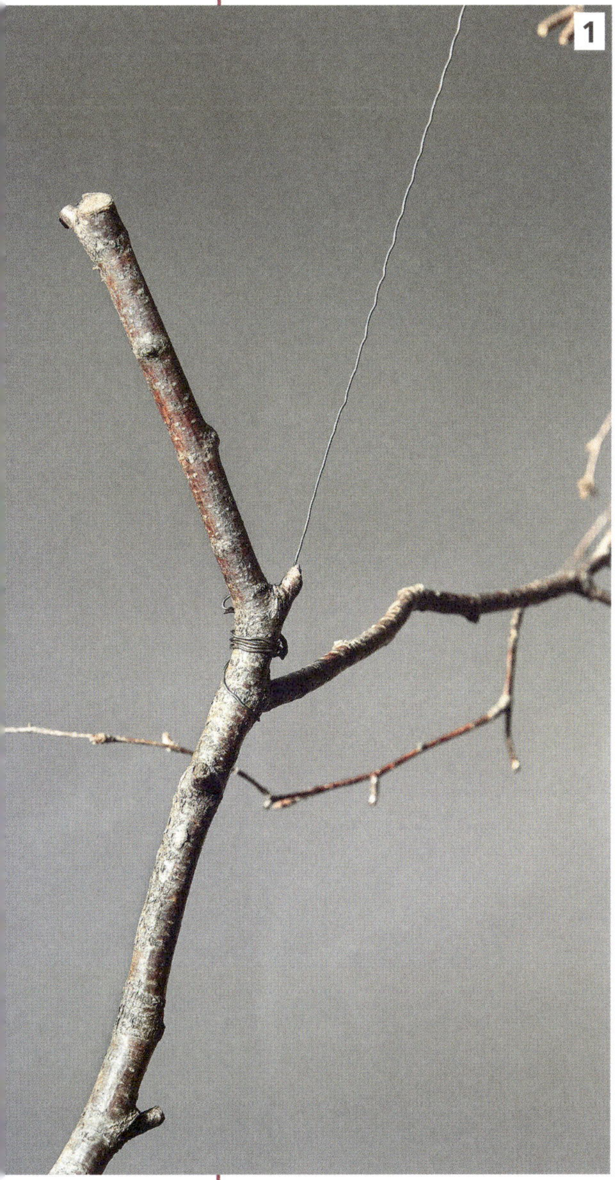

1

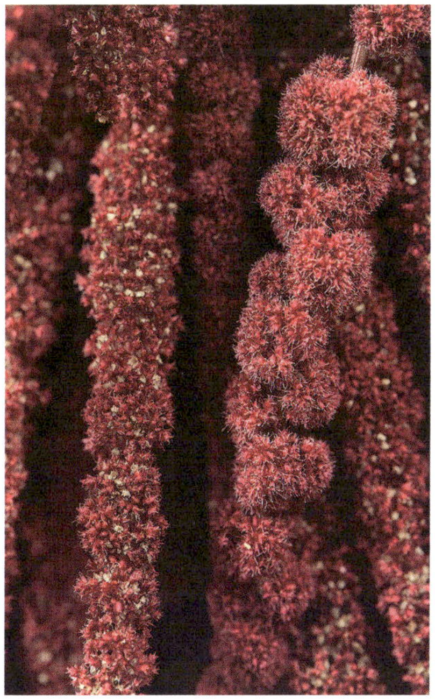

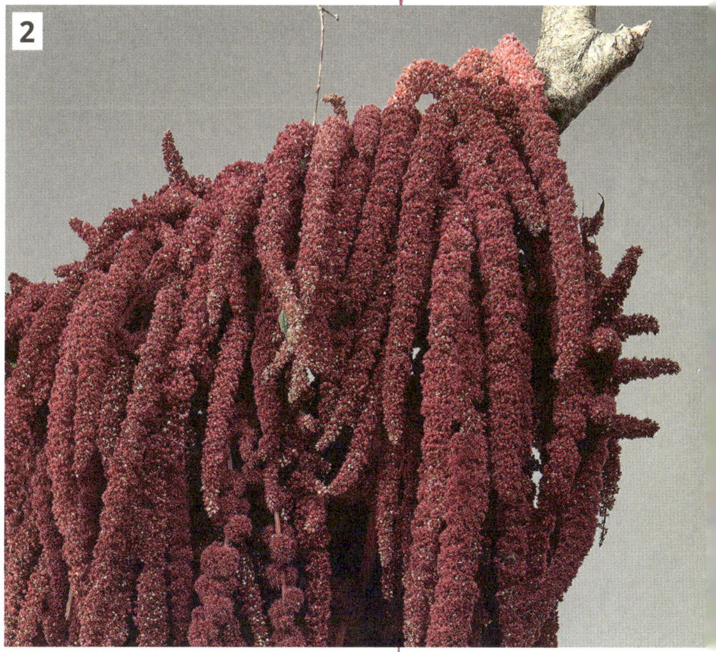

2

SO GEHT'S:

1 Zunächst an zwei Stellen an dem Ast Schnur befestigen, mit der er dann auch an die Decke gehängt wird.

2 Nun wird der Ast im schwebenden Zustand mit Gartenfuchsschwanz-blütenständen bestückt. Dazu die langen Floralien von beiden Seiten über den Zweig legen. Damit nichts verrutscht, alles mit etwas Wickel-draht fixieren.

... fertig!

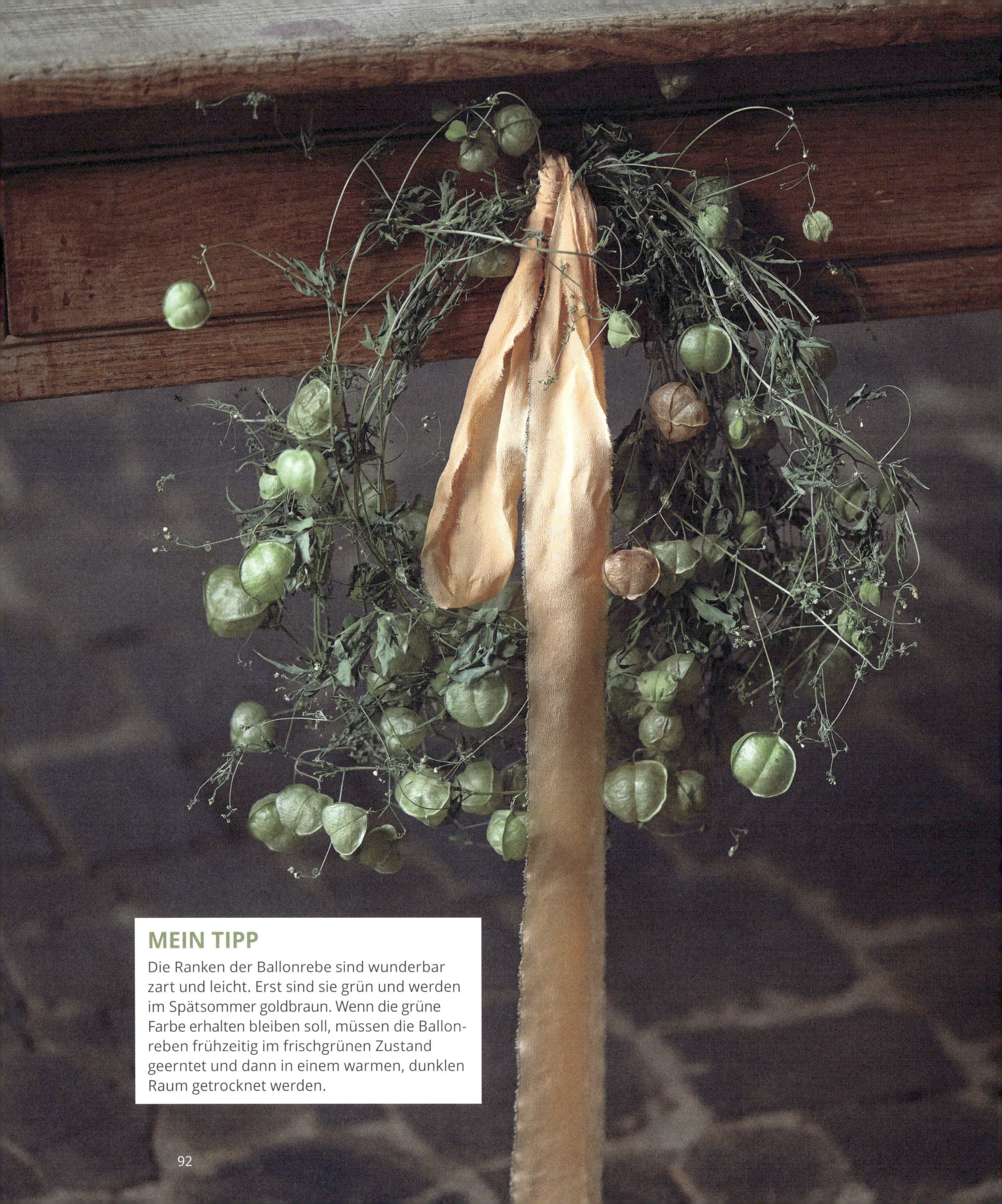

MEIN TIPP

Die Ranken der Ballonrebe sind wunderbar zart und leicht. Erst sind sie grün und werden im Spätsommer goldbraun. Wenn die grüne Farbe erhalten bleiben soll, müssen die Ballonreben frühzeitig im frischgrünen Zustand geerntet und dann in einem warmen, dunklen Raum getrocknet werden.

Kranz AUS BALLONREBE

DAS BRAUCHT IHR:

Seidenband // Ballonreben

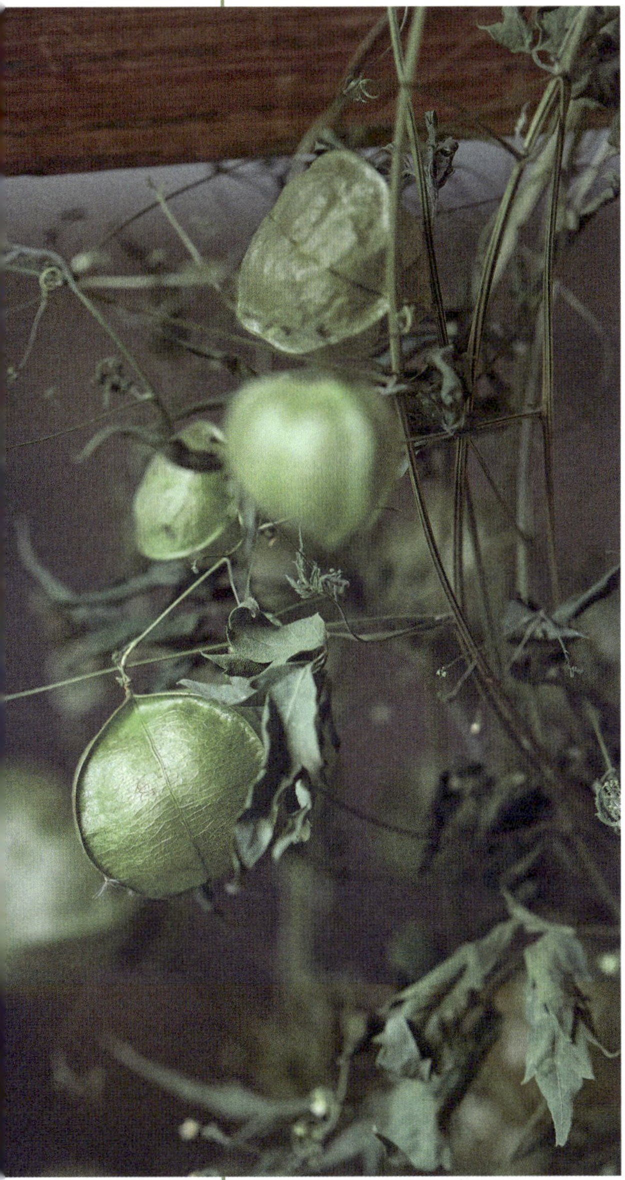

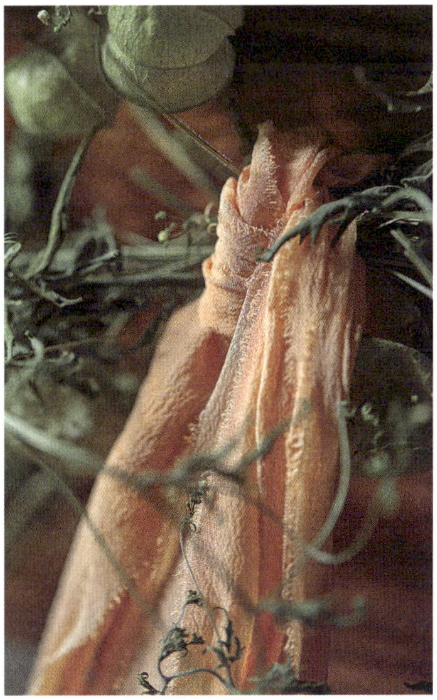

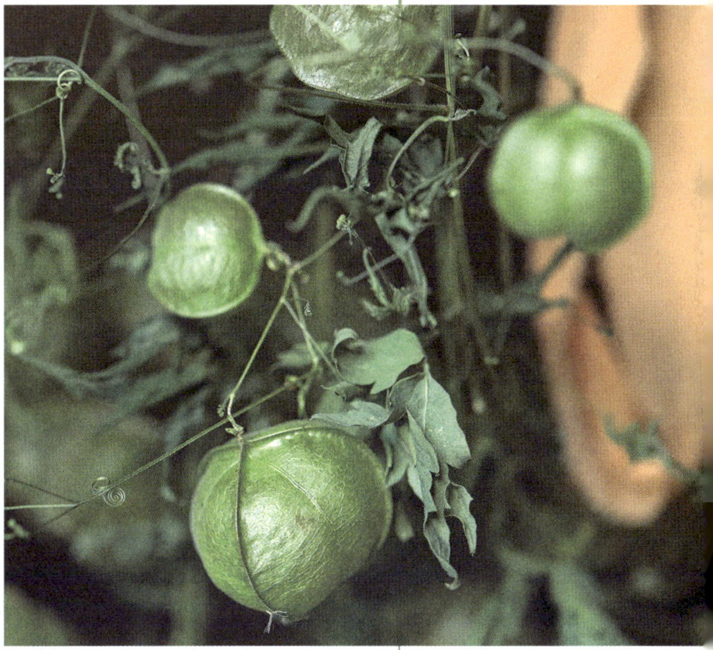

SO GEHT'S:

Die Ballonrebentriebe im frischen Zustand zu einem Kranz winden. Hier braucht man nicht einmal Draht. Die feinen Ranken winden sich wie von selbst ineinander. Ein mit Pflanzen gefärbtes Seidenband in der oberen Mitte anbringen und dekorativ über das Kränzchen hängen lassen.

Wie das Band eingefärbt wird, erfahrt Ihr auf den Seiten 10/11.

... fertig!

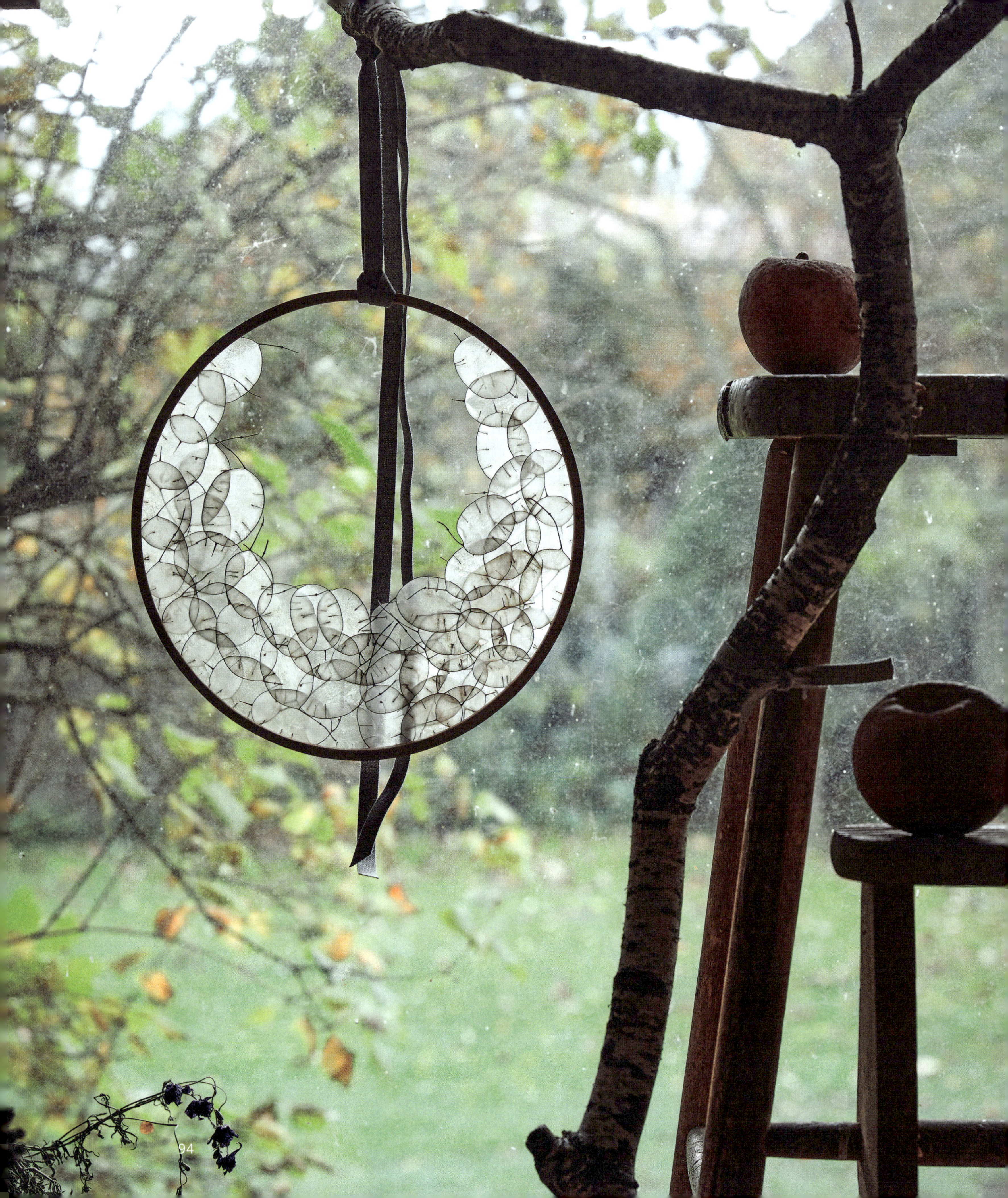

Transparenter FENSTERKRANZ

DAS BRAUCHT IHR:

Holzring oder Stickrahmen // Band // Kleber // getrocknetes Silberblatt

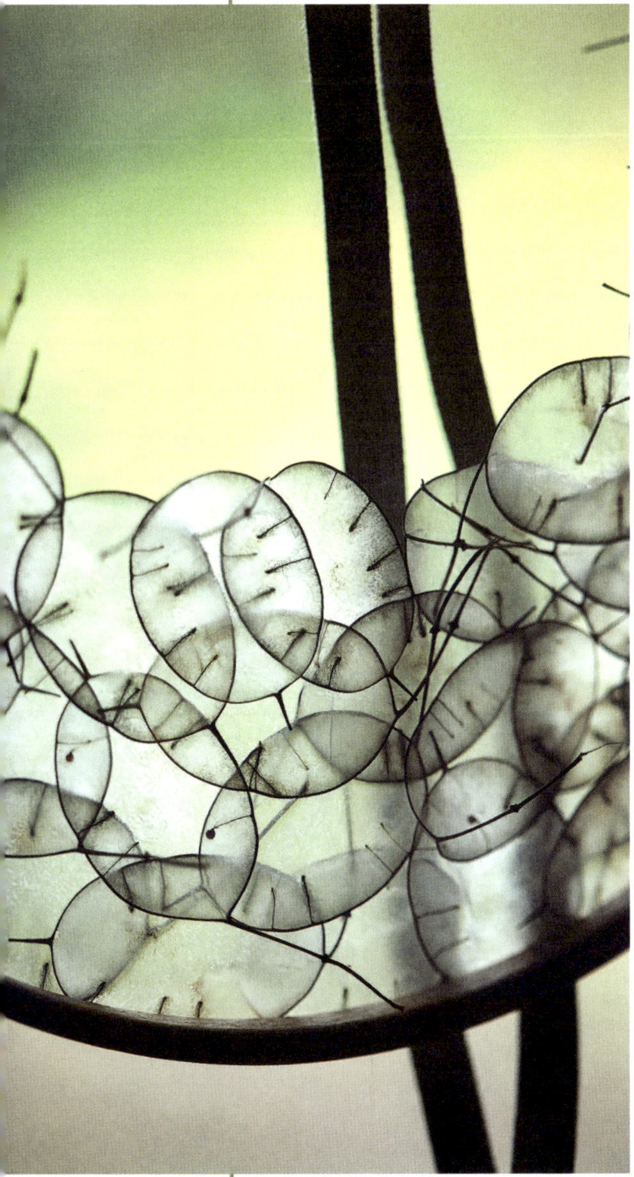

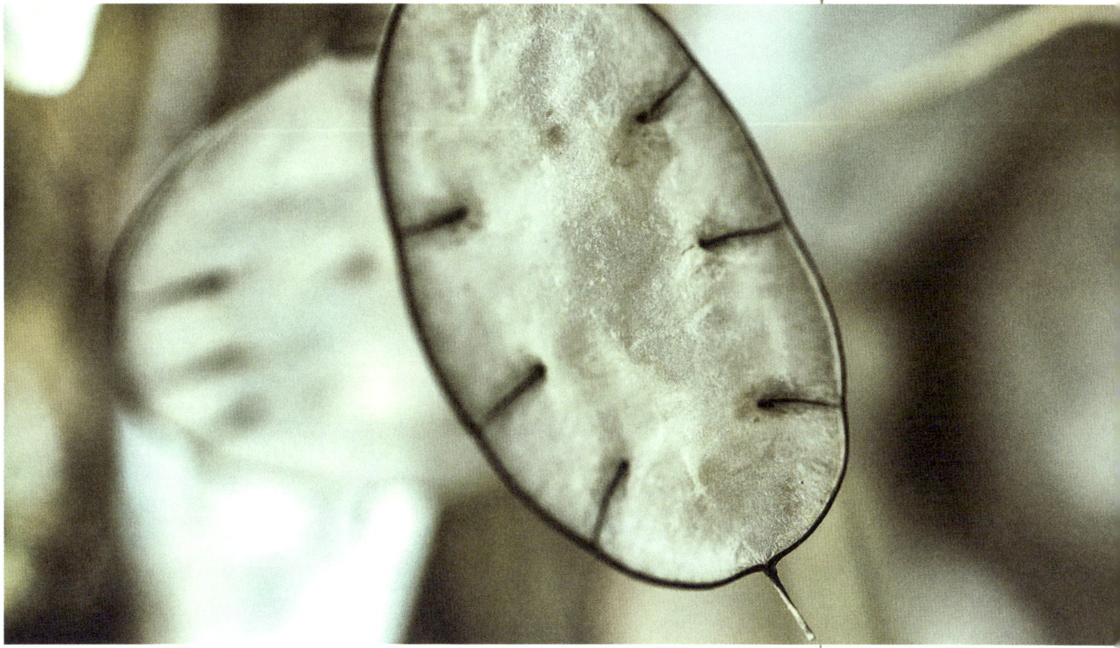

SO GEHT'S:

Die Silberblätter vom Stiel entfernen. Nach und nach diese erst am inneren Rand eines Holzrings fixieren, dann überlappend aneinander kleben. An der freien Stelle ein Band als Aufhängung anbringen.

... fertig!

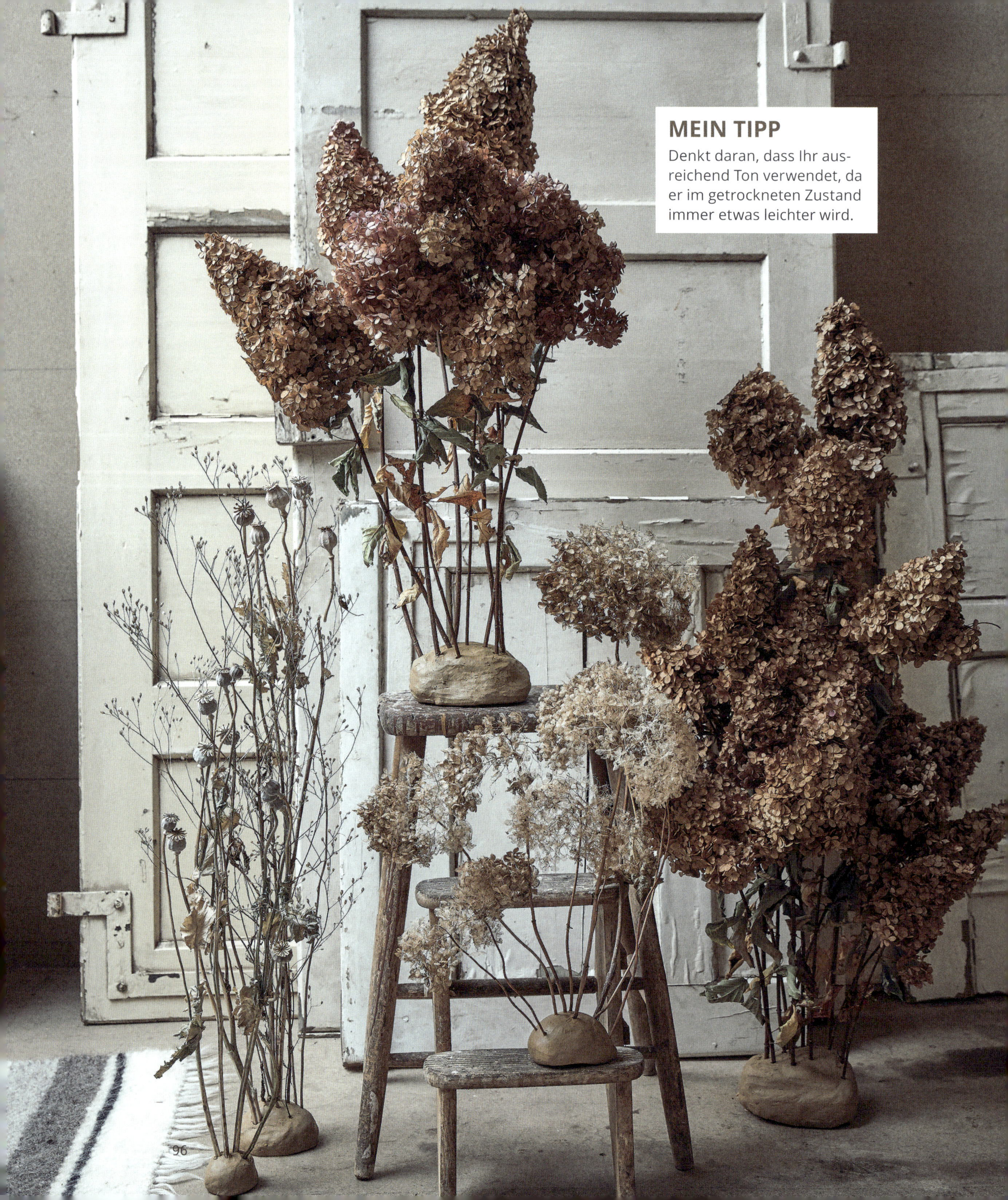

MEIN TIPP

Denkt daran, dass Ihr ausreichend Ton verwendet, da er im getrockneten Zustand immer etwas leichter wird.

Trockenblumen-
INSTALLATION AUS TON

DAS BRAUCHT IHR:

Bastelton // Trockenblumen (wie Hortensien, Mohnkapseln und mehr)

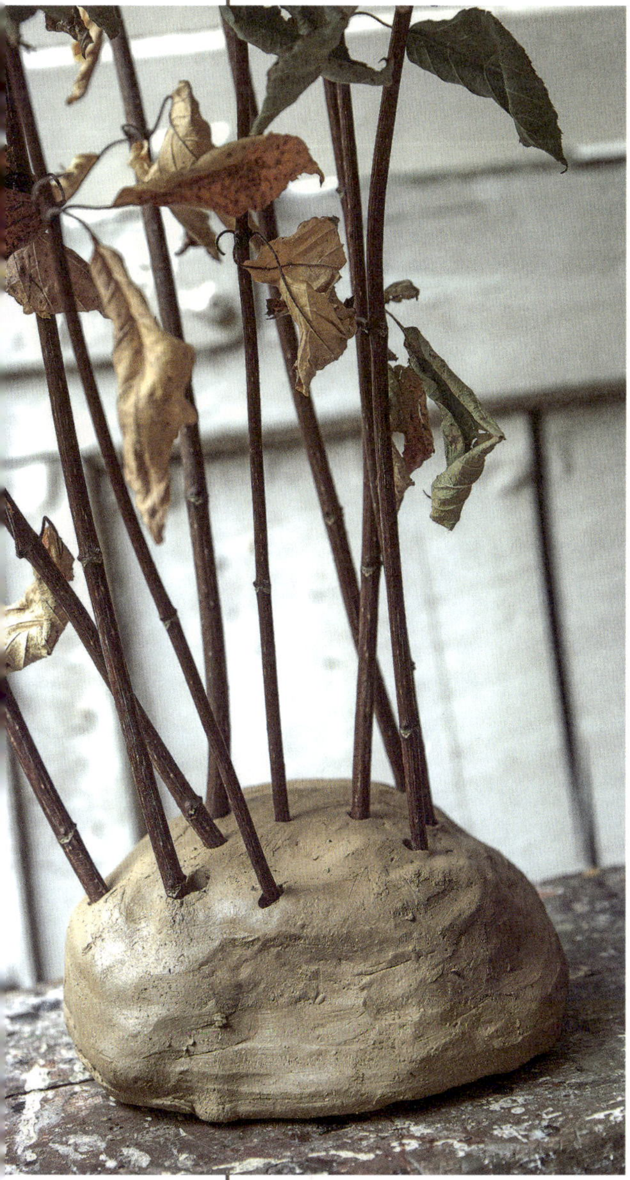

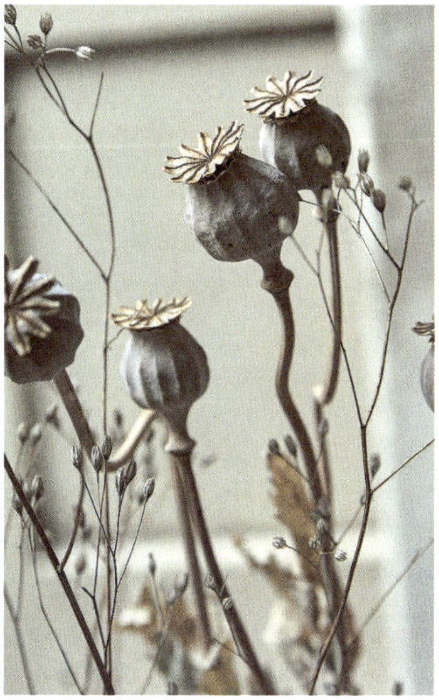

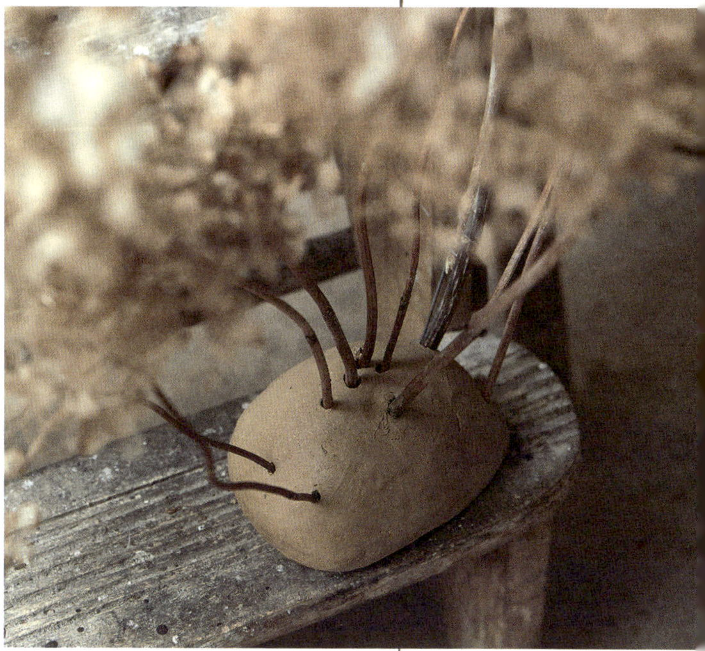

SO GEHT'S:

Den Ton nach Packungsanleitung vorbereiten. Dann große Brocken – ähnlich wie Steine – formen. In diese die einzelnen Trockenblumen einstecken.

... fertig!

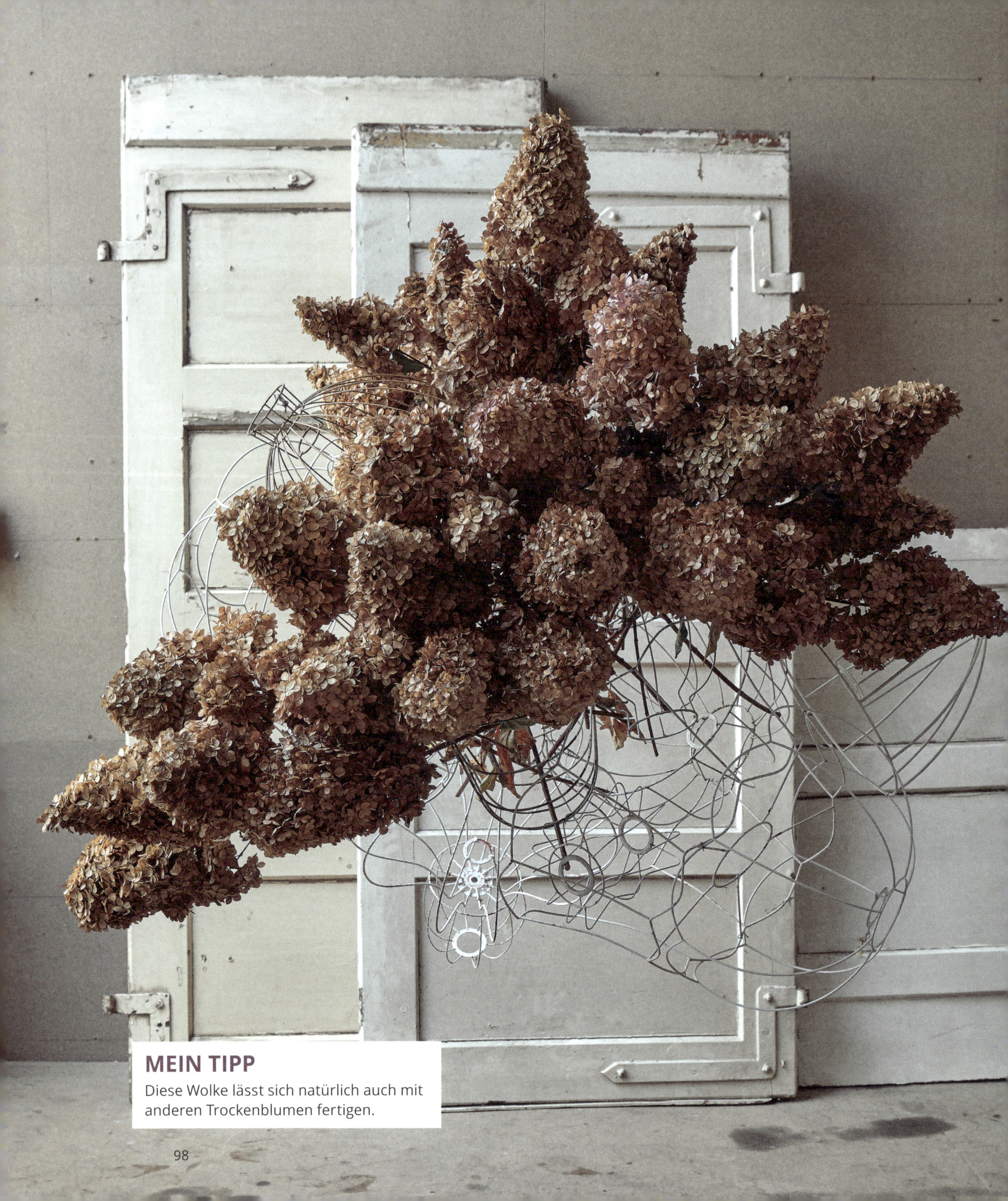

MEIN TIPP

Diese Wolke lässt sich natürlich auch mit anderen Trockenblumen fertigen.

Hortensien-WOLKE

DAS BRAUCHT IHR:

Lampenschirme // Wickeldraht // Schnur // getrocknete Hortensien

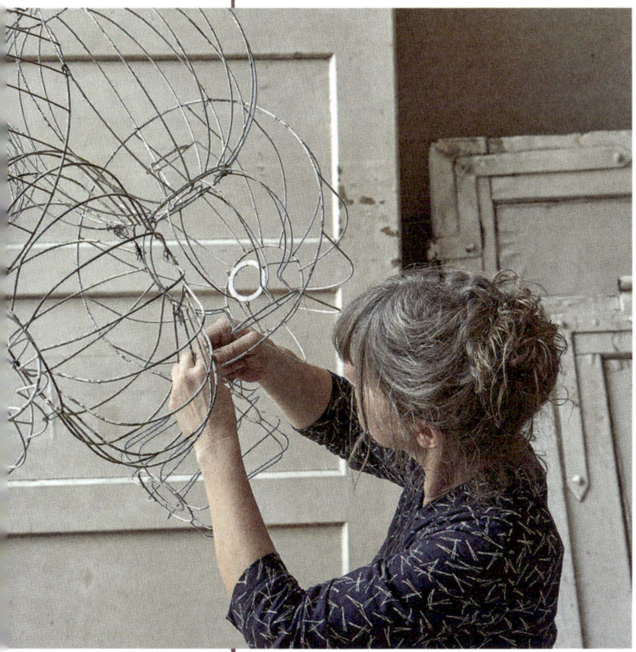

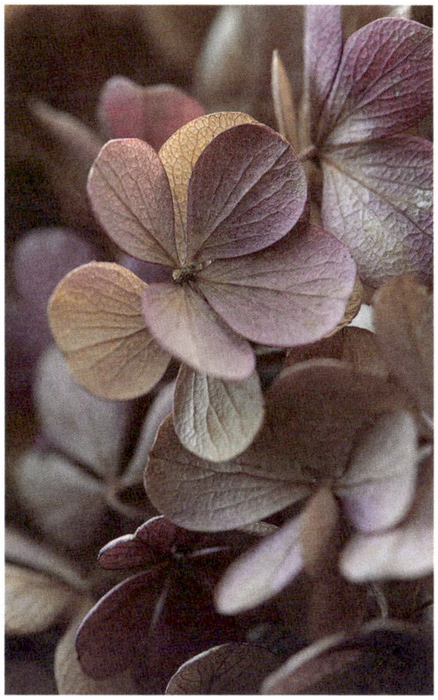

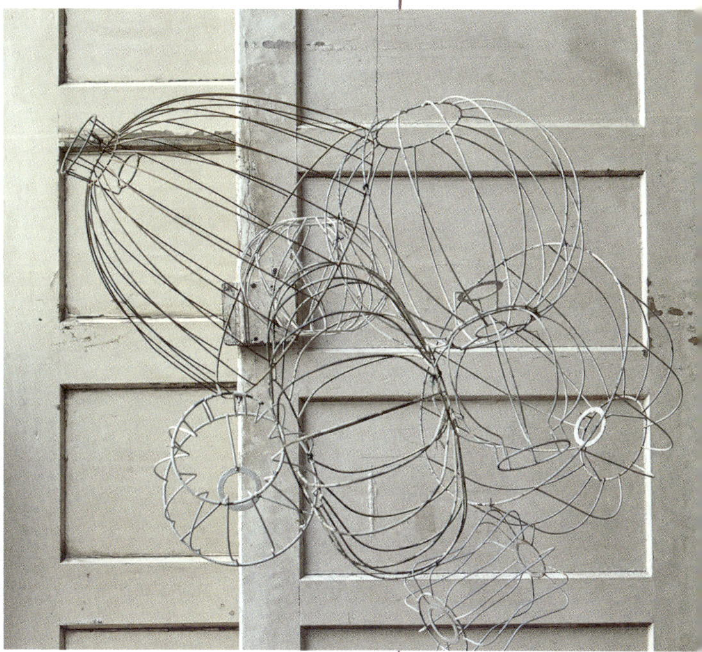

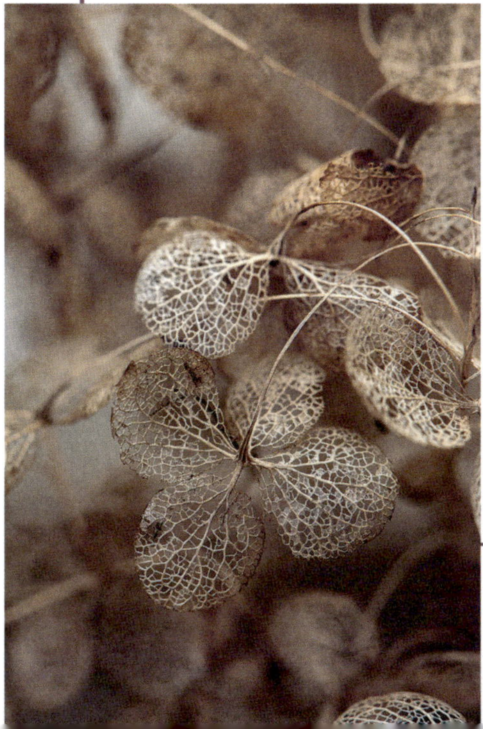

SO GEHT'S:

Die Lampenschirme vom Stoff befreien. Dann die Gestelle nach Belieben mithilfe von Wickeldraht aneinander befestigen und als Aufhängung eine Schnur anbringen. Nun das Gerüst mit Hortensien bestecken. Je dichter die Blumen eingesetzt werden, desto besser halten sie aneinander.

... fertig!

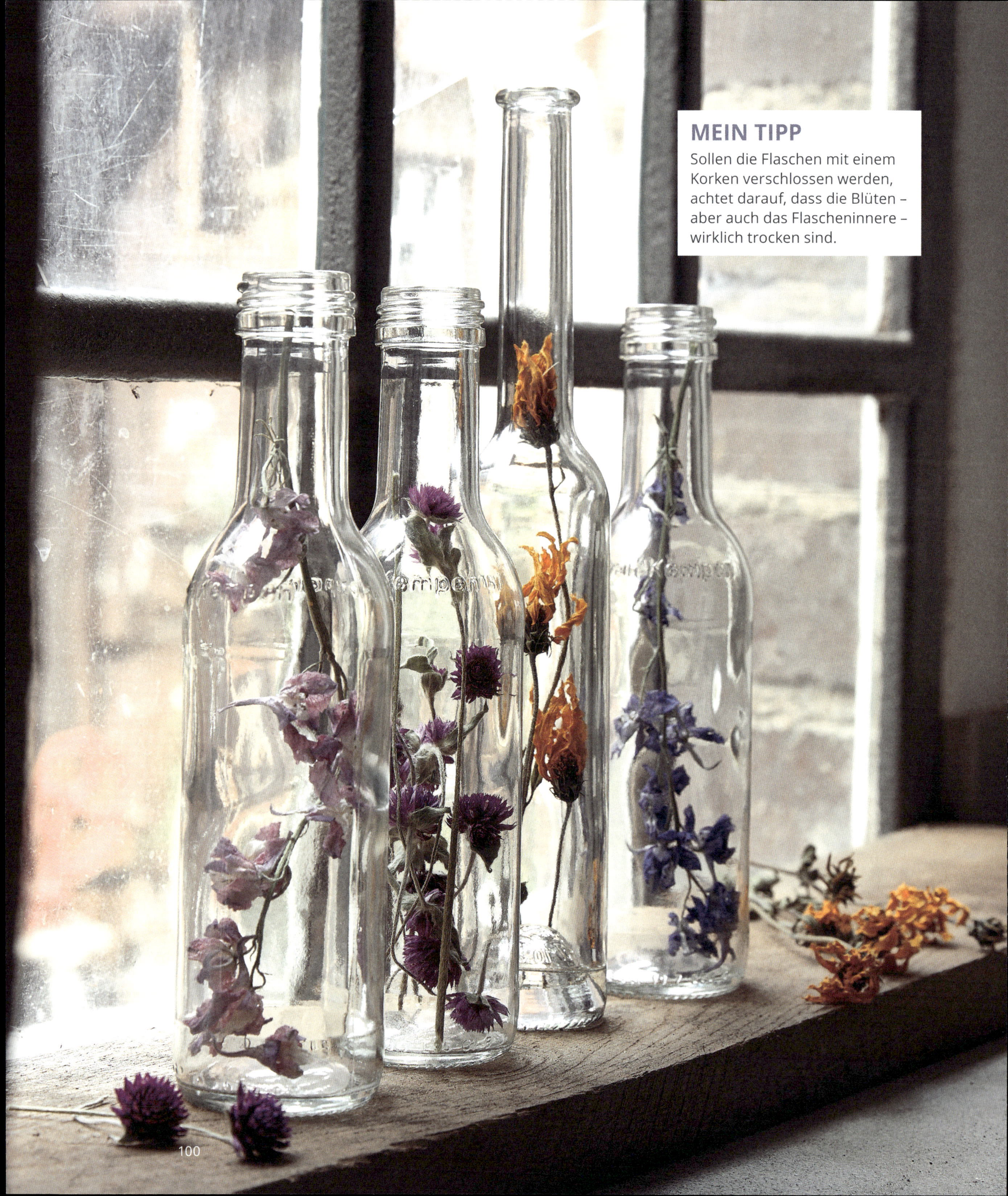

MEIN TIPP

Sollen die Flaschen mit einem Korken verschlossen werden, achtet darauf, dass die Blüten – aber auch das Flascheninnere – wirklich trocken sind.

Blumen IN DER FLASCHE

DAS BRAUCHT IHR:

Glasflaschen // Holzstäbchen // Trockenblumen (wie Rittersporn, Kugelamarant und Topinambur)

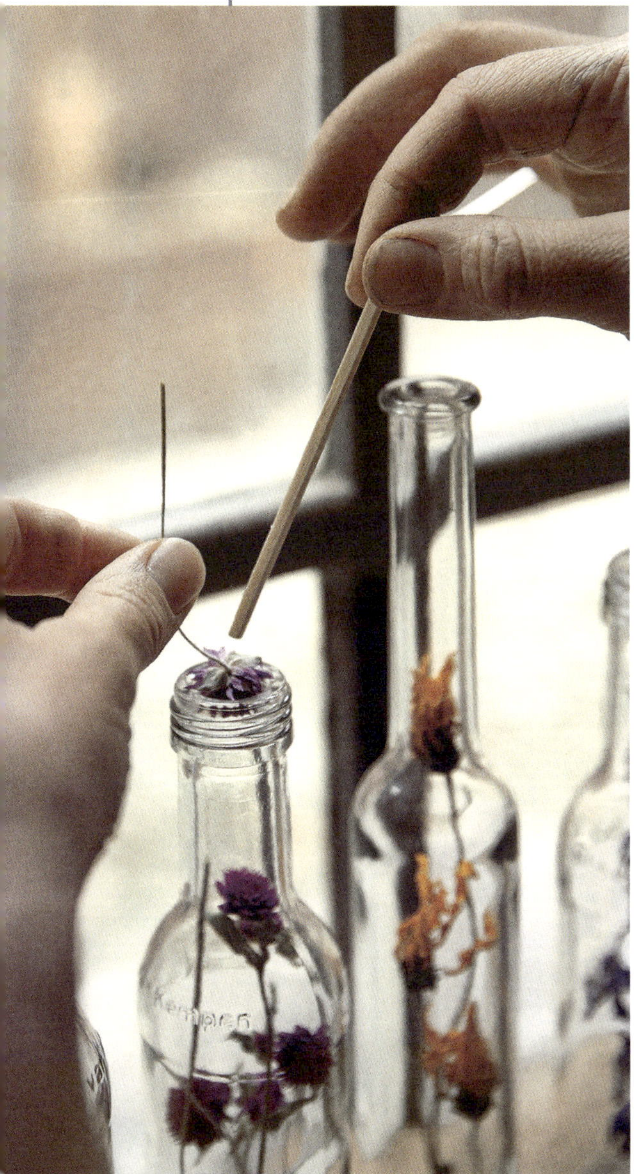

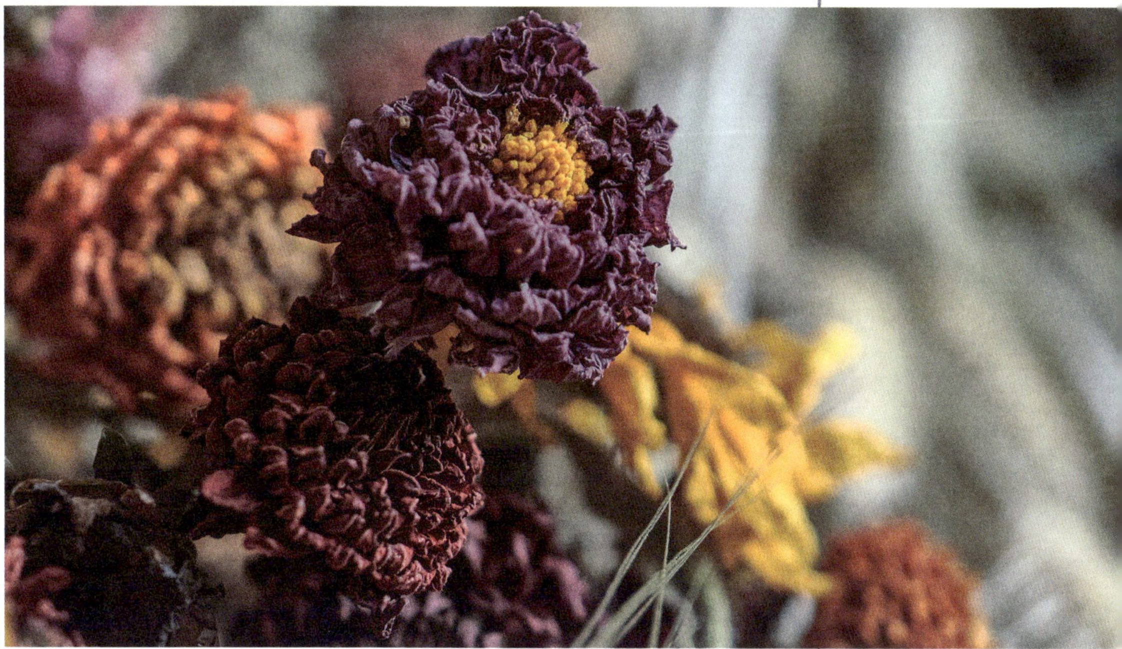

SO GEHT'S:

Die Glasflaschen auswaschen und komplett trocknen lassen. Dann die Trockenblumen einfüllen. Das geht besonders einfach, wenn ein Holzstäbchen zur Hilfe genommen wird, mit dem die Blüten von oben vorsichtig nachgeschoben werden können.

... fertig!

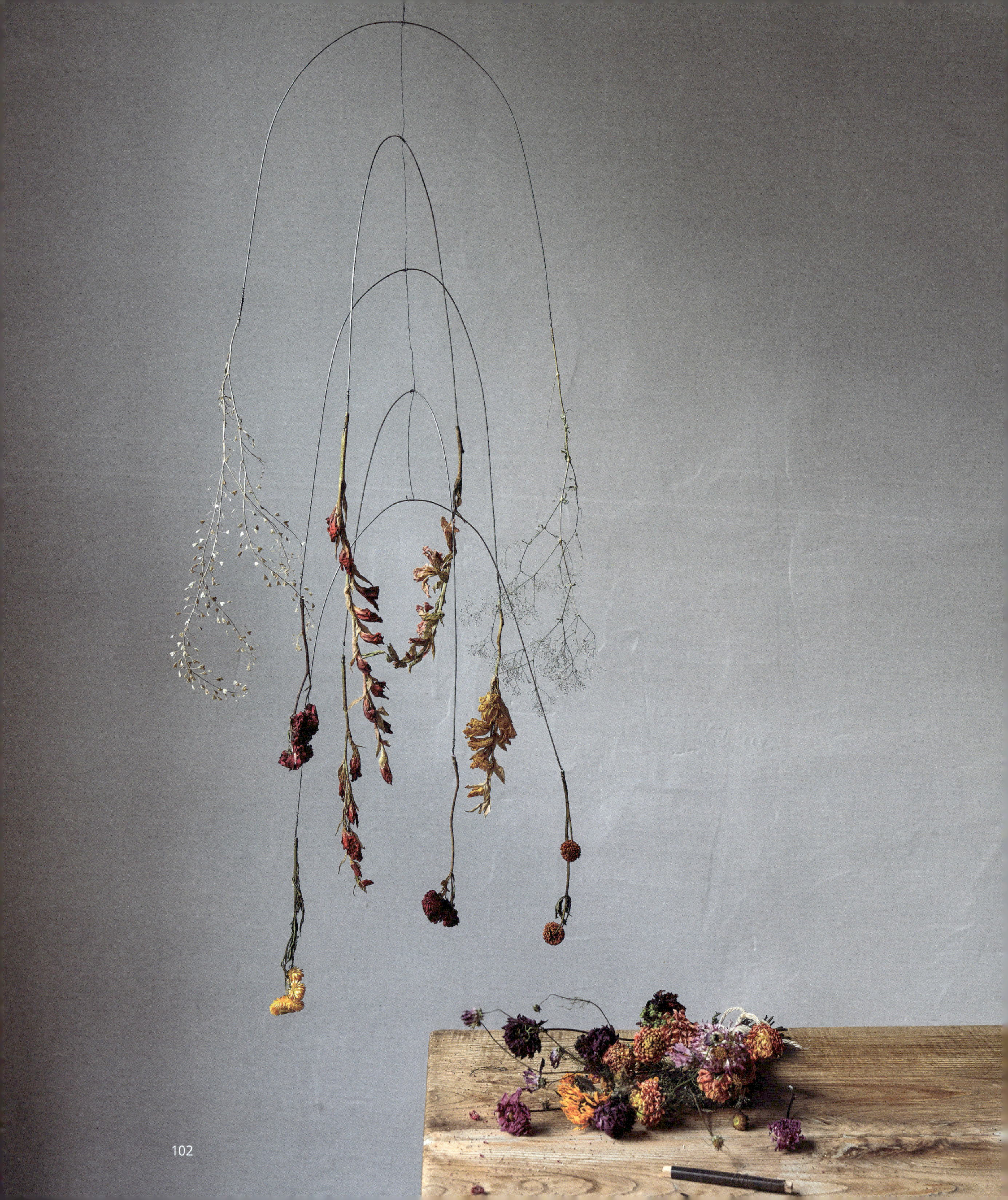

Blüten-MOBILEE

DAS BRAUCHT IHR:

Wickeldraht // Edelstahl-Schweißdraht // Trockenblumen (wie Strohblumen, Schleierkraut, Hirtentäschel, Rosen, Gladiolen und Dahlien)

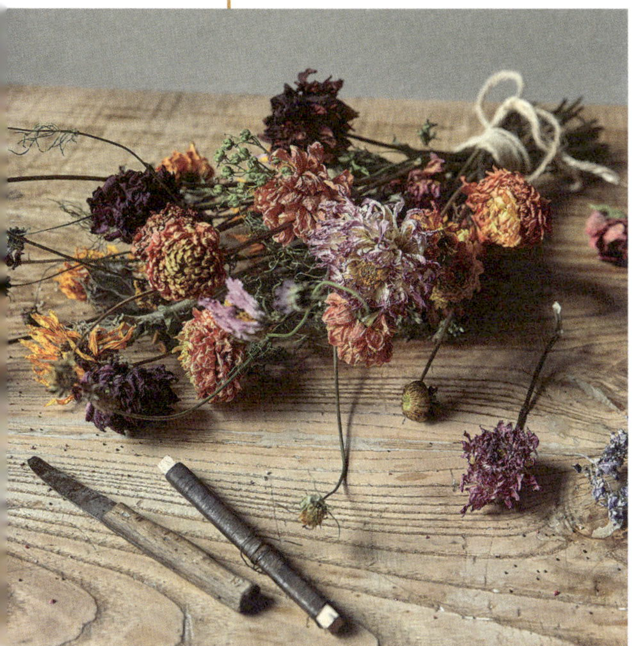

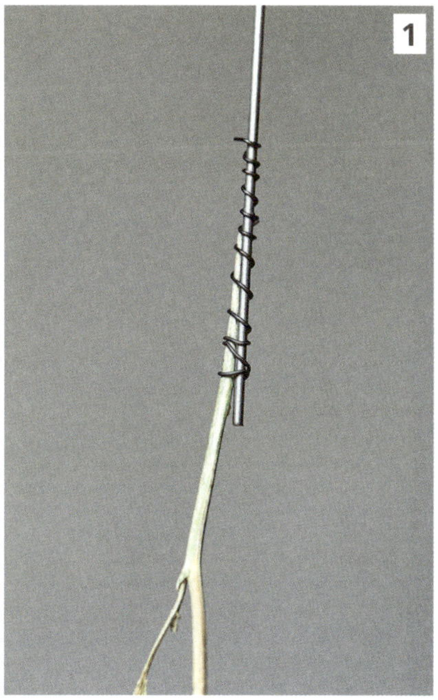

1

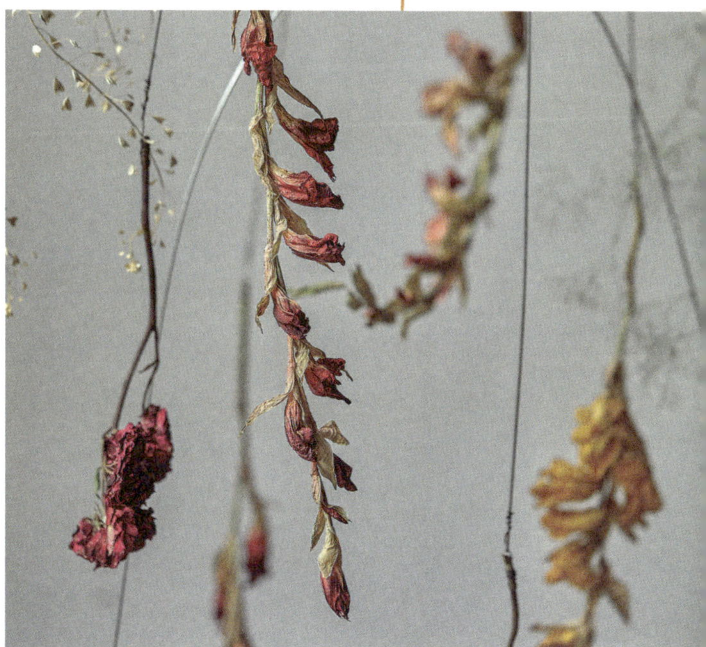

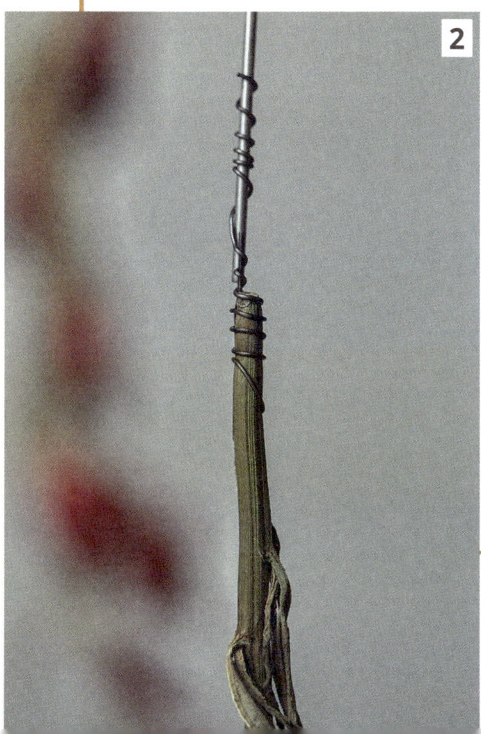

2

SO GEHT'S:

1+2 Die Schweißdrähte zu ausladenden Bögen biegen und mithilfe von Wickeldraht untereinander befestigen. An die Enden jeweils einzelne Trockenblumen andrahten und das Mobilee an der Decke aufhängen.

... fertig!

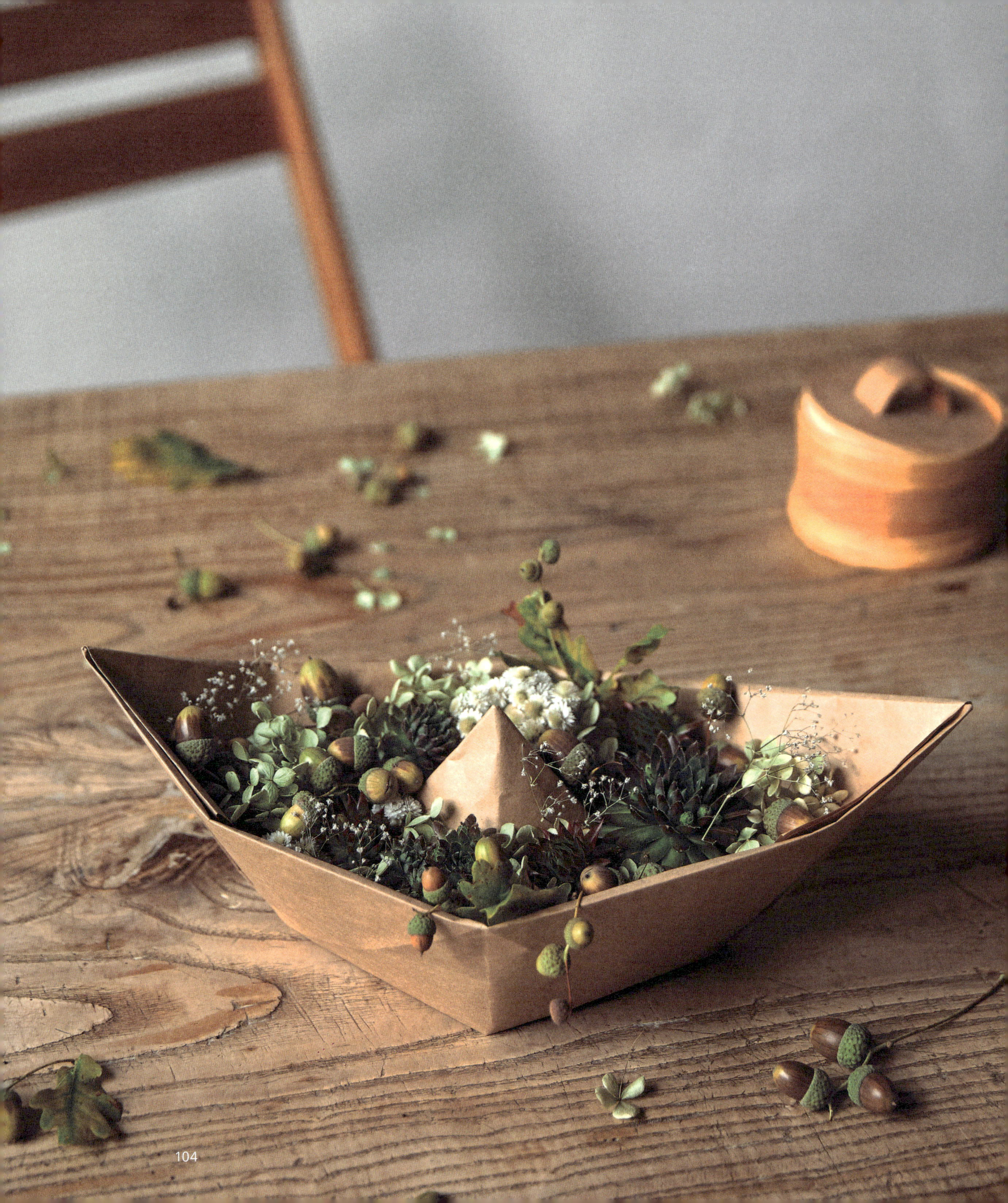

Papierboot MIT HERBSTLICHER FÜLLUNG

DAS BRAUCHT IHR:

Recycling-Packpapier // Schere // Hauswurzpflanzen // Schleierkraut // Eicheln // Hortensien // Perlenköpfchen

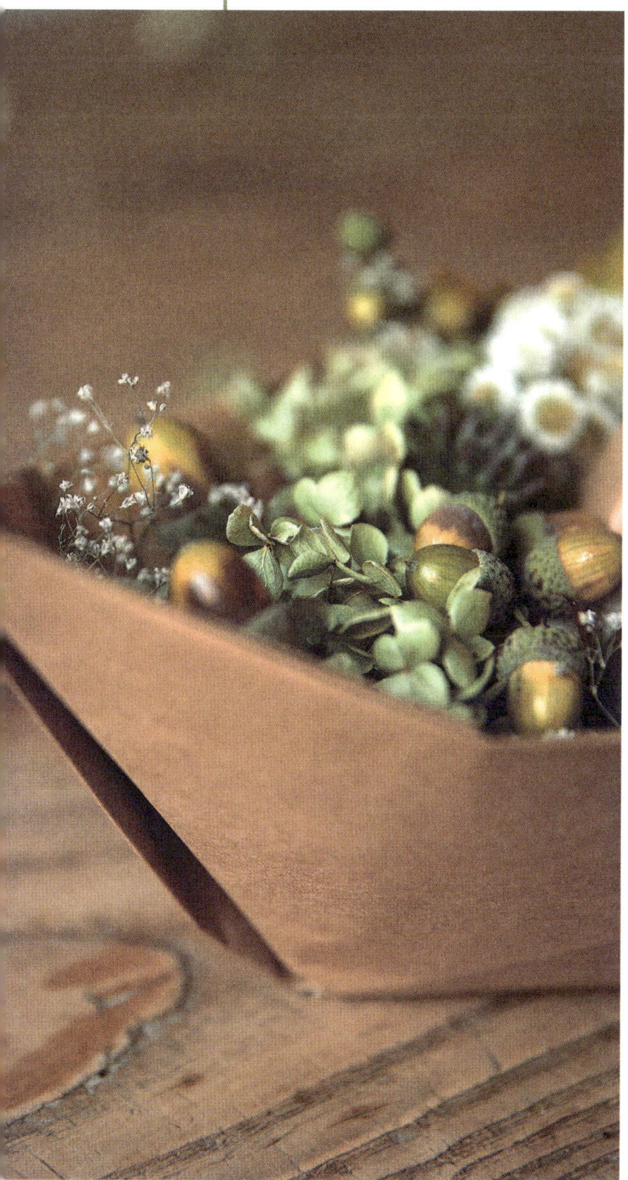

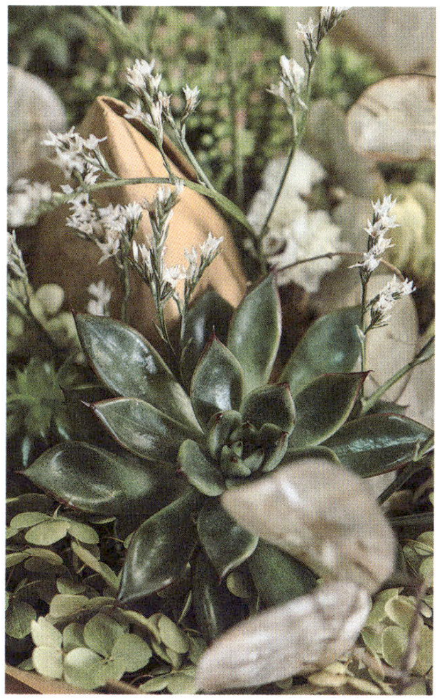

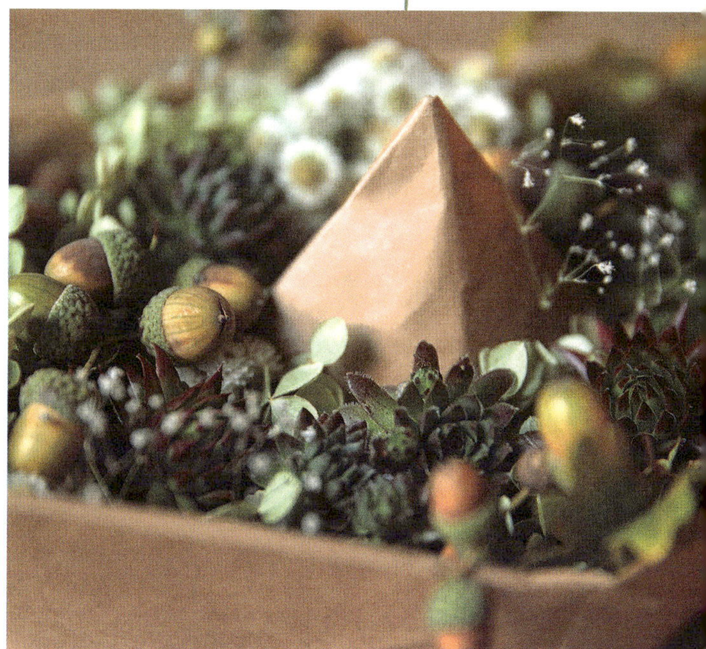

SO GEHT'S:

Aus Recycling-Packpapier ein kleines Boot falten. Einzelne, getrocknete Blütenbestandteile der Hortensie als Basis in seinem Inneren platzieren. Darauf die anderen Materialien locker verteilen.

... fertig!

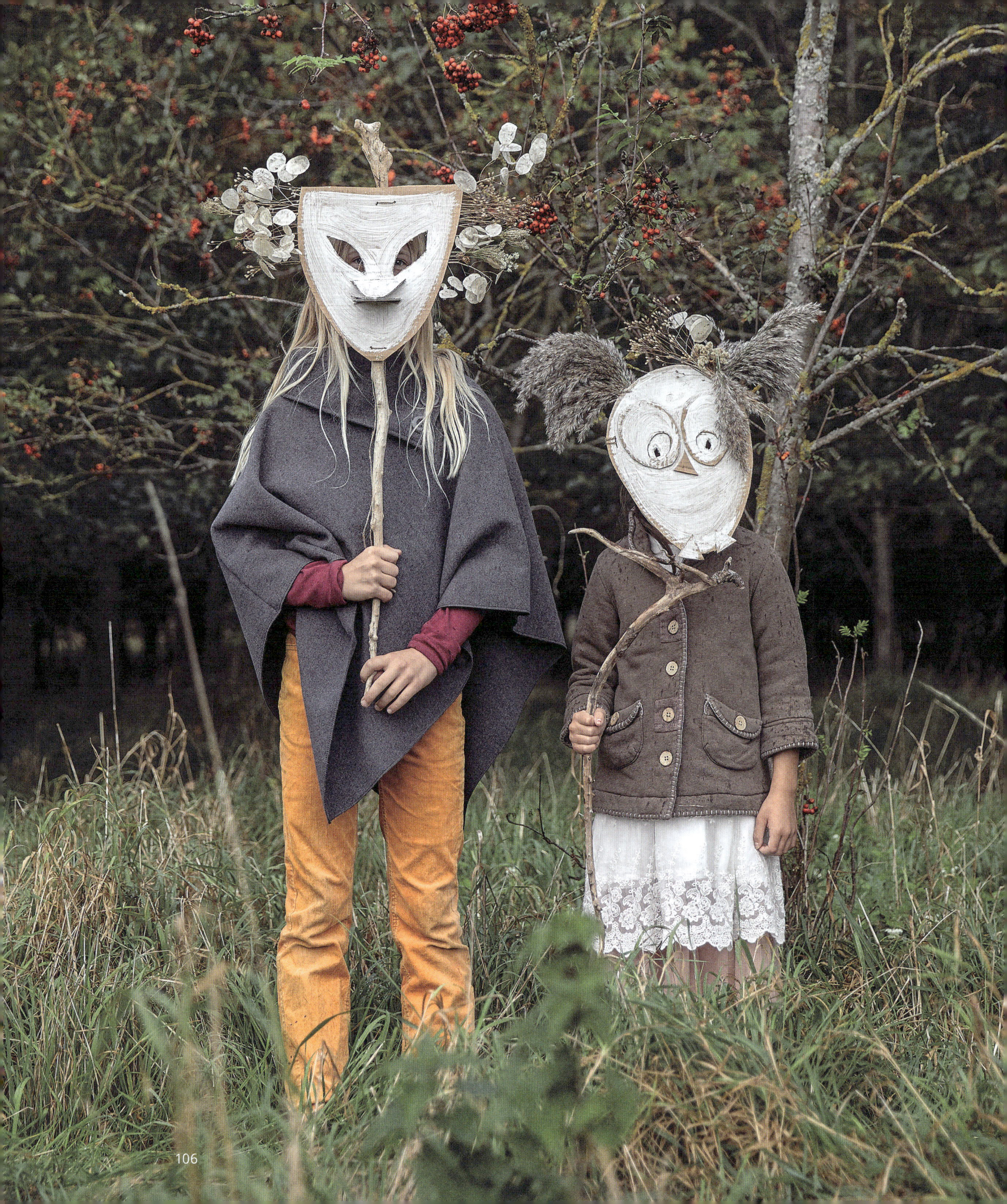

Fantasievolle MASKEN

DAS BRAUCHT IHR:

Pappkarton // Abtönfarbe // Tacker // Pinsel // Schere // Bleistift // Cuttermesser // Silberblatt // Schilf und mehr

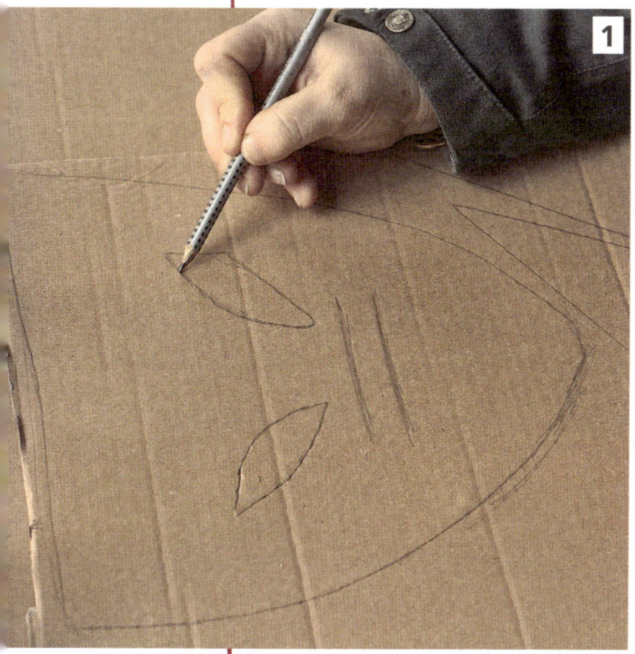

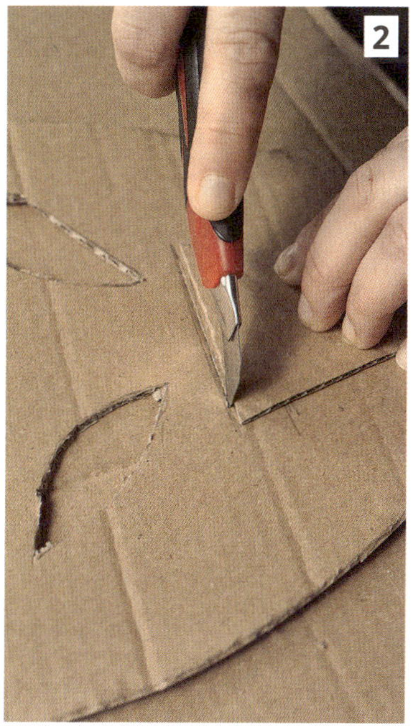

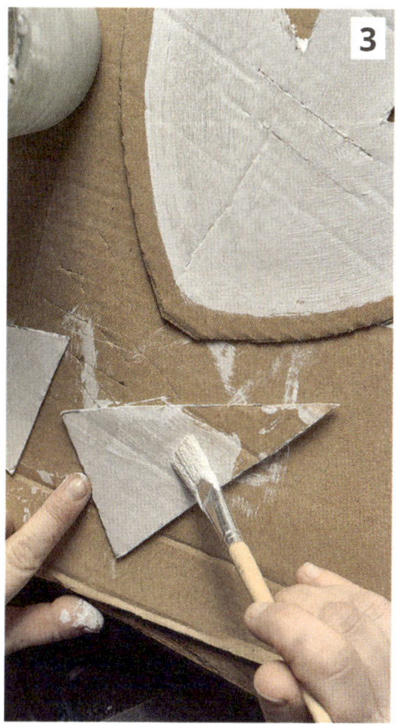

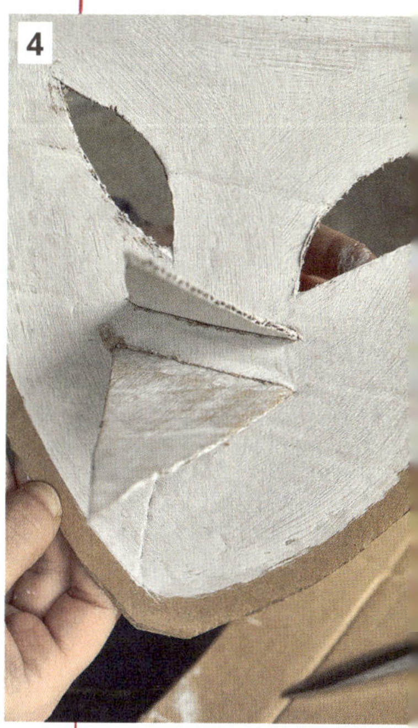

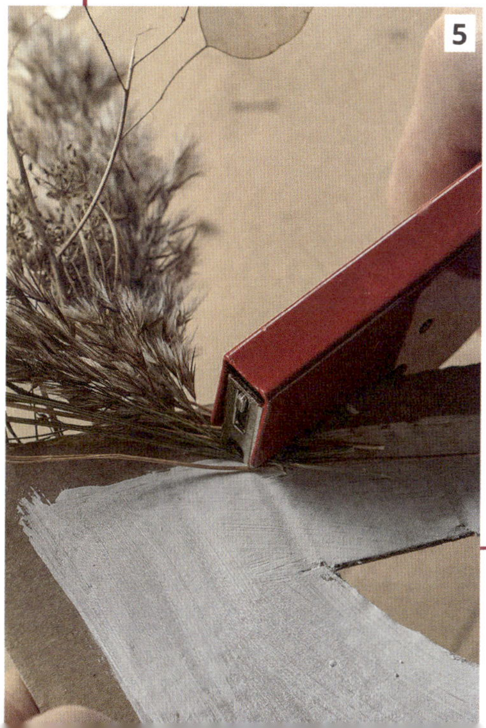

SO GEHT'S:

1 Auf einem ausgedienten Pappkarton die Form einer Maske aufzeichnen.

2 Die Umrisse sowie Augen und den separat aufgemalten Schnabel ausschneiden und Schlitze für den Schnabel in die Maske einfügen.

3 Dann alles mit etwas Abtönfarbe kolorieren.

4 Den Schnabel von hinten durch die Maske schieben und festtackern.

5 Dann nach Belieben seitlich verschiedene Trockenblumen wie Silberblatt und Schilf antackern.

... fertig!

MEIN TIPP

Wenn bei meinen Arbeiten Papierreste anfallen, hebe ich diese immer auf. Sie sind ideal für kleine Projekte wie diese Schälchen.

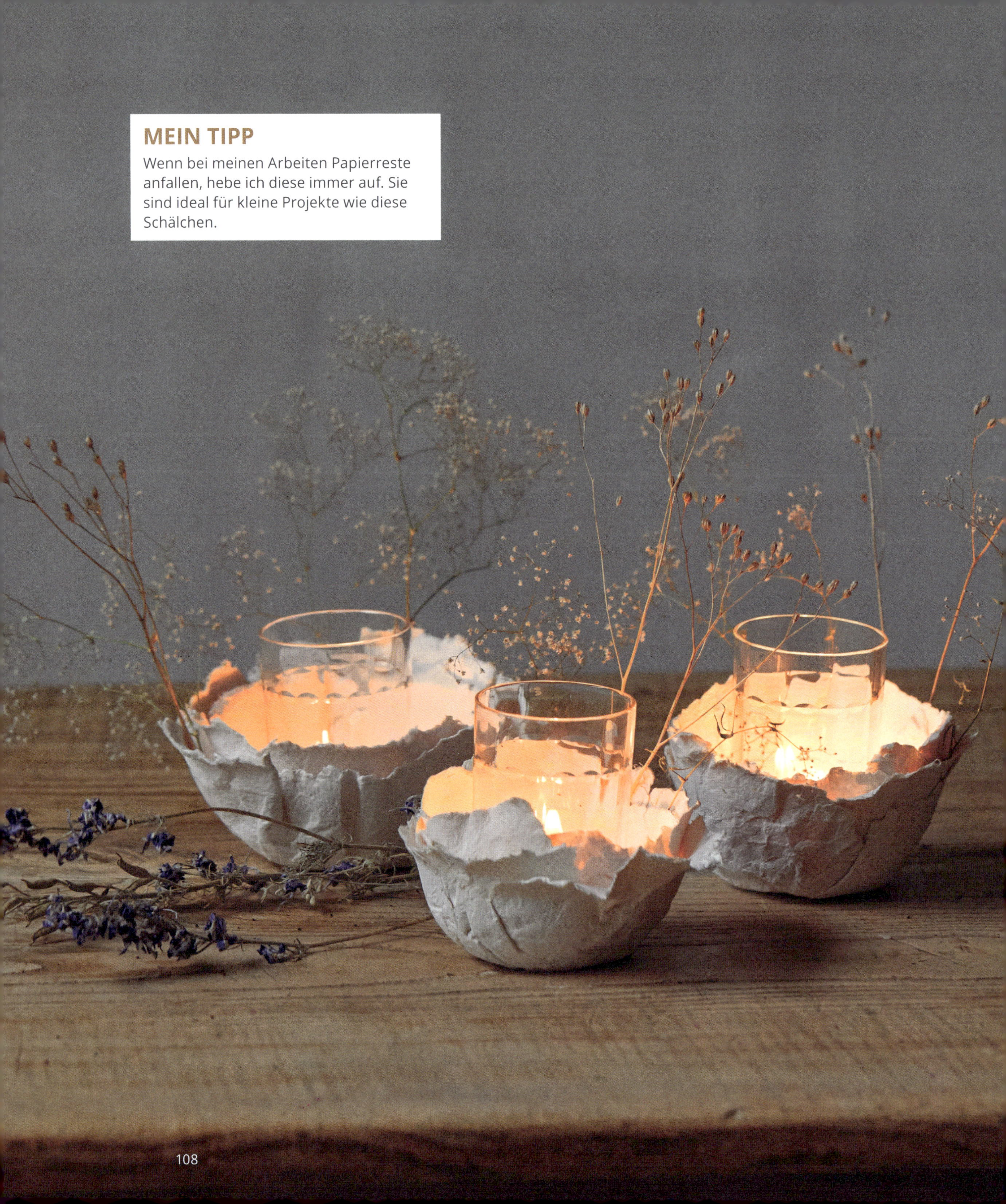

Zarte PAPIERSCHÄLCHEN

DAS BRAUCHT IHR:

Papierreste // Wasserschüssel // Müslischale // Einmachglas // Teelicht // getrocknetes Schleierkraut

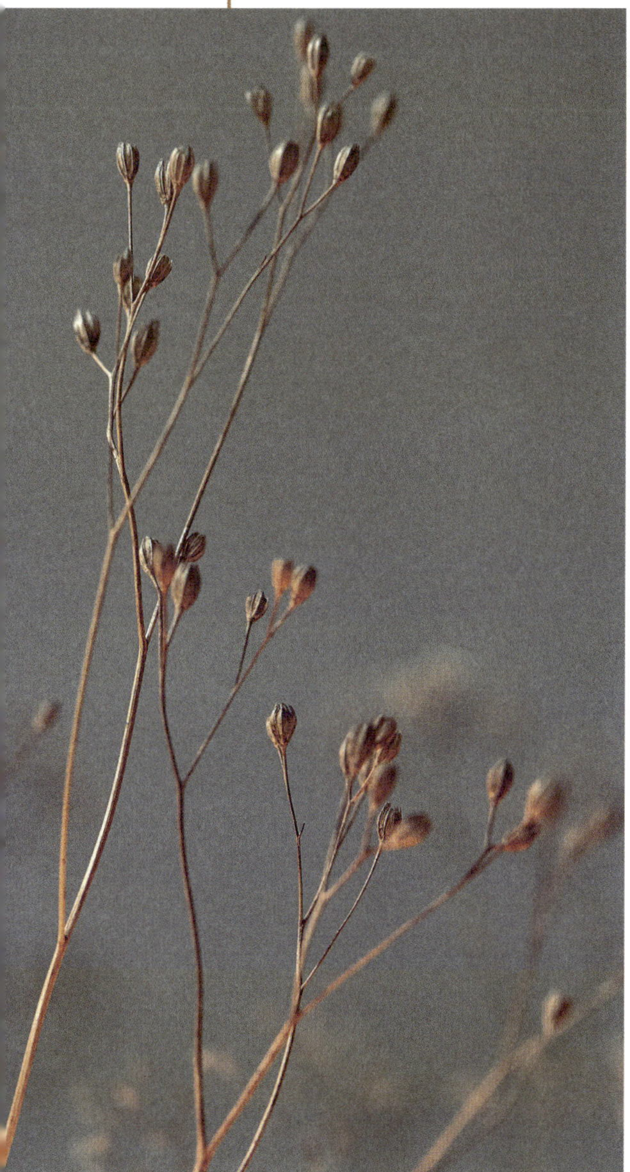

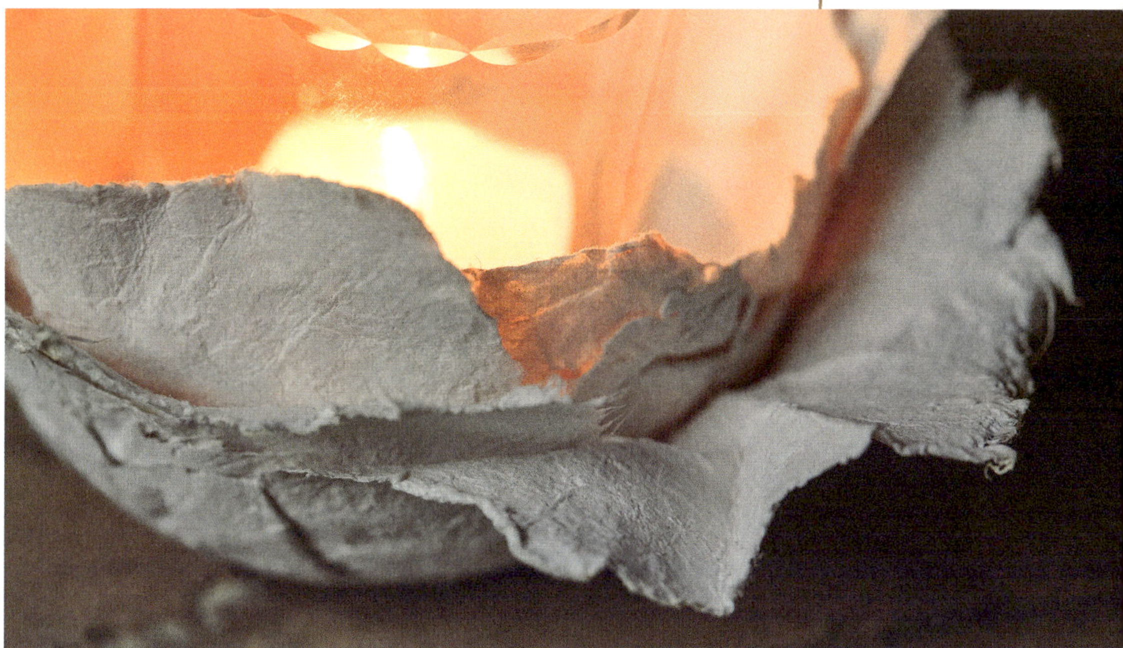

SO GEHT'S:

Die einzelnen Papierstücke in eine Schüssel mit Wasser geben und etwas einweichen lassen. Eine umgedrehte Müslischale auf einem Einmachglas platzieren und die Papierstückchen Schicht für Schicht auflegen, sodass sie leicht über den Rand der Schale nach unten hängen. In dieser Position am besten über Nacht trocknen lassen. Danach zwischen die einzelnen Papierschichten getrocknetes Schleierkraut einschieben. Dann das Einmachglas samt Teelicht in die Papierschale stellen.

... fertig!

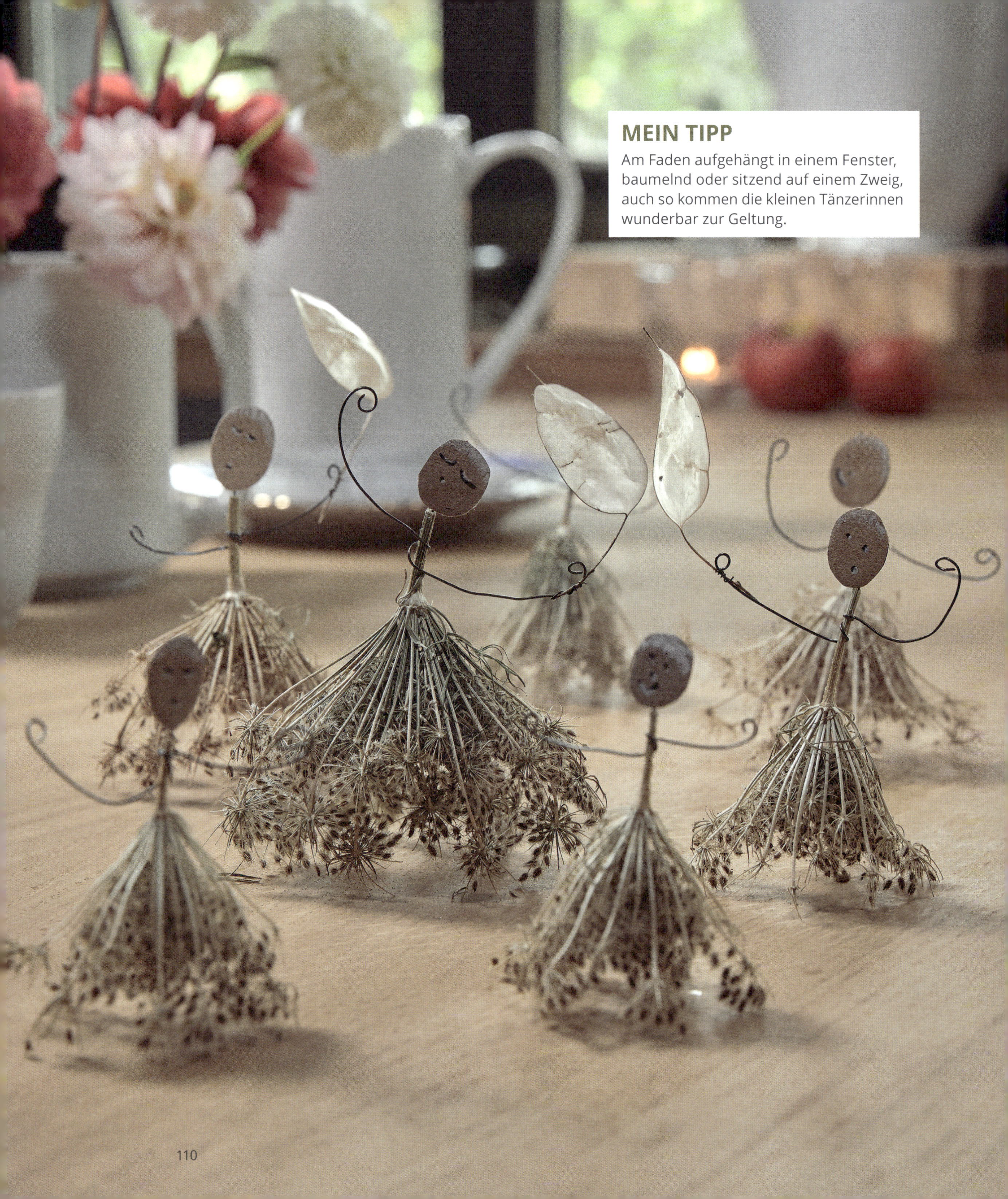

MEIN TIPP

Am Faden aufgehängt in einem Fenster, baumelnd oder sitzend auf einem Zweig, auch so kommen die kleinen Tänzerinnen wunderbar zur Geltung.

Wilde Möhre-BALLETT

DAS BRAUCHT IHR:

Stifte // Papier // Seitenschneider // Wickeldraht // getrocknete Dolden der Wilden Möhre // Silberblatt

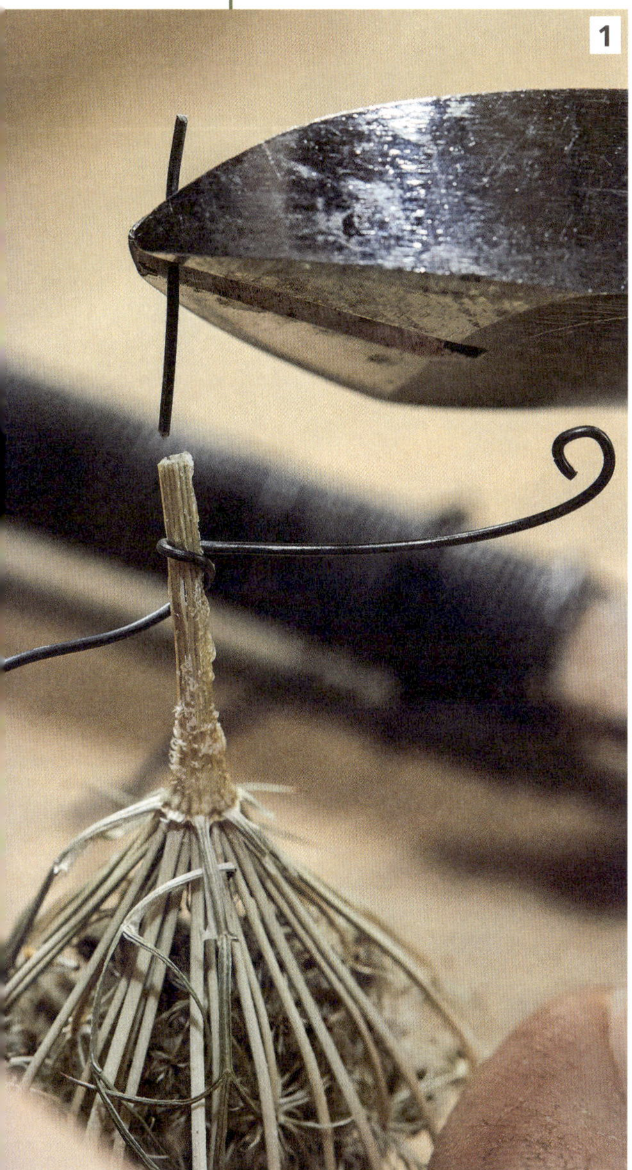

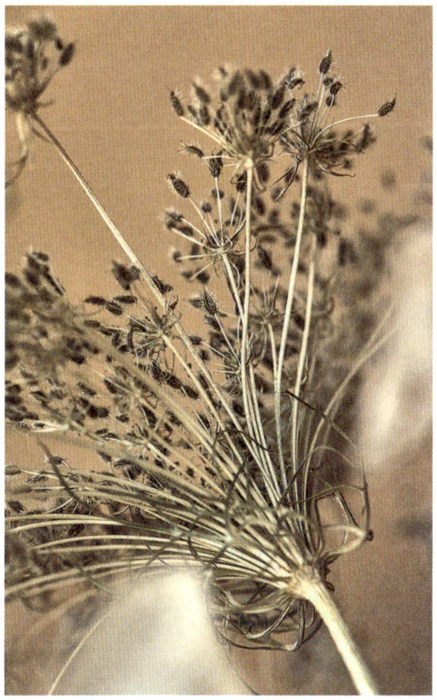

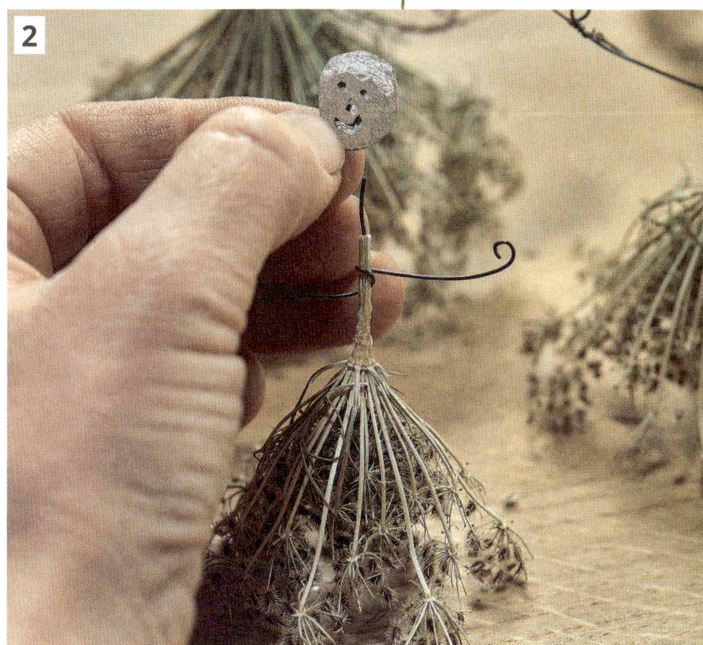

SO GEHT'S:

1 Die Dolden der Wilden Möhre vom Stiel knipsen, sodass sie nur noch etwa einen Zentimeter lang sind. Dann waagerecht ein Drahtstück um den Mini-Stiel winden. Die Enden leicht verdrehen, damit Arme entstehen. In den Mini-Stiel mithilfe eines Seitenschneiders ein kurzes Drahtstück platzieren.

2 Aus Papier kleine Gesichter ausschneiden und auf den kurzen Draht stecken. Mithilfe von etwas Draht kann ein einzelnes Silberblatt an der Hand der Ballerina befestigt werden.

...fertig!

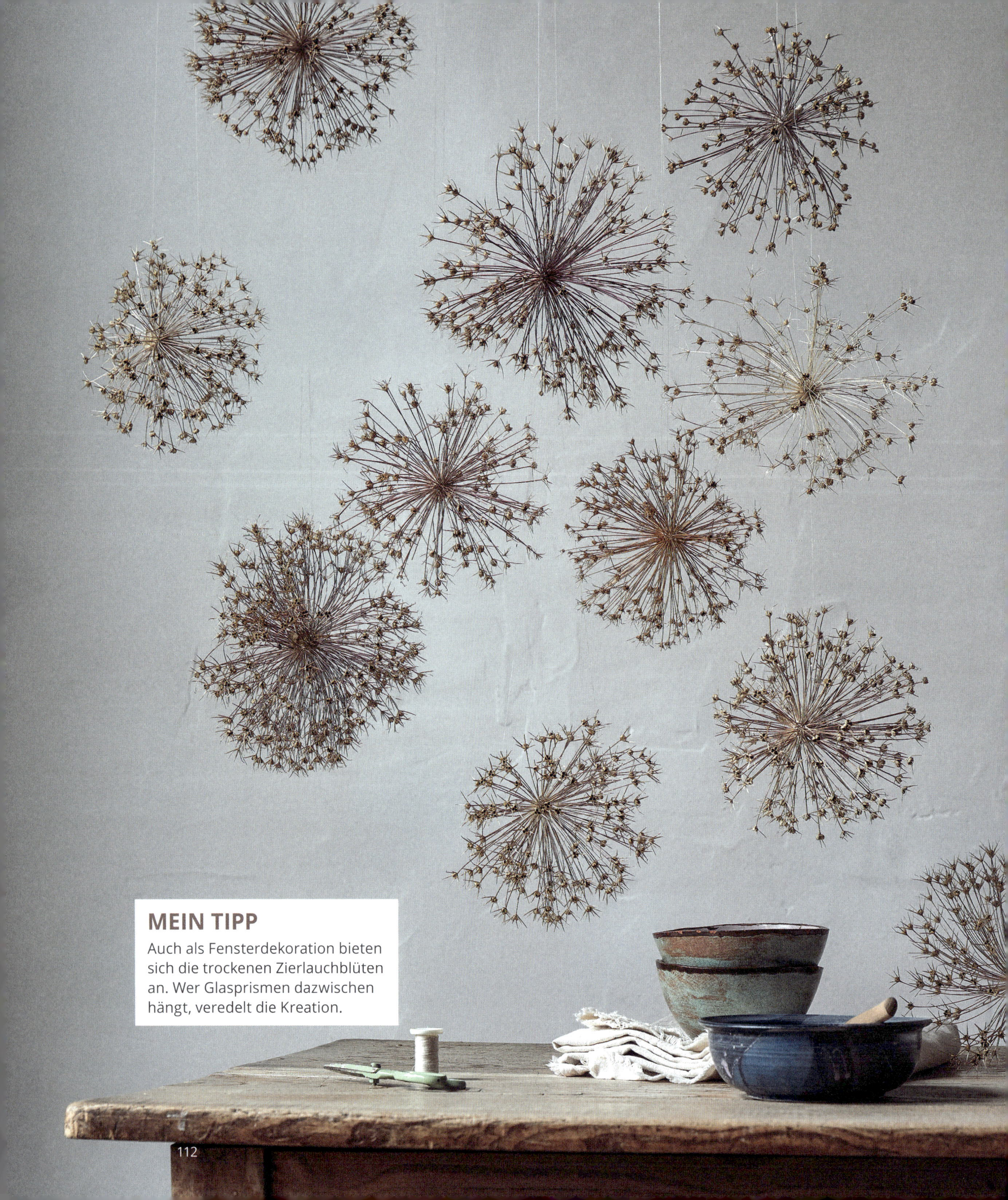

MEIN TIPP

Auch als Fensterdekoration bieten sich die trockenen Zierlauchblüten an. Wer Glasprismen dazwischen hängt, veredelt die Kreation.

Blüten-STERNENHIMMEL

DAS BRAUCHT IHR:

Nähgarn // Schere // getrocknete Riesen-Lauch-Blüten

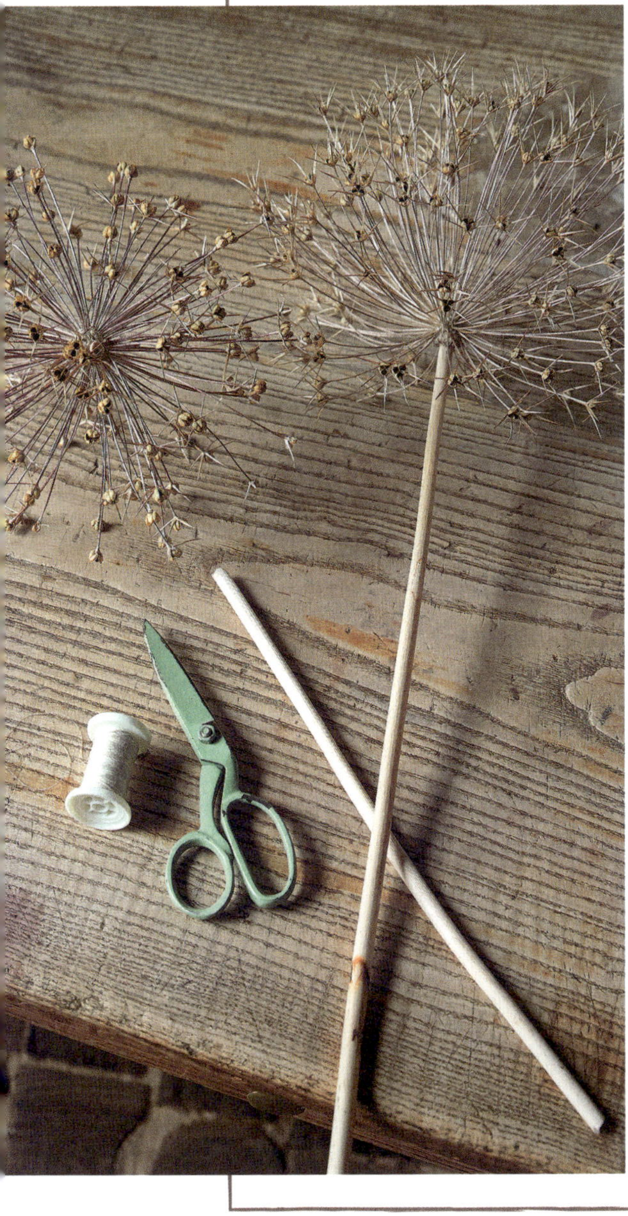

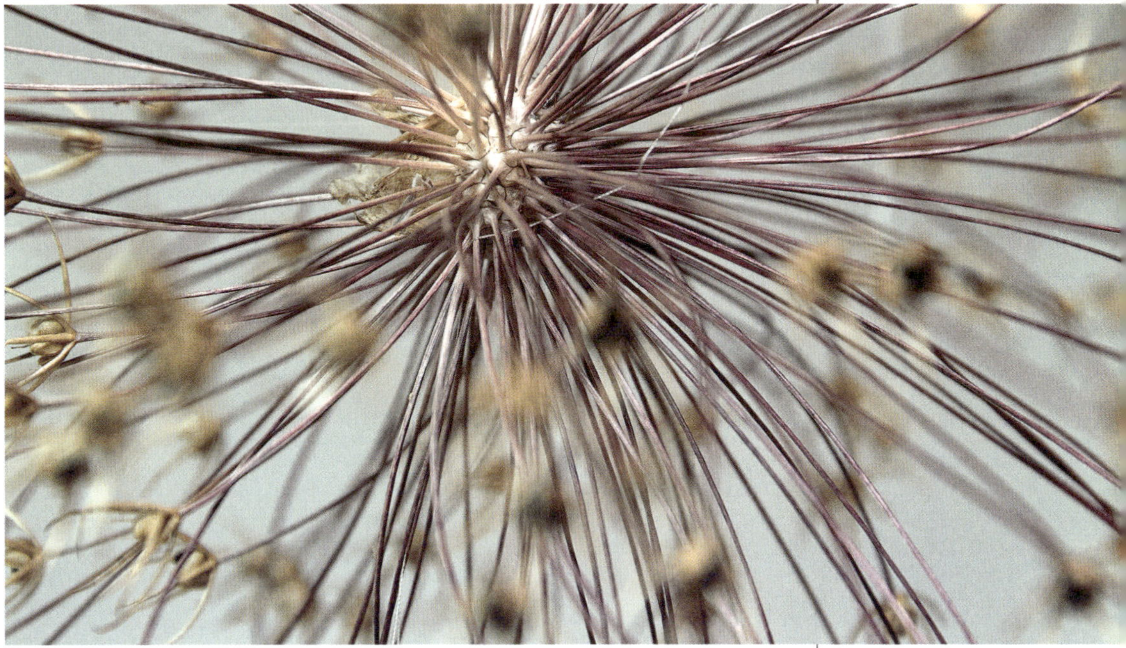

SO GEHT'S:

Die getrockneten Riesen-Lauch-Blüten von ihren Stielen befreien. Das geht ganz einfach mithilfe einer Schere oder wenn man ein bisschen an den Stielen wackelt. Dann die einzelnen Blüten an Garn befestigen und in verschiedenen Höhen aufhängen.

... fertig!

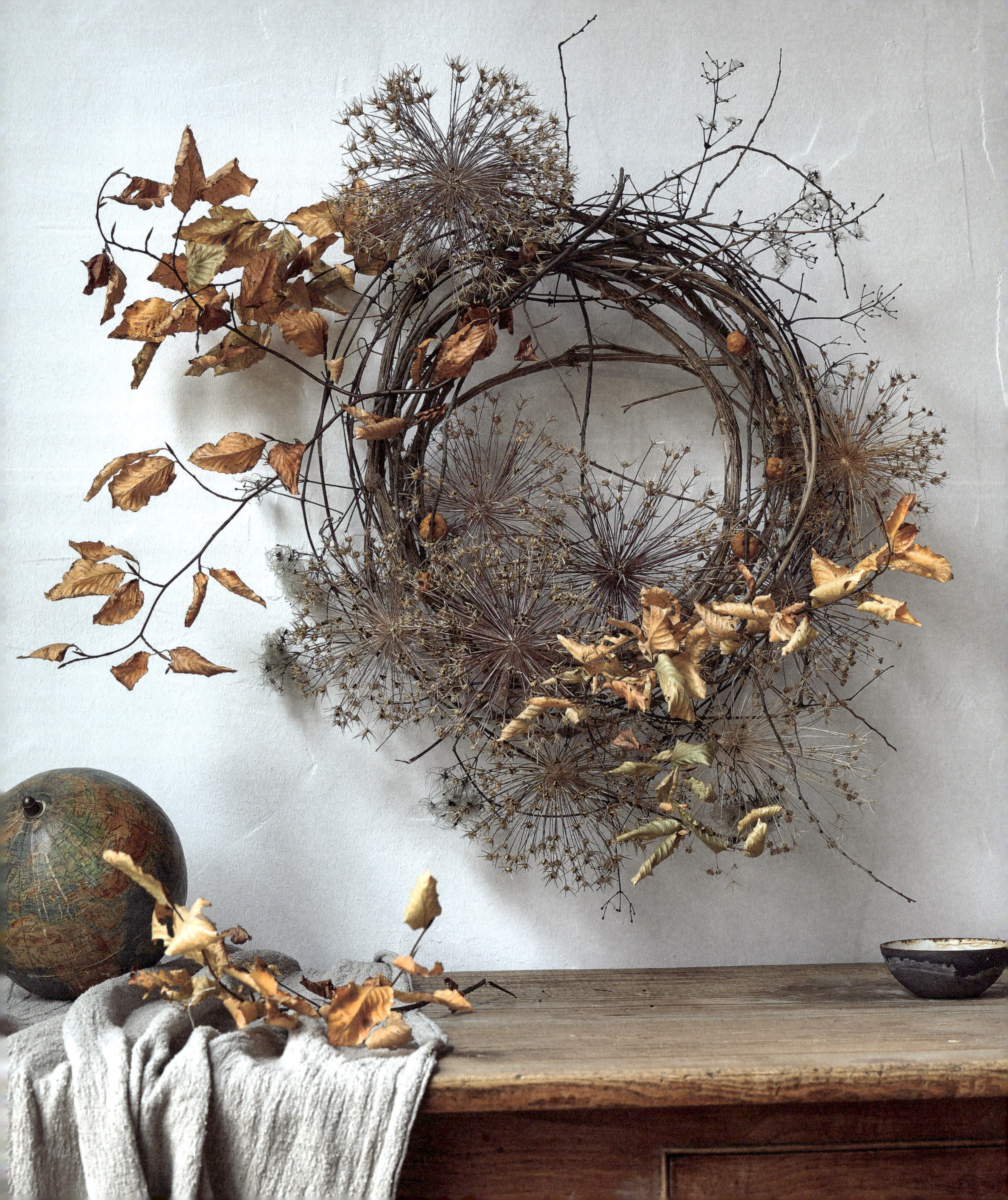

Wilder RANKEN-KRANZ

DAS BRAUCHT IHR:

Wickeldraht // Seitenschneider // Zierquittenzweige // Wilde Clematisranken // Riesen-Lauch-Blüten // getrocknete Buchenzweige

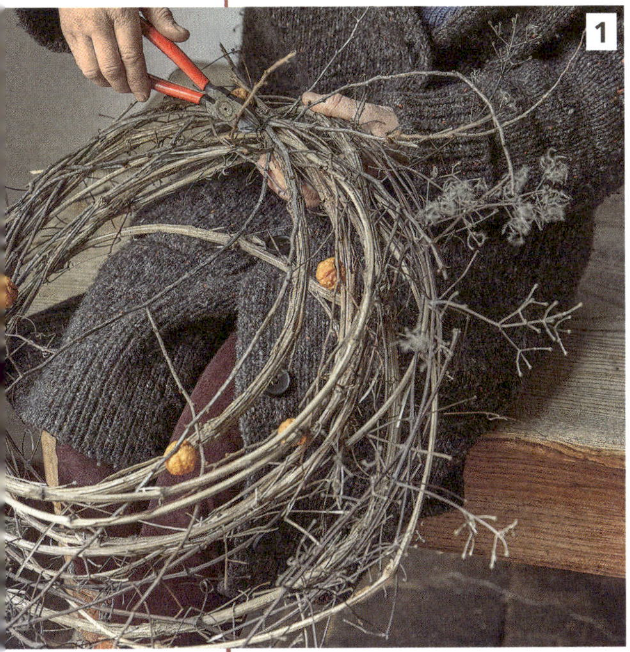

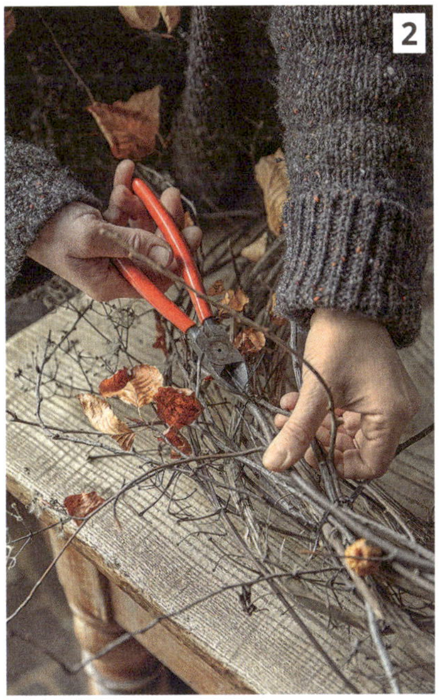

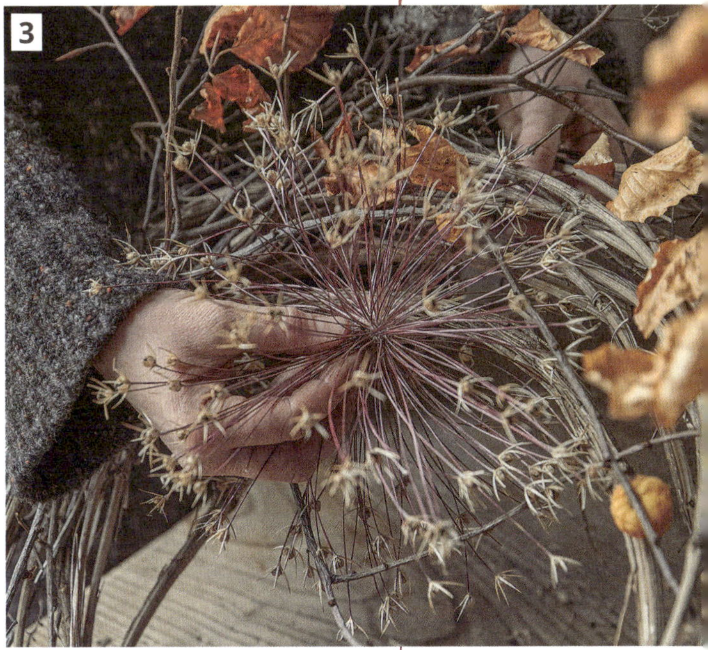

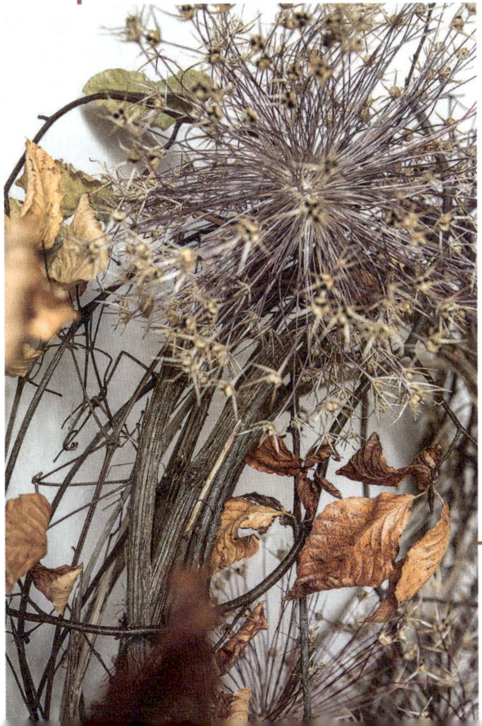

SO GEHT'S:

1+2 Aus Zierquittenzweigen und Clematisranken einen lockeren Kranz winden. Diesen punktuell an einigen Stellen mit Wickeldraht fixieren.

3 Trockene, belaubte Buchenzweige nach Belieben einstecken, gegebenenfalls mit etwas Draht befestigen. Riesen-Lauch-Blüten dazwischen einklemmen.

... fertig!

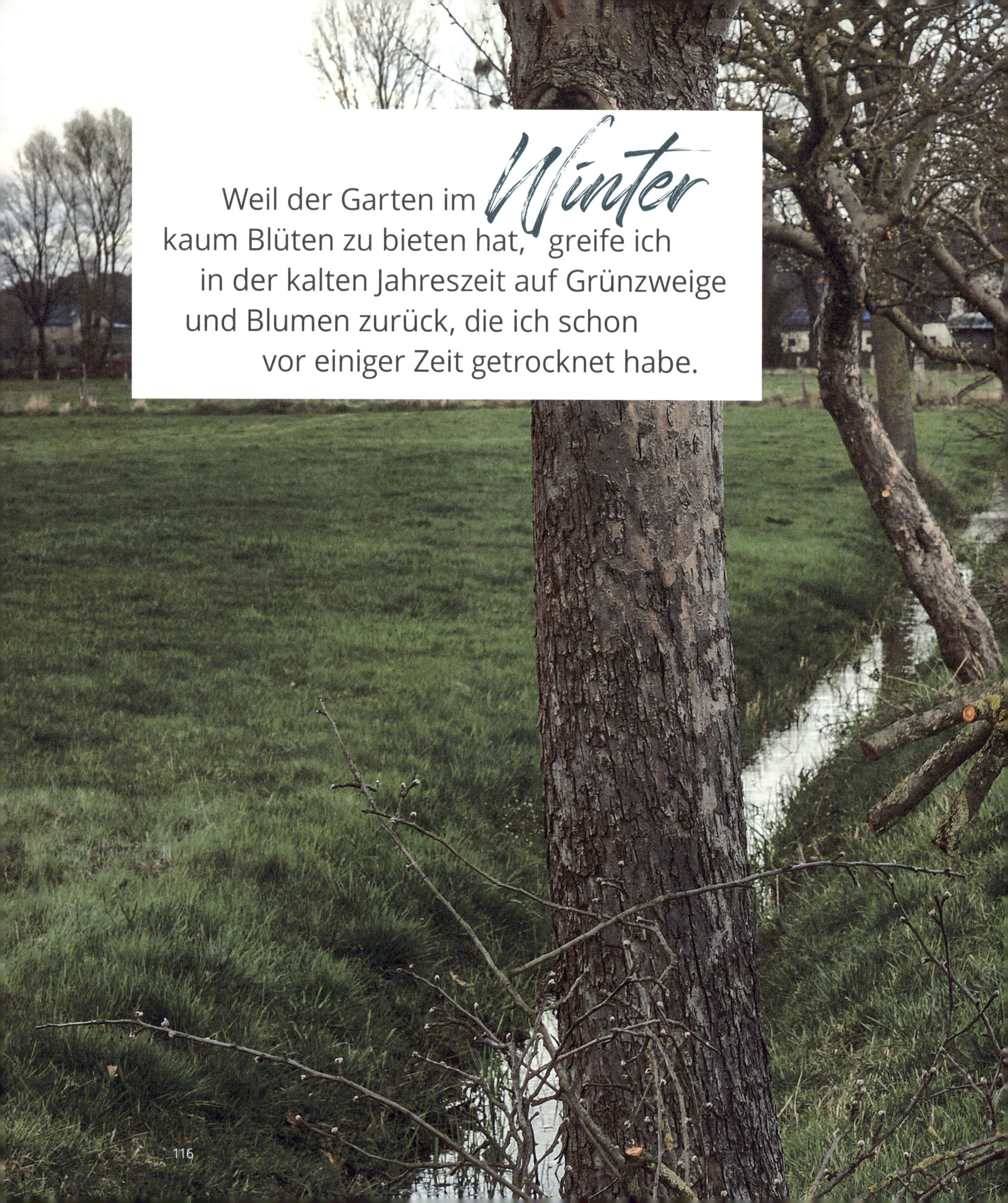

Weil der Garten im *Winter* kaum Blüten zu bieten hat, greife ich in der kalten Jahreszeit auf Grünzweige und Blumen zurück, die ich schon vor einiger Zeit getrocknet habe.

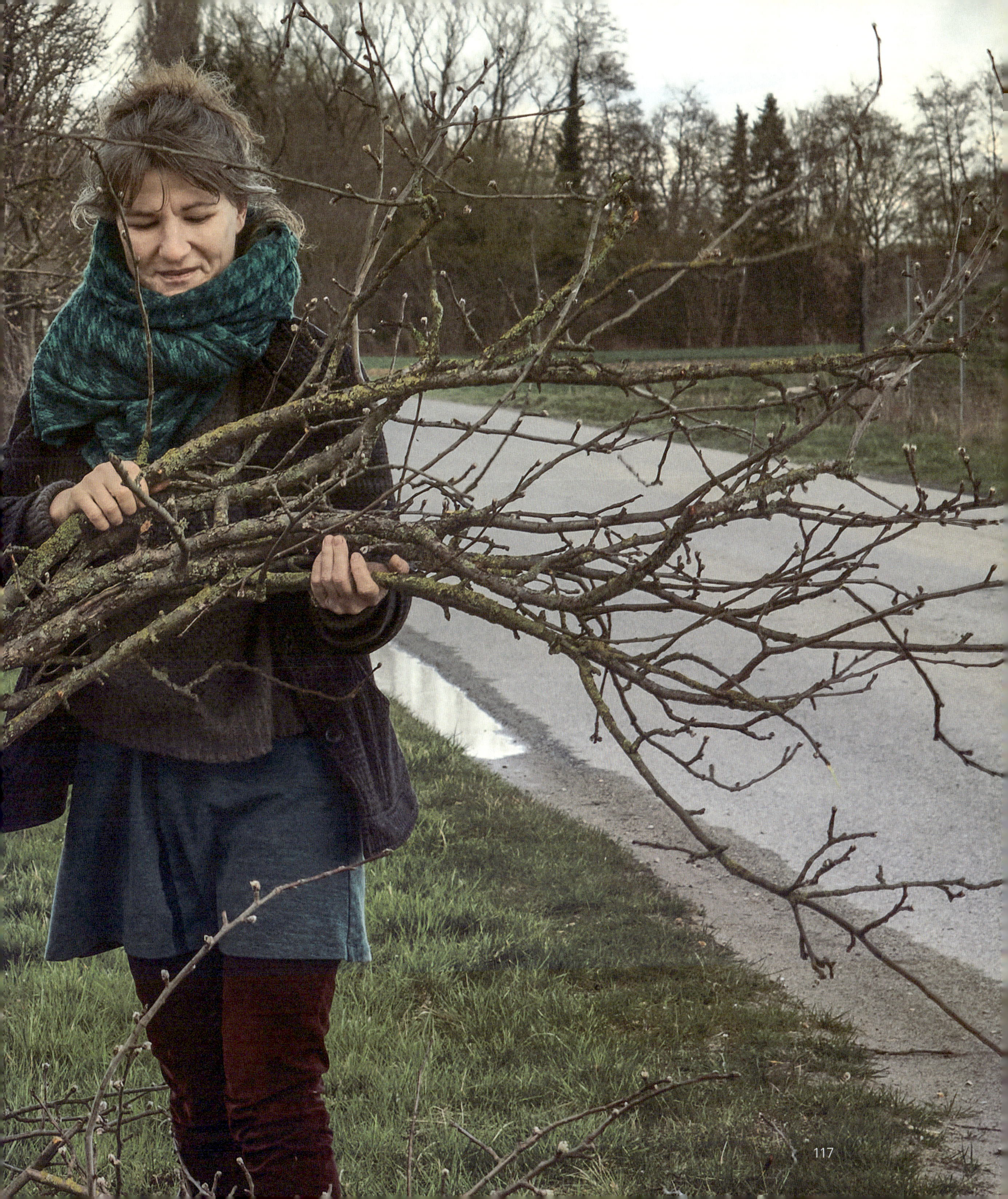

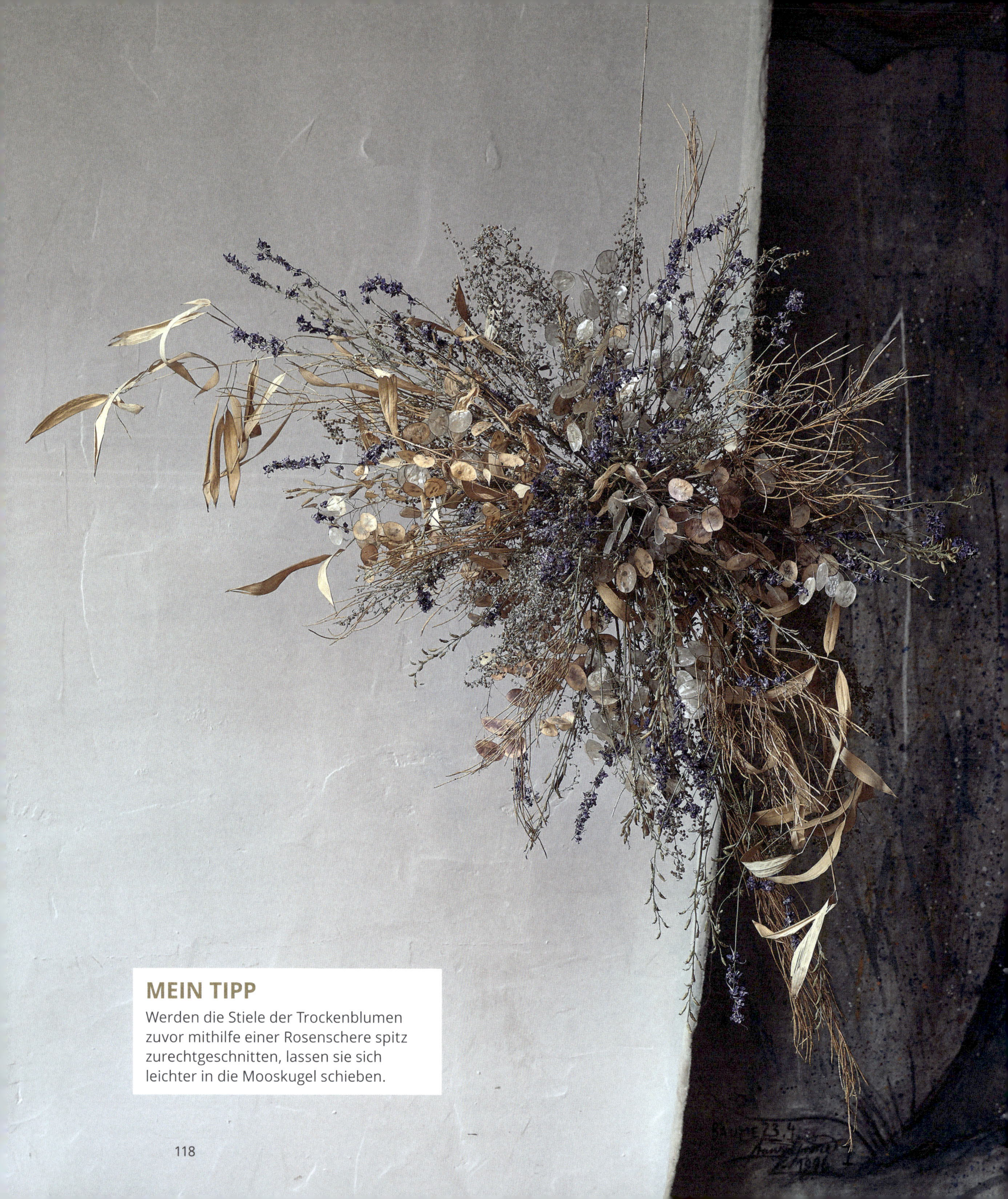

MEIN TIPP

Werden die Stiele der Trockenblumen zuvor mithilfe einer Rosenschere spitz zurechtgeschnitten, lassen sie sich leichter in die Mooskugel schieben.

Wolke AUS GETROCKNETEN BLUMEN

DAS BRAUCHT IHR:

Nähgarn // Schere // Jutekordel // Moos // Trockenblumen (wie Wermut, Rittersporn, Silberblatt und Bambus)

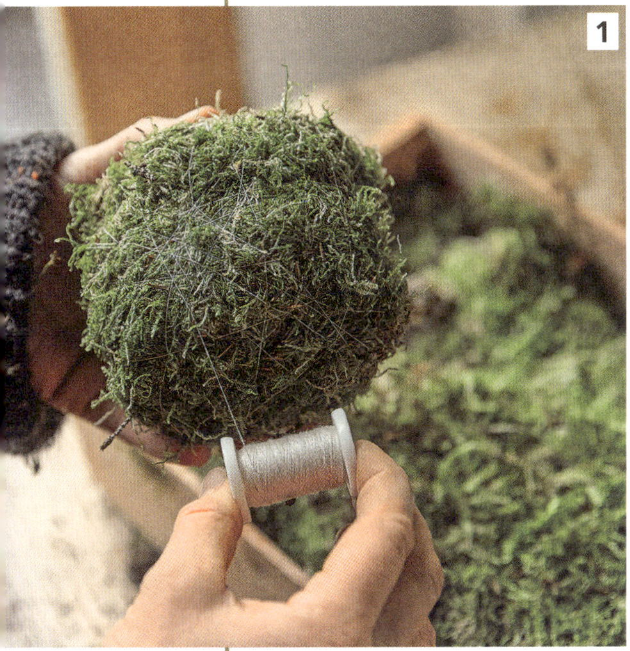

1

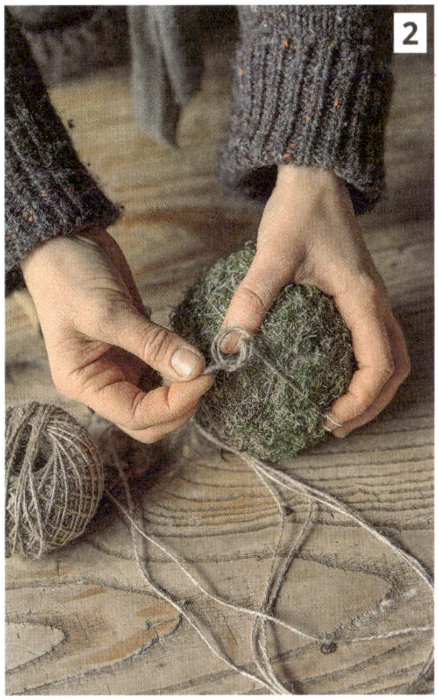

2

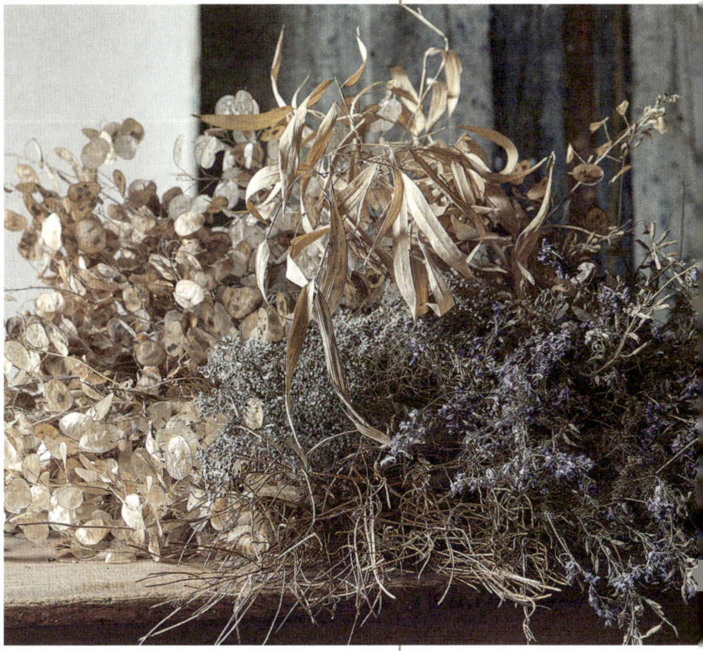

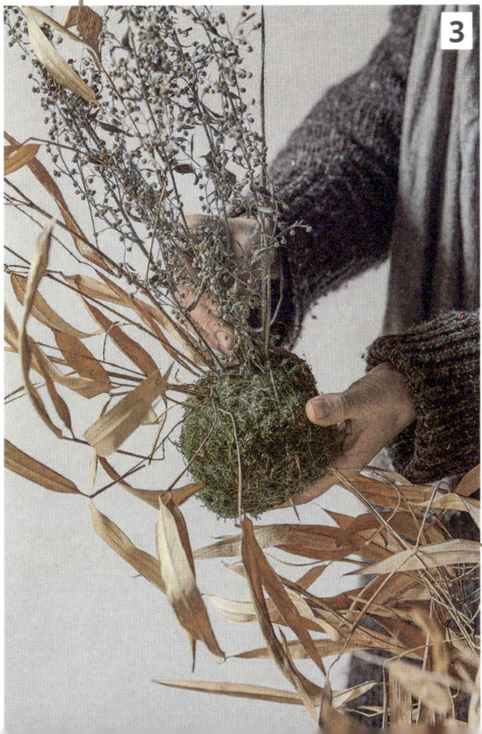

3

SO GEHT'S:

1 Aus Moos eine Kugel formen und mithilfe von Nähgarn-Umwicklungen fixieren.

2 Ein etwa 1,50 Meter langes Stück Jutekordel zurechtschneiden, um die Kugel winden und aus dem Endstück eine Aufhängung formen.

3 Die Kugel aufhängen und dicht an dicht mit verschiedenen Trockenblumen bestecken.

... fertig!

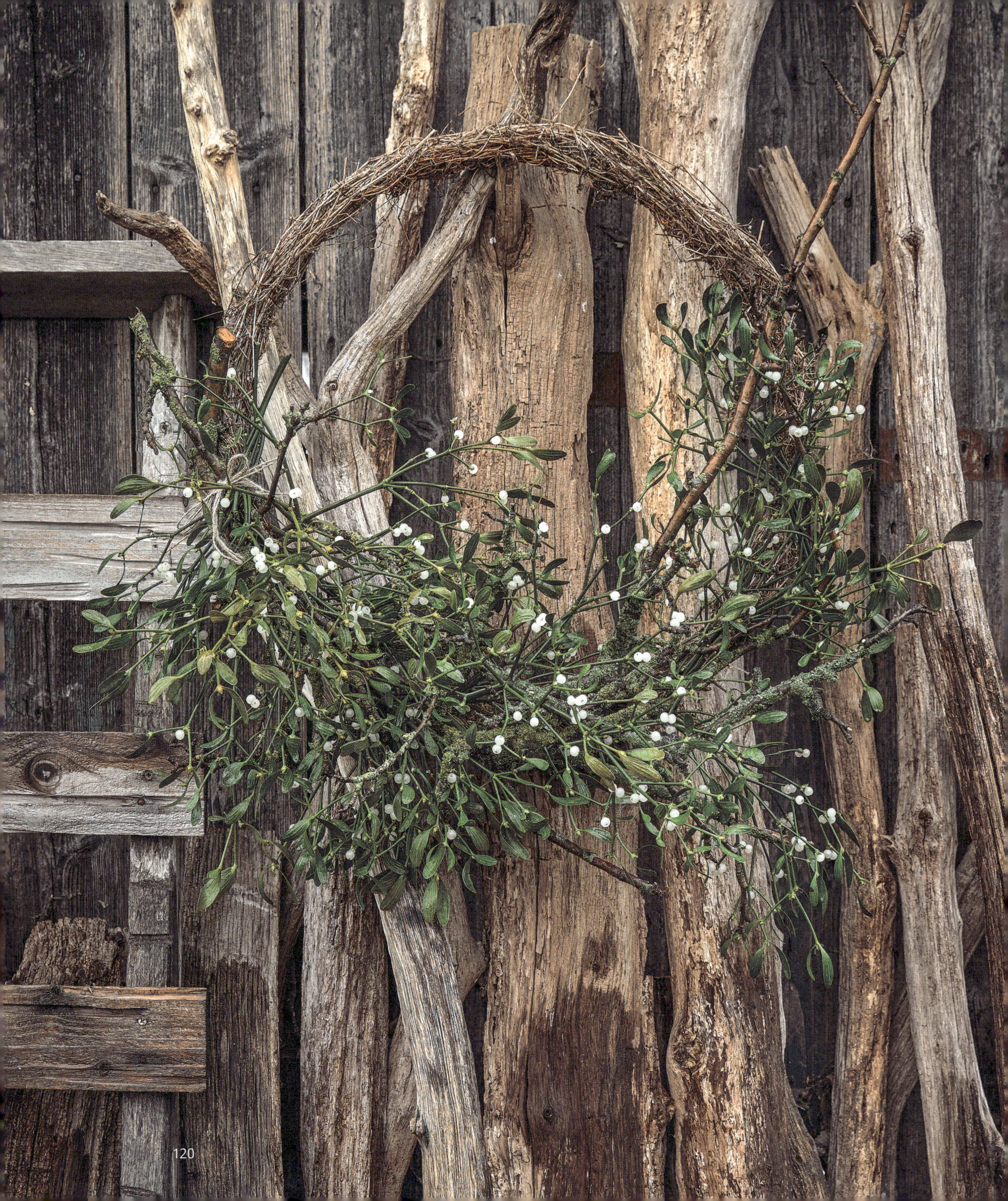

Mistelkranz AUF FAHRRADFELGE

DAS BRAUCHT IHR:

Fahrradfelge ohne Speichen // Wickeldraht // Jutekordel // trockenes Wiesen-Labkraut

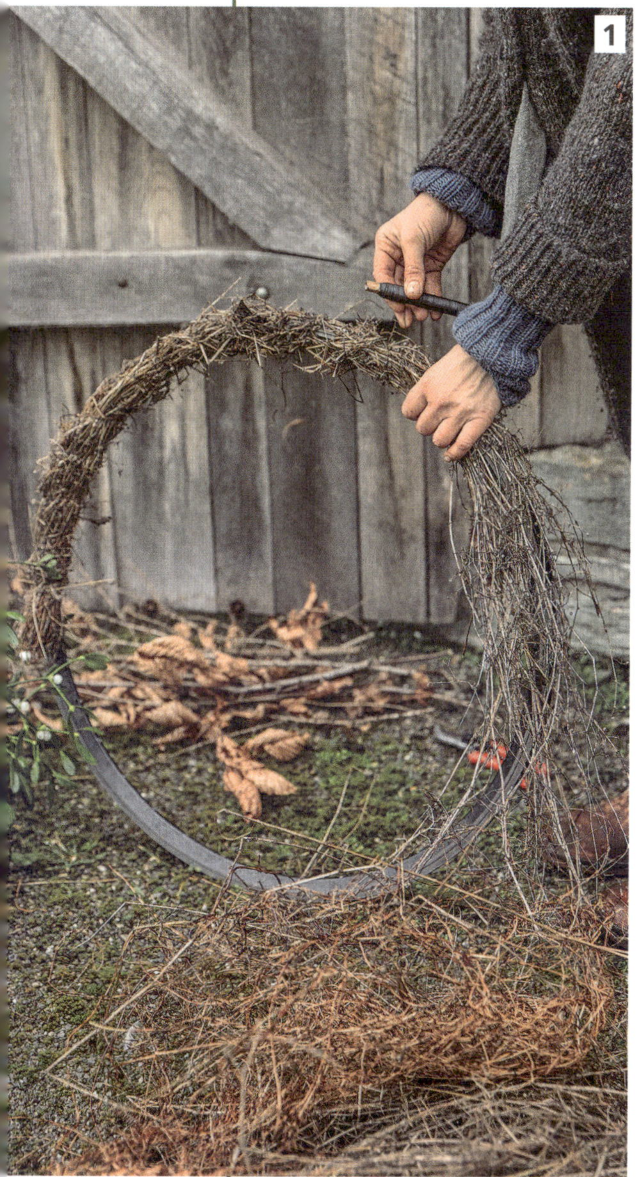

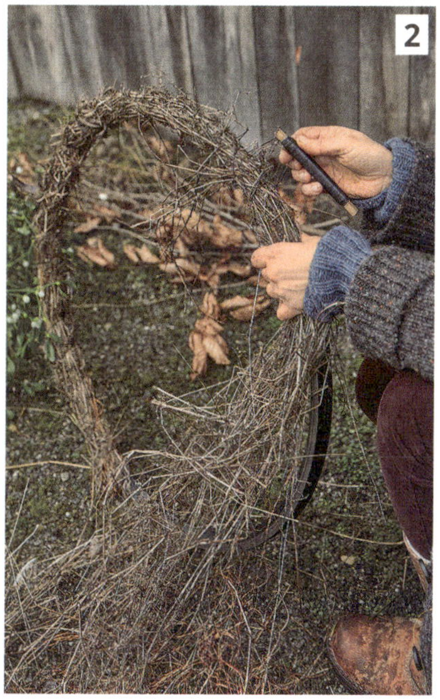

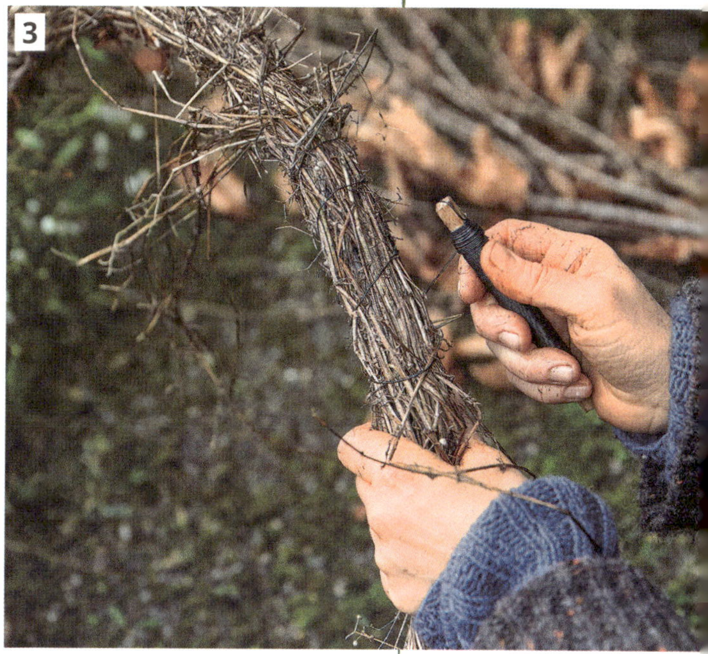

SO GEHT'S:

1–3 Eine Fahrradfelge ohne Speichen bildet das Kranzgerüst. Sie wird zunächst rundherum mit getrocknetem Wiesen-Labkraut umwickelt, das mithilfe von Wickeldraht befestigt wird.

... *weiter* **AUF DER NÄCHSTEN SEITE.**

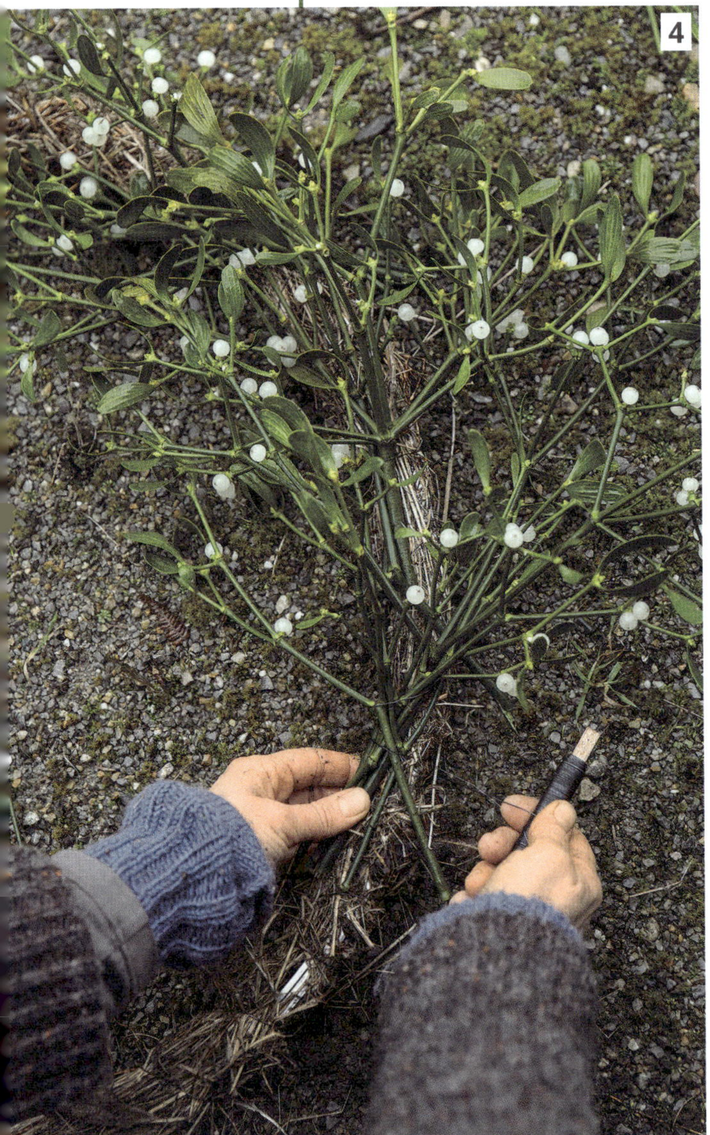

4

SO GEHT'S WEITER:

4–6 Dann immer abwechselnd Mistelzweige und mit Flechten bewachsene Apfelzweige asymmetrisch am Kranz anbringen.
Zum Abschluss eine Stelle mit einer doppeltgeführten Jutekordel umschlingen und mit einer Schleife verzieren.

... fertig!

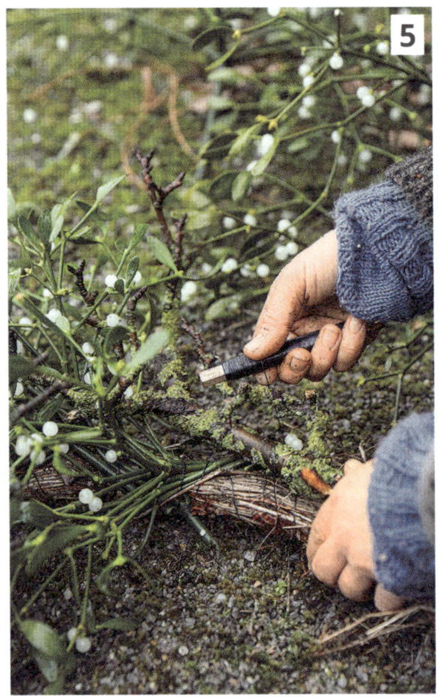

5

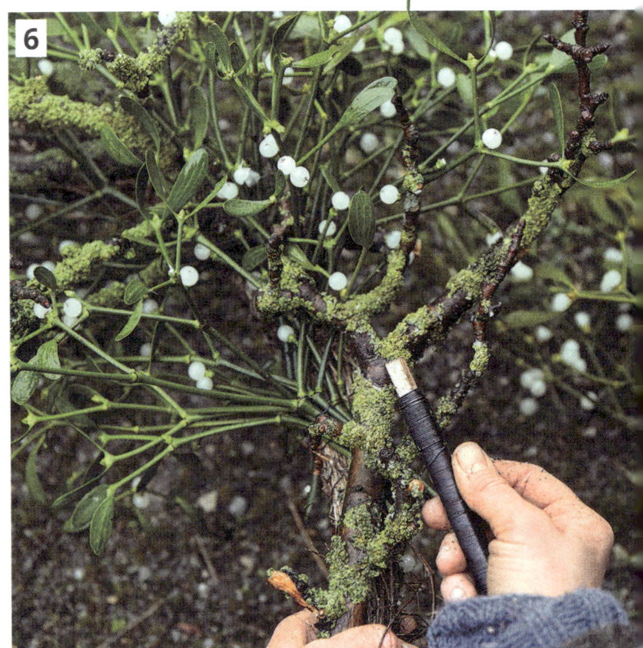

6

MEIN TIPP

Fahrradfelgen sind eine hervorragende Basis für Kränze und lassen sich zu jeder Jahreszeit neu bestücken. Ihr bekommt gebrauchte Felgen bei Fahrradwerkstätten. Sollten noch Speichen in der Felge sein, kann man sie heraus flexen oder mithilfe eines Speichenschlüssels entfernen.

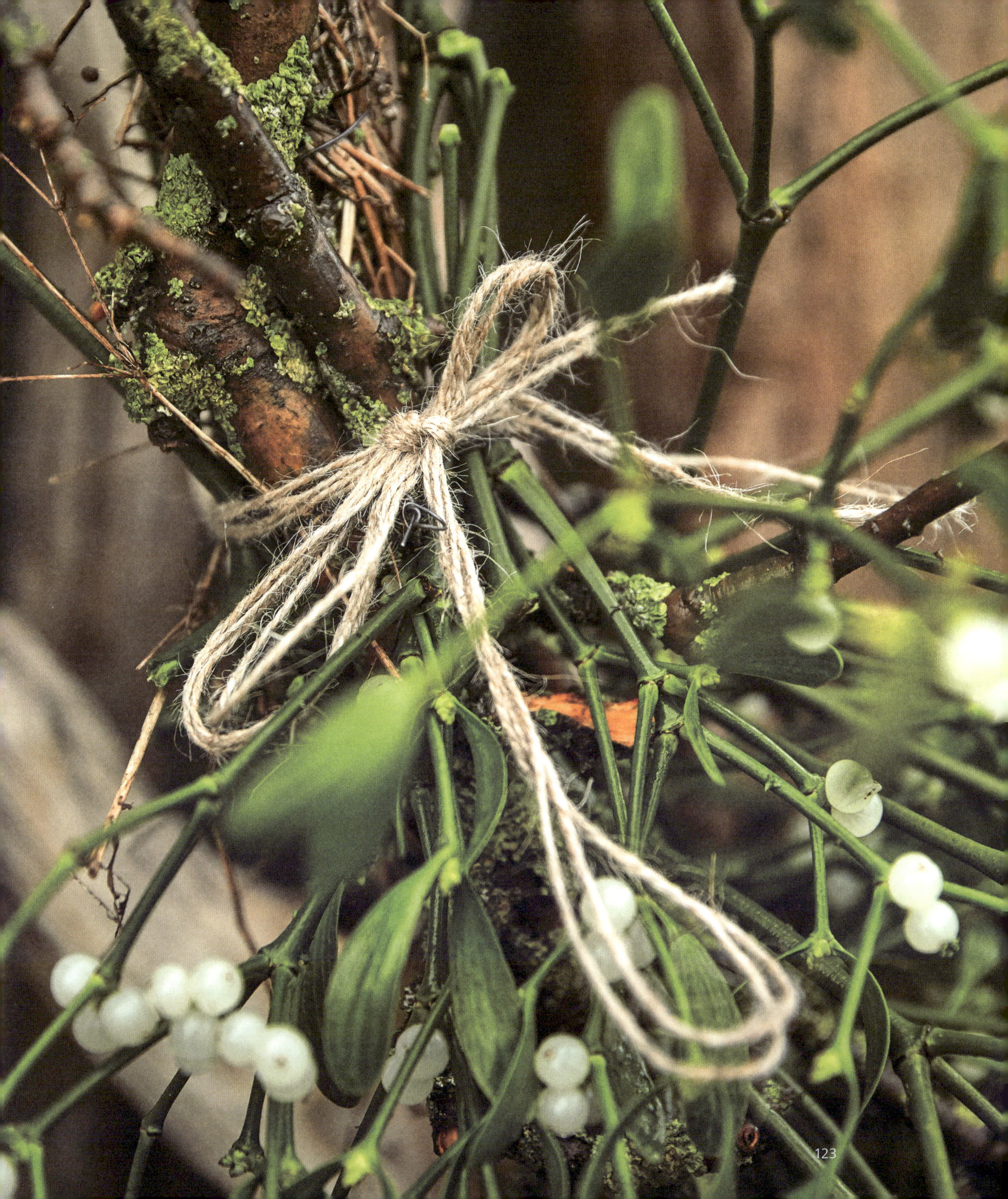

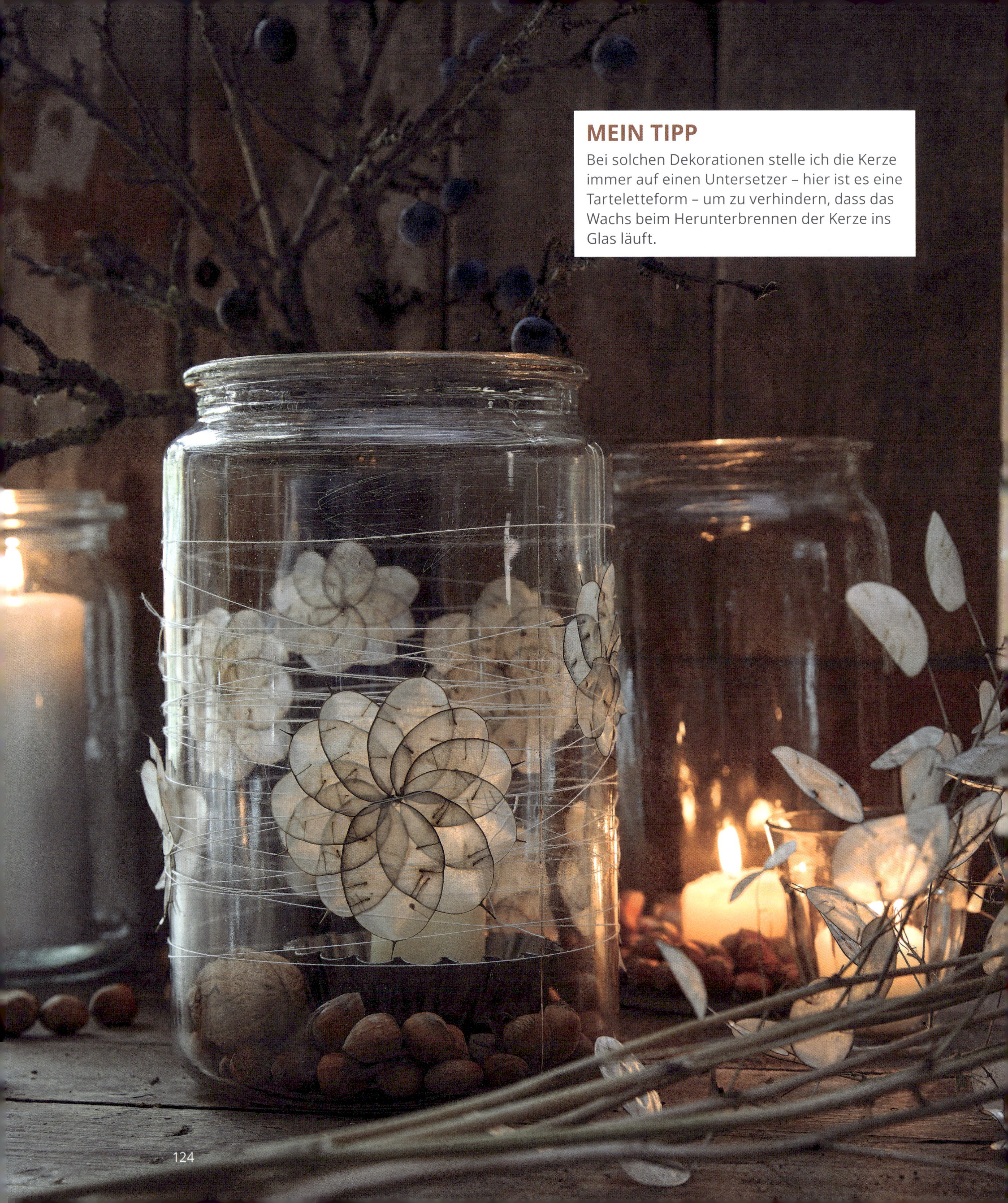

MEIN TIPP

Bei solchen Dekorationen stelle ich die Kerze immer auf einen Untersetzer – hier ist es eine Tarteletteform – um zu verhindern, dass das Wachs beim Herunterbrennen der Kerze ins Glas läuft.

Windlicht MIT SILBERBLATT-BLÜTEN

DAS BRAUCHT IHR:

Zwirn // Einmachglas // Tarteletteform // Schere // Kerze // Pinsel // Papierkleber // Silberblatt // verschiedene Nüsse

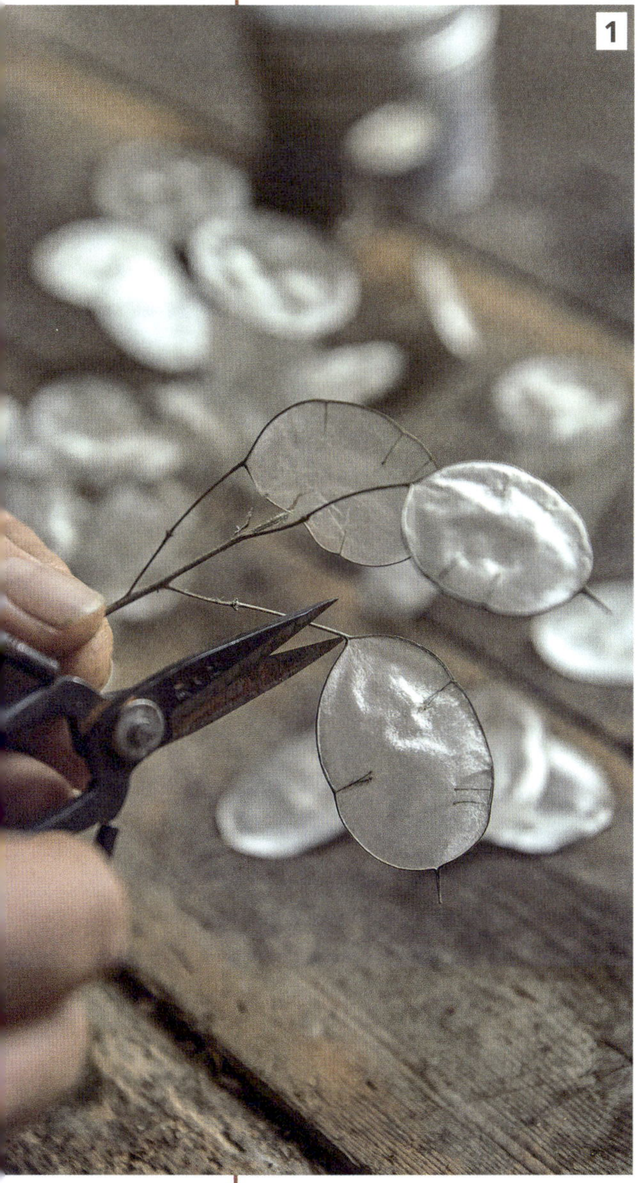

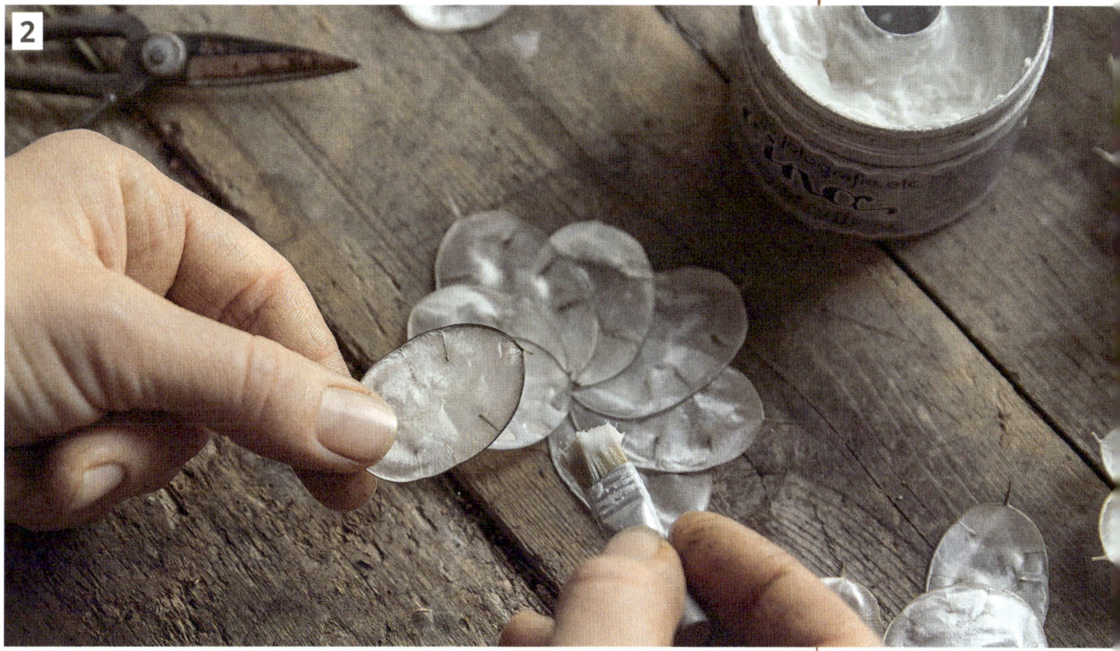

SO GEHT'S:

1 Die einzelnen, getrockneten Silberblätter vom Stiel entfernen.

2 Die Blätter mit etwas Kleber bepinseln und in Blütenform aneinander befestigen. Dazu die einzelnen Blätter immer leicht überlappend legen.

Dann die gefertigten Blüten auf das Glas legen und Zwirn mehrfach stramm drumherum wickeln. Im Glasinneren eine Tarteletteform samt Kerze platzieren und verschiedene Nüsse drumherum einstreuen.

... fertig!

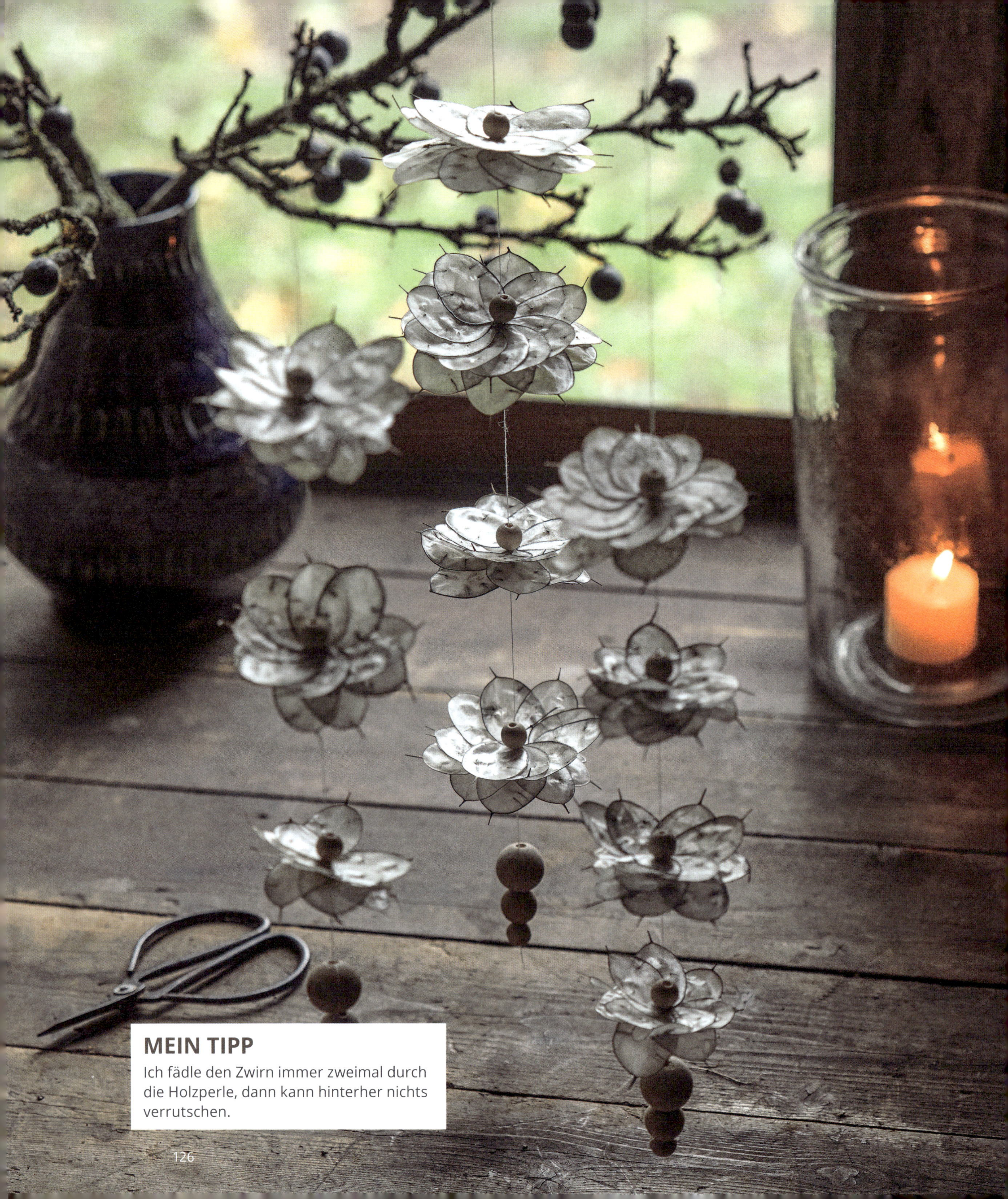

MEIN TIPP

Ich fädle den Zwirn immer zweimal durch die Holzperle, dann kann hinterher nichts verrutschen.

Windspiel MIT SILBERBLÄTTERN

DAS BRAUCHT IHR:

Zwirn // Holzperlen // Schere // Nähnadel // Pinsel // Kleber // getrocknetes Silberblatt

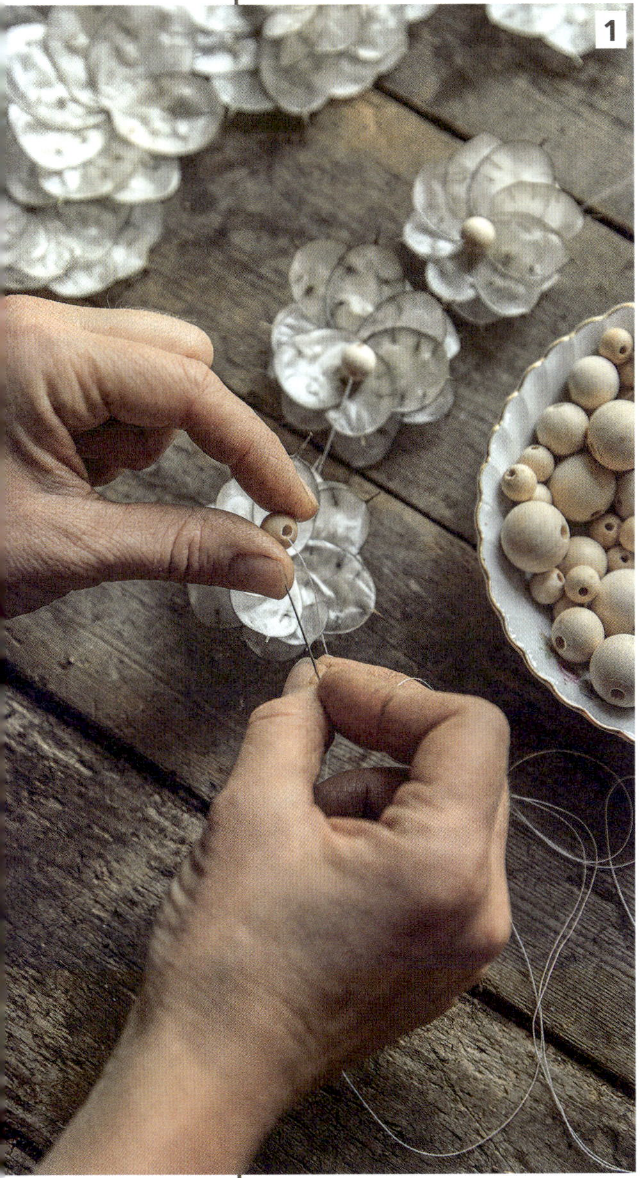

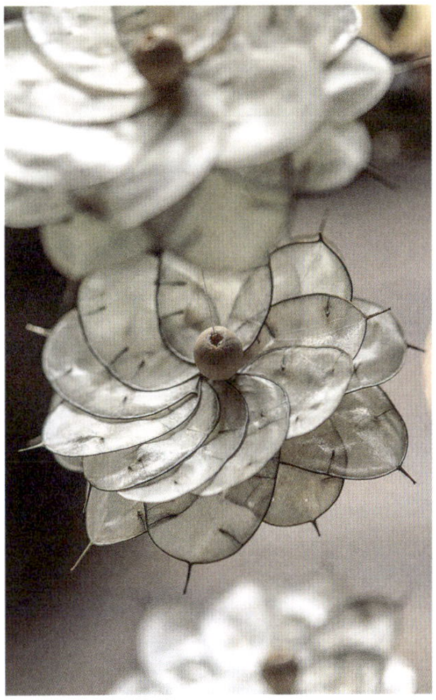

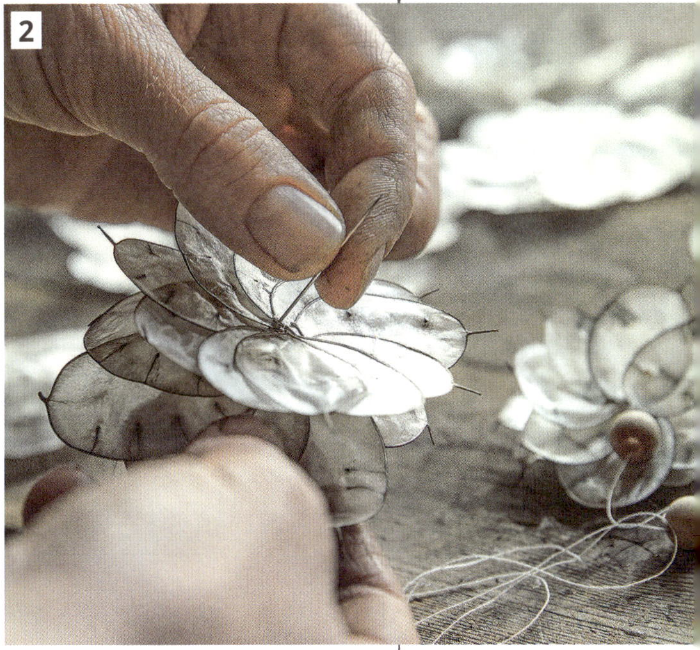

SO GEHT'S:

1 Die einzelnen Silberblätter vom Stiel lösen. Mithilfe eines Pinsels mit etwas Kleber bestreichen und leicht überlappend zu einer Blüte zusammenkleben.

2 Zwirn zurechtschneiden und mithilfe einer Nadel erst drei Holzperlen, dann zwei Blüten auffädeln und eine weitere Holzperle daraufsetzen. Mit den weiteren Blüten und Perlen ebenso verfahren, bis die gewünschte Länge erreicht ist.

... fertig!

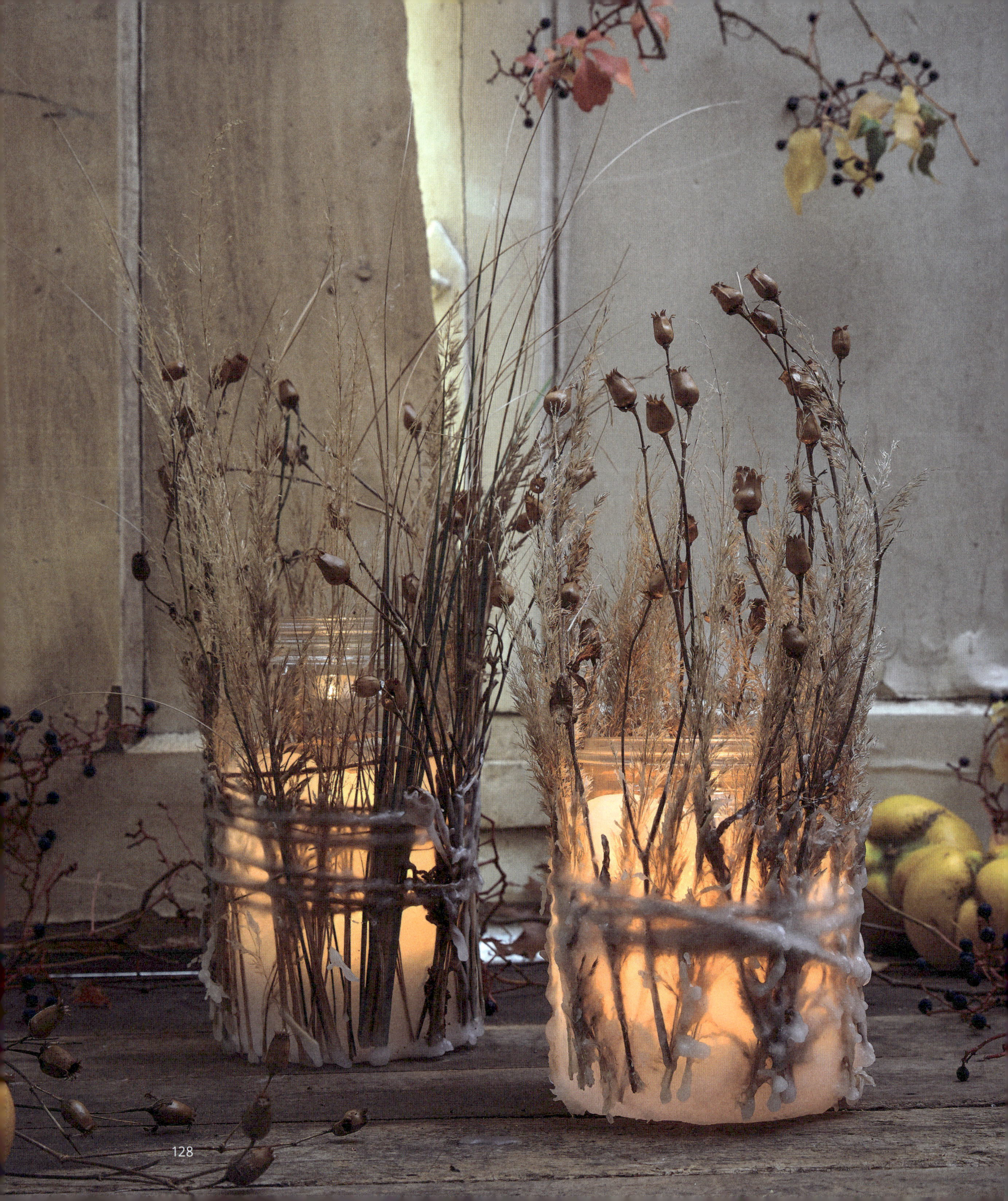

Windlicht MIT WACHSHÜLLE

DAS BRAUCHT IHR:

Kerzenreste // Topf // Jutekordel // Einmachglas // Holzstab // Kerze // trockene Samenstände der Kornrade // Gräser

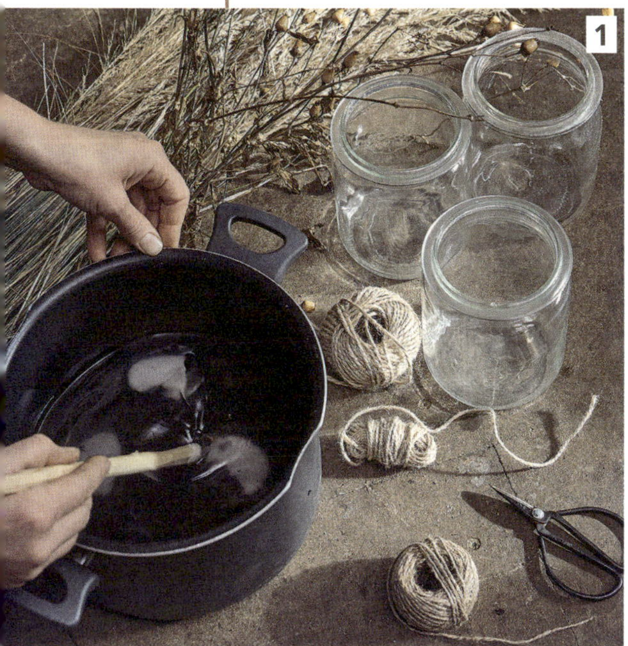

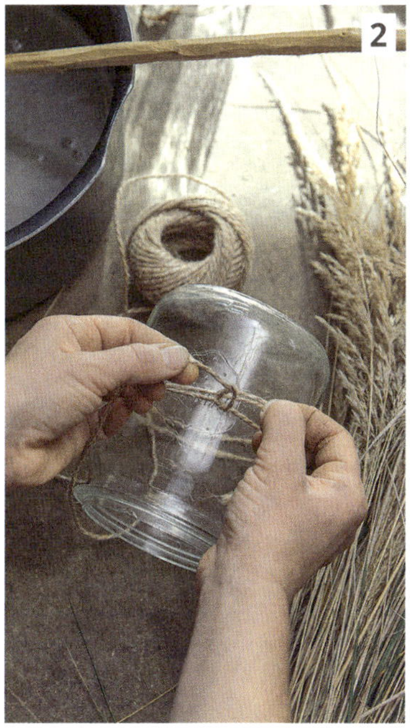

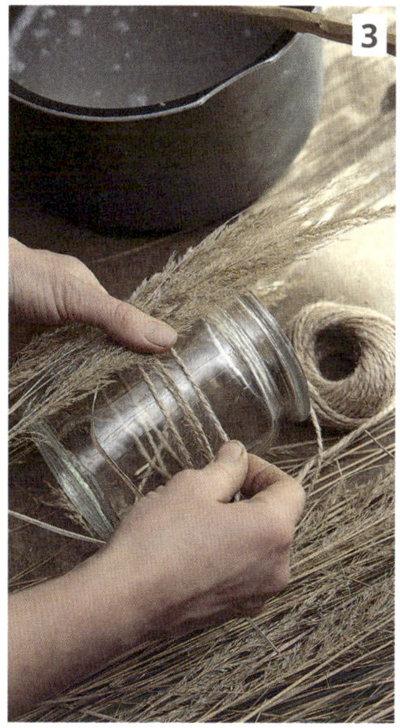

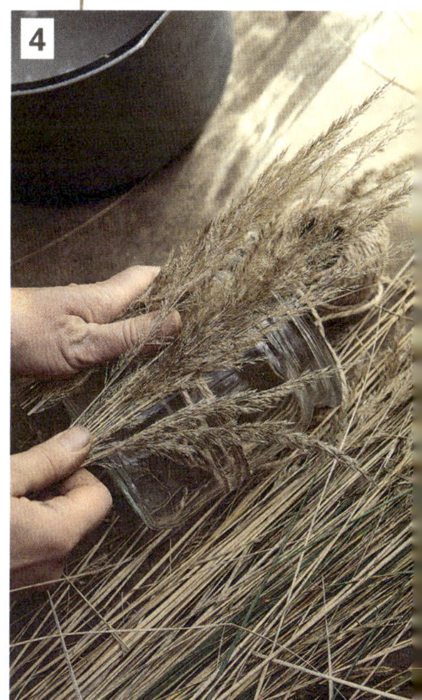

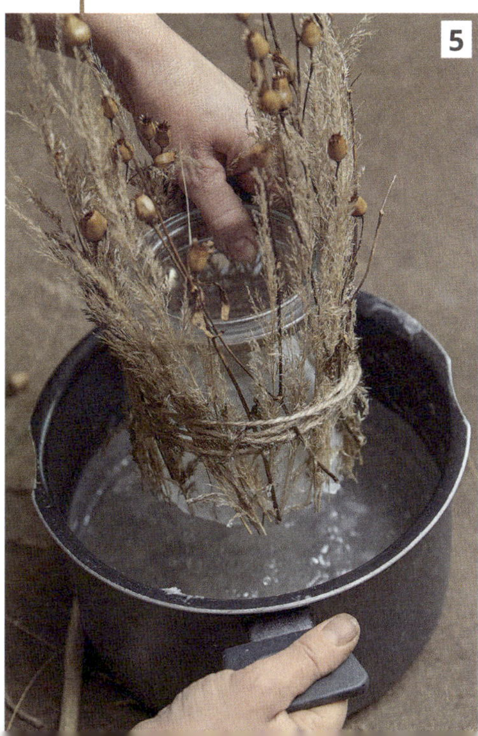

SO GEHT'S:

1 In einem Topf Kerzenreste erhitzen. Immer mal wieder mit einem Holzstab umrühren bis sie flüssig geworden sind. Leicht abkühlen lassen.

2 In der Zwischenzeit Jutekordel um das Einmachglas schlingen und die Enden verknoten.

3+4 Kornrade und Gräser eng an das Glas halten und mit Jutekordel, die immer wieder drumherum gewickelt wird, fixieren. Sollten am Boden Gräser überstehen, diese zurückschneiden.

5 Dann das Glas in das flüssige Wachs tauchen und trocknen lassen. Eine Kerze in das Glas einstellen.

... fertig!

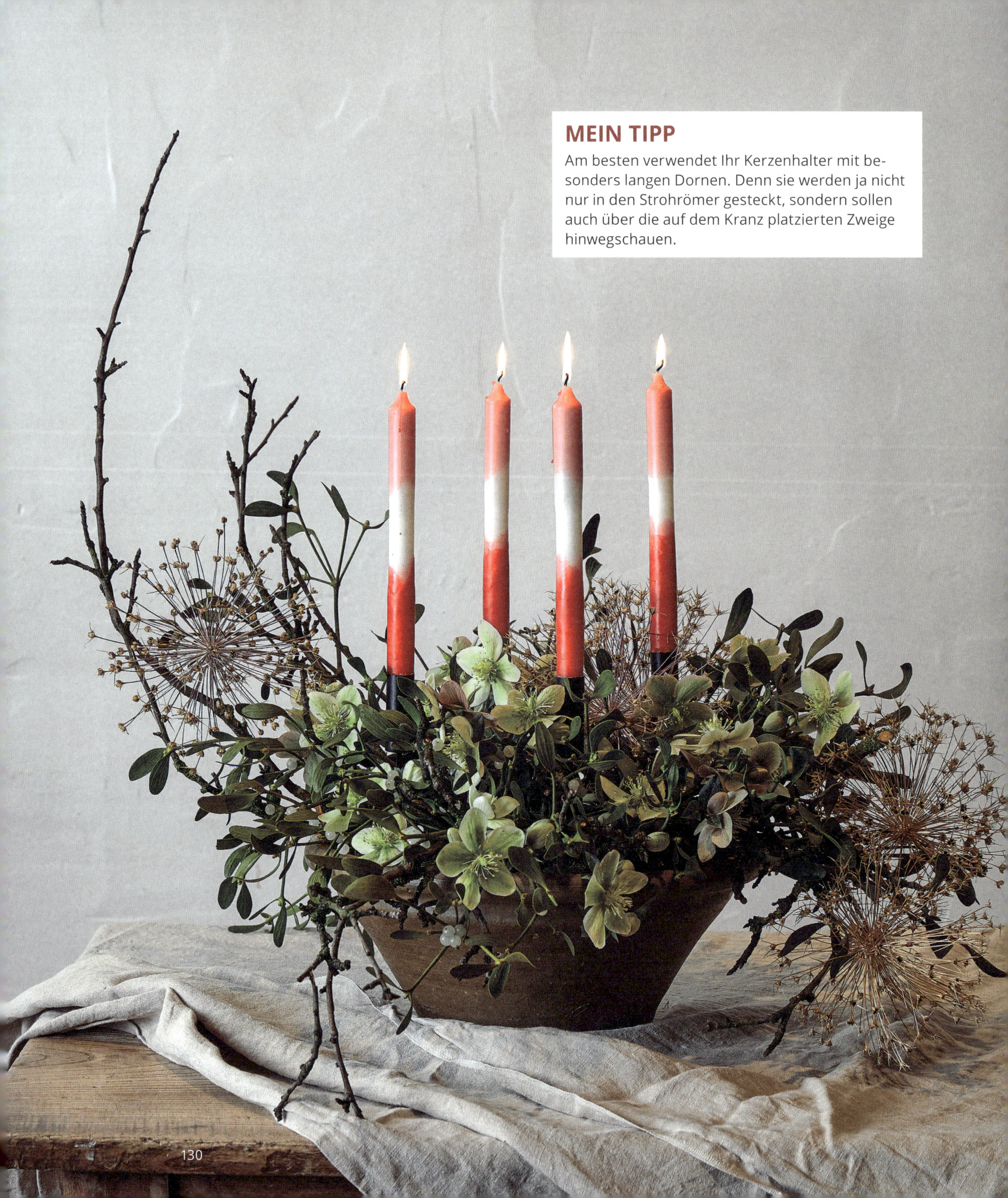

MEIN TIPP

Am besten verwendet Ihr Kerzenhalter mit besonders langen Dornen. Denn sie werden ja nicht nur in den Strohrömer gesteckt, sondern sollen auch über die auf dem Kranz platzierten Zweige hinwegschauen.

Adventskranz IN DER SCHALE

DAS BRAUCHT IHR:

Schale // Strohrömer (Durchmesser ca. 35 cm) // vier Kerzenhalter // Glasschale oder Vase // vier Stabkerzen // farbige Kerzenreste // Wickeldraht // Topf // Moos // Lenzrosen // trockene Zierlauch-Blüten // Apfel- und Mistelzweige

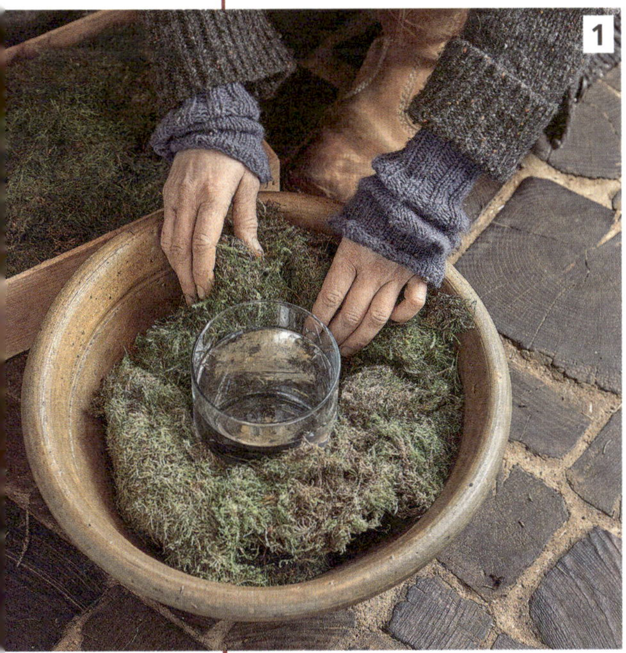

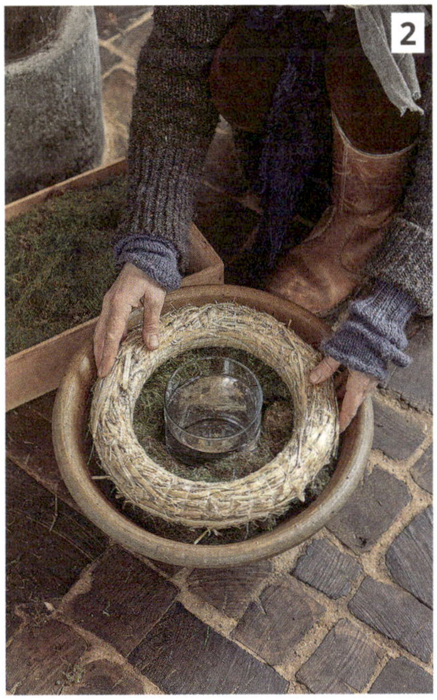

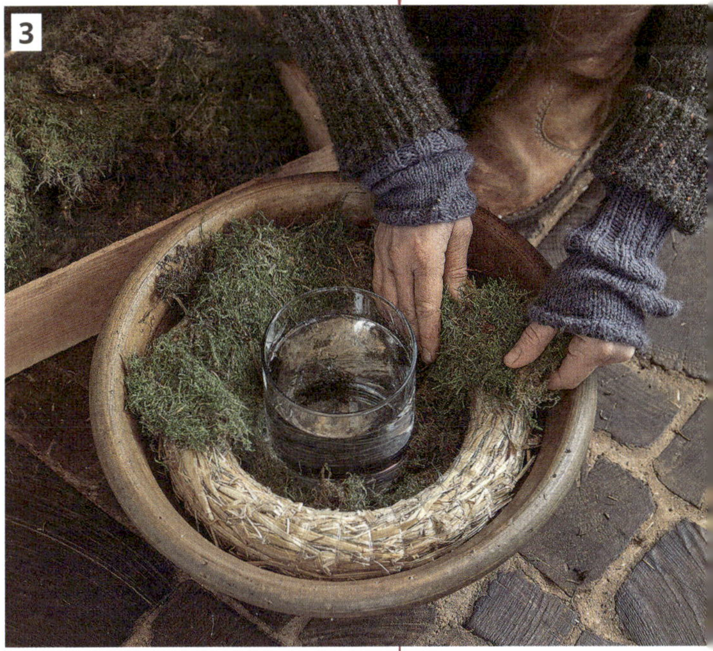

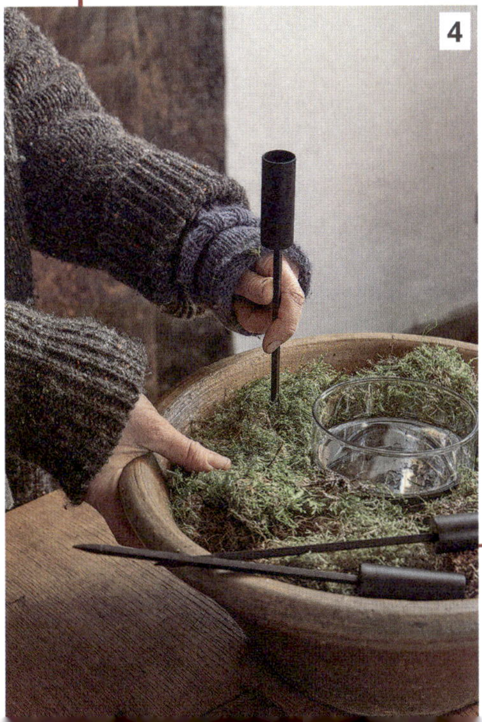

SO GEHT'S:

1+2 Zunächst eine große Schale mit Moos auspolstern und einen Strohrömer zusammen mit einer Glasschale oder Vase darauf platzieren.

3 Dann den Kranz ebenfalls mit Moos bedecken.

4 Die Kerzenhalter so einstecken, dass sich zwei von ihnen immer genau gegenüber voneinander befinden.

... *weiter* **AUF DER NÄCHSTEN SEITE.**

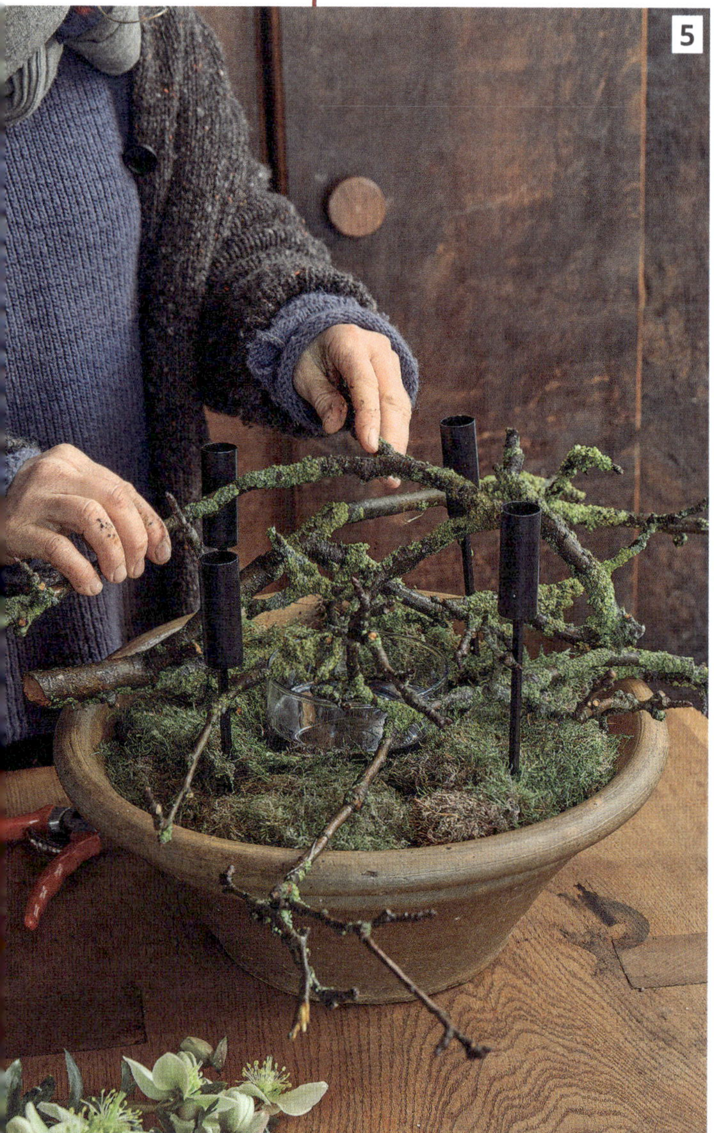

5

SO GEHT'S WEITER:

5 Verschiedene Zweige auf den Kranz und rund um die Kerzenhalter einlegen. Normalerweise hält das Gerüst, wer aber auf Nummer sichergehen will, fixiert die Zweige punktuell mit Wickeldraht.

6 Danach die Mistelzweige nach Belieben einstecken. Die Lenzrosen so platzieren, dass ihre Stiele im mit Wasser gefüllten Glas stehen.

7+8 Für die Kerzen farbige Kerzenreste – hier in Rot – in einem alten Topf zum Schmelzen bringen. Dann das Wachs leicht abkühlen lassen, bevor die Stabkerzen von beiden Seiten hineingetaucht werden. Nach dem Aushärten in die Kerzenhalter stecken.

... fertig!

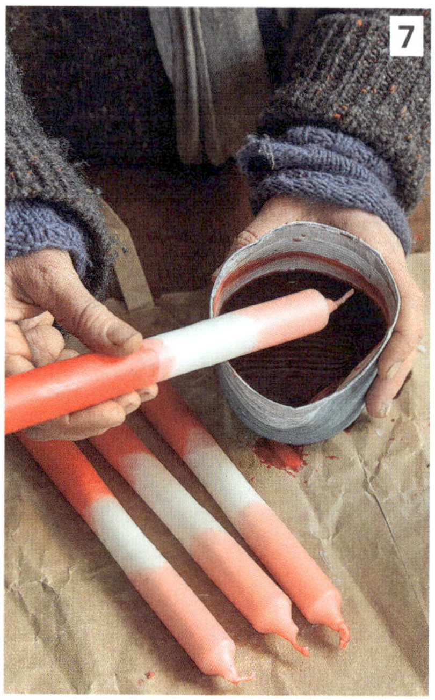

7

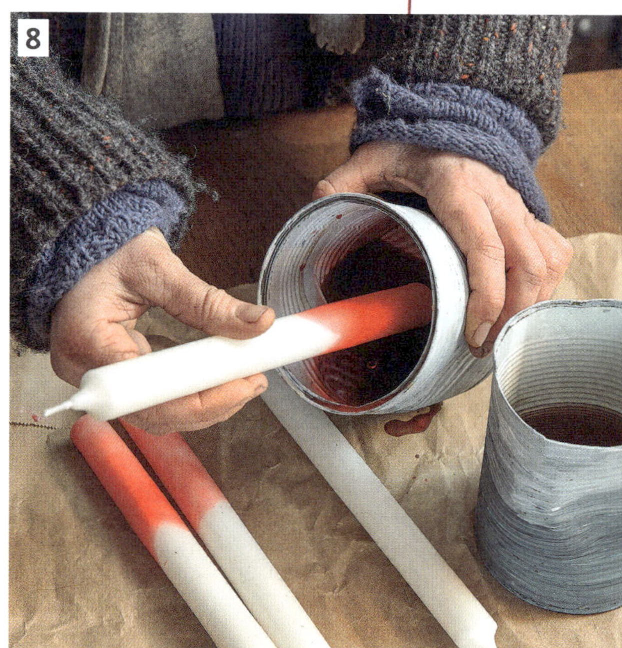

8

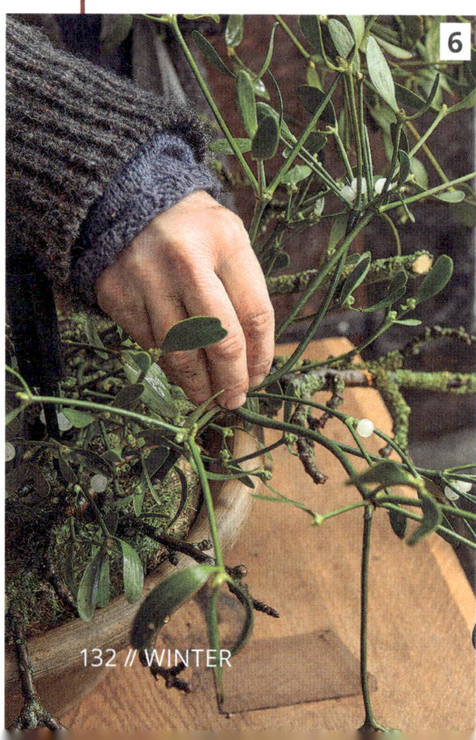

6

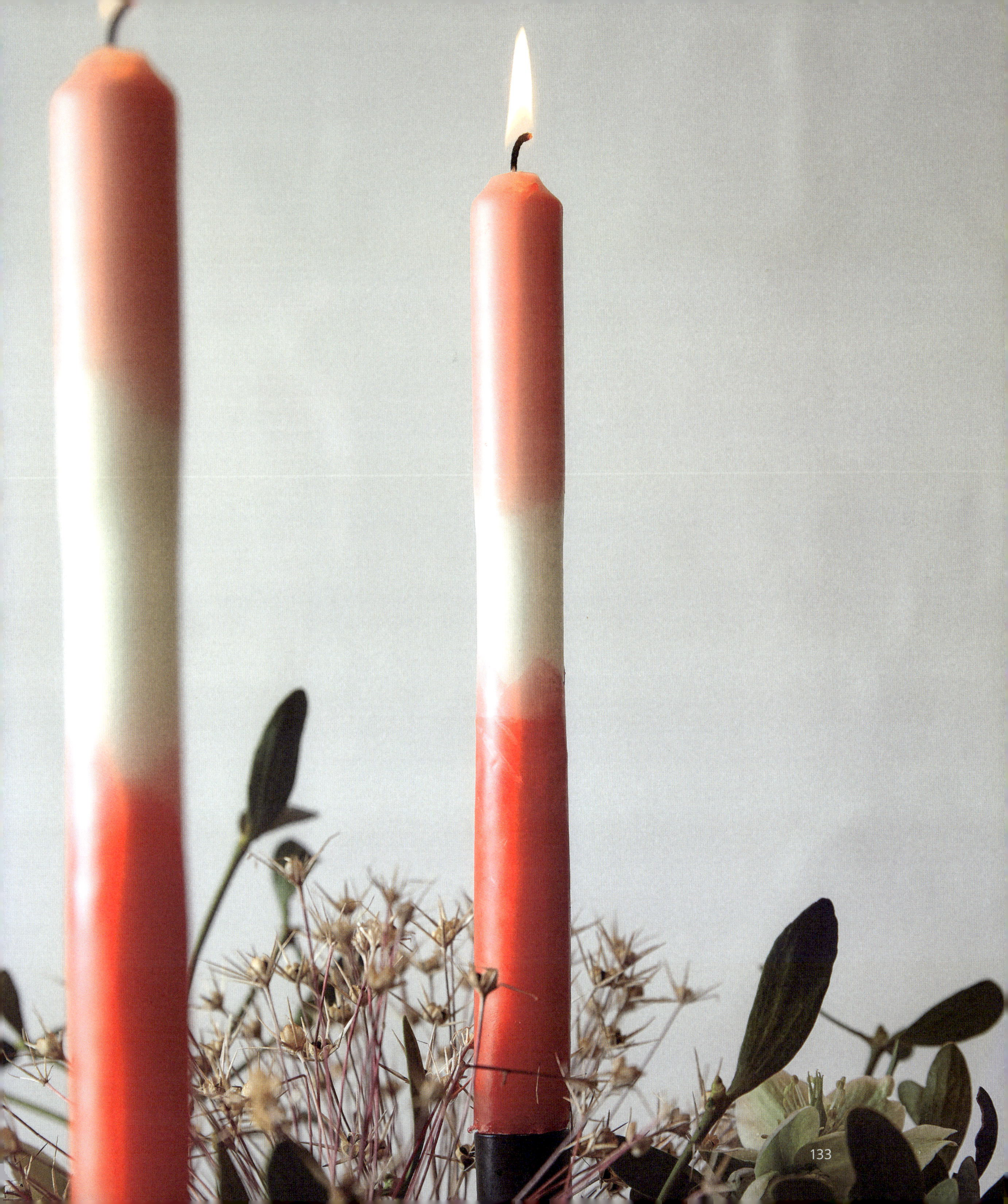

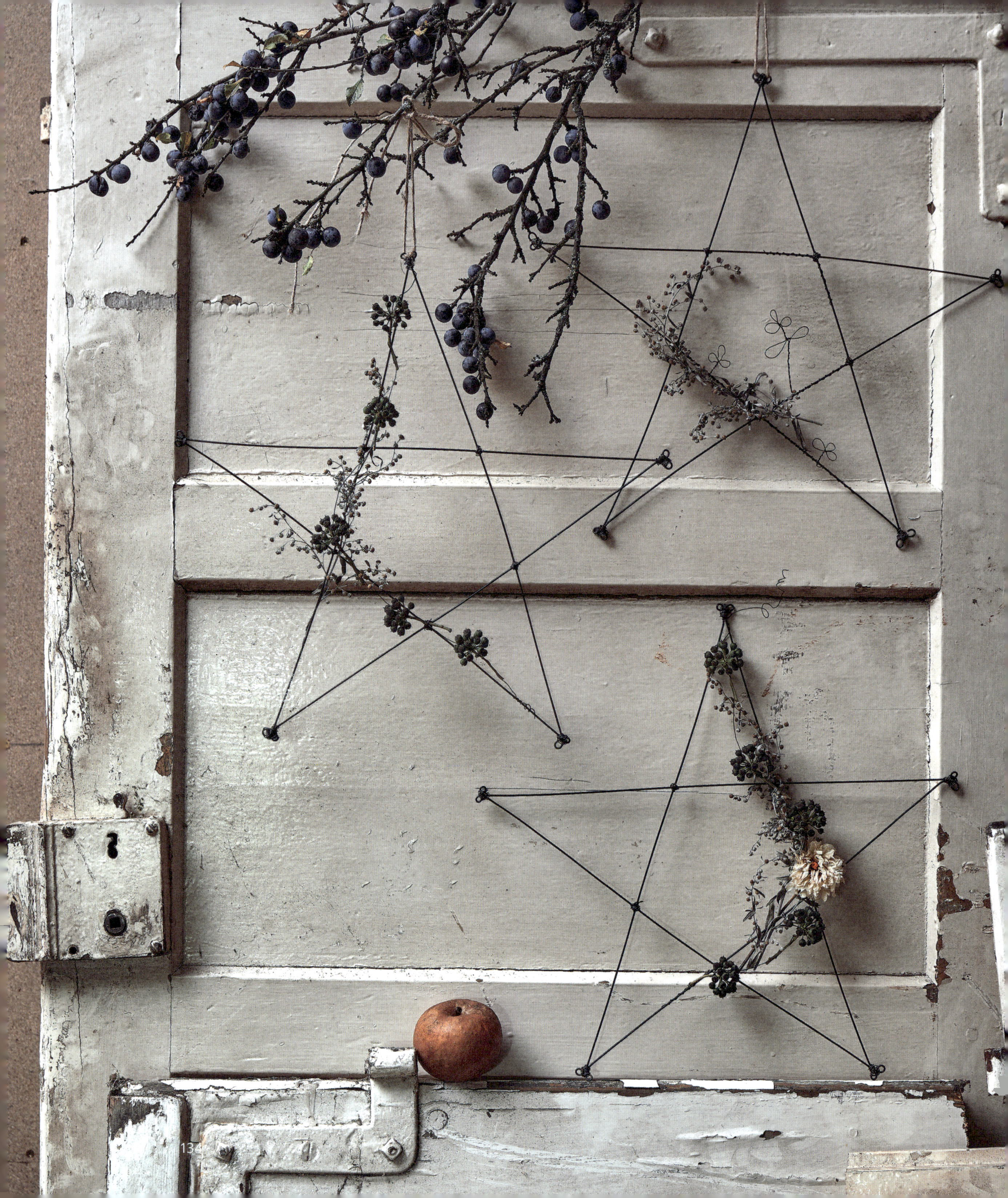

Sterne AUS DRAHT

DAS BRAUCHT IHR:

Seitenschneider // Wickeldraht // Steckdraht // Strohblumen // Wermut // Efeufruchtstände

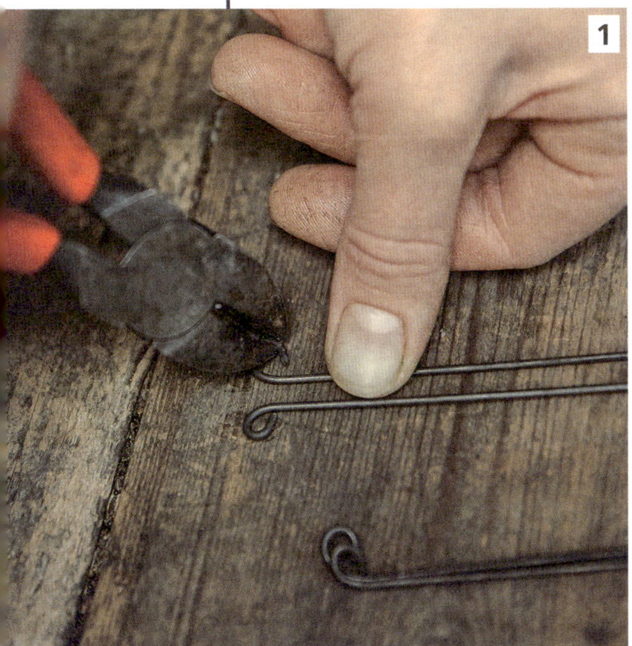

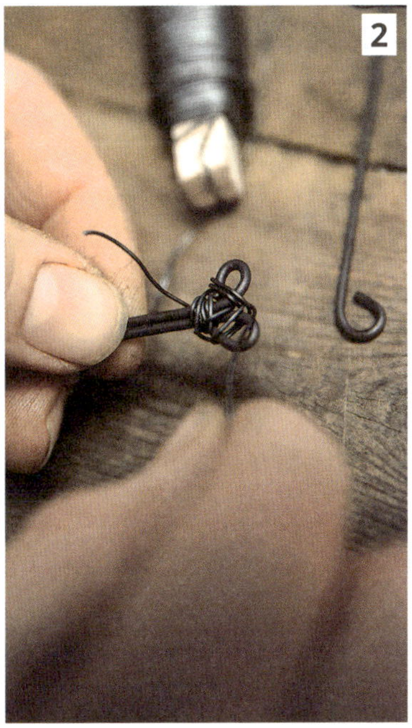

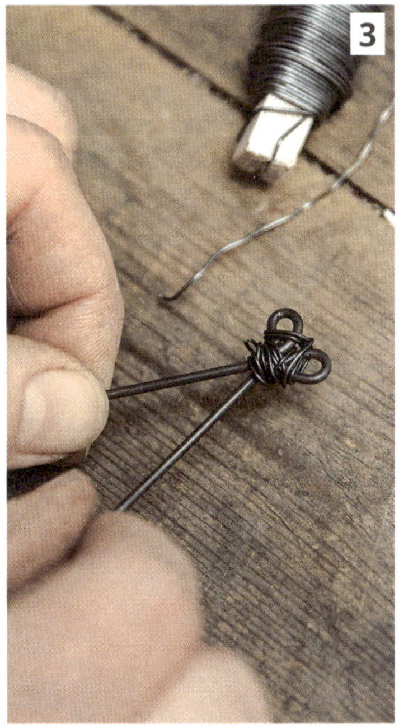

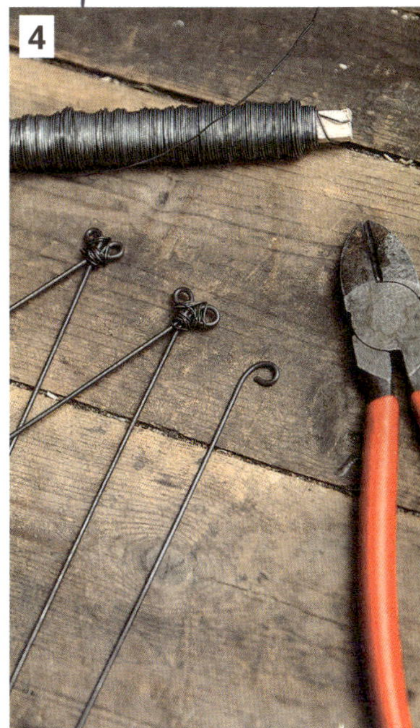

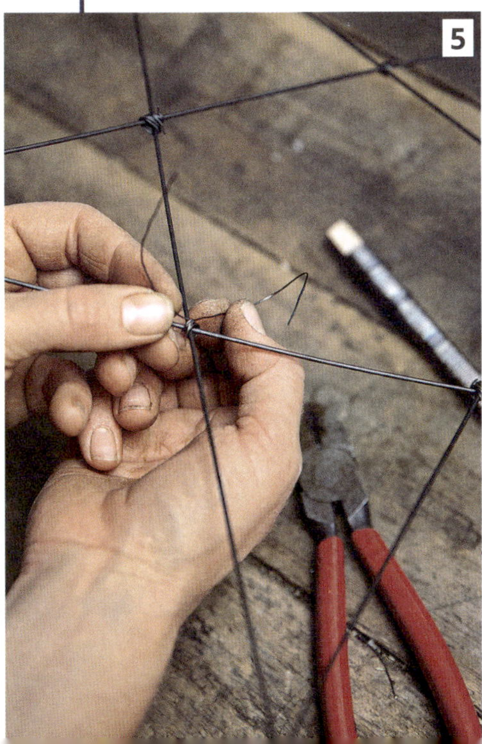

SO GEHT'S:

1 Für einen Stern fünf gleichlange Steckdrähte zurechtschneiden. Die Enden jeweils zu einer Schlaufe biegen.

2 Nun zwei Drähte zusammennehmen, sodass die Schlaufen seitenverkehrt aufeinanderliegen und mit Wickeldraht aneinander befestigen.

3+4 Die Drähte zu Sternspitzen auseinanderbiegen.

5 Dann so zusammenlegen, dass ein Stern entsteht und diesen mit Wickeldraht fixieren.

Als Dekoration Strohblumen, Wermut und Efeufruchtstände andrahten.

... fertig!

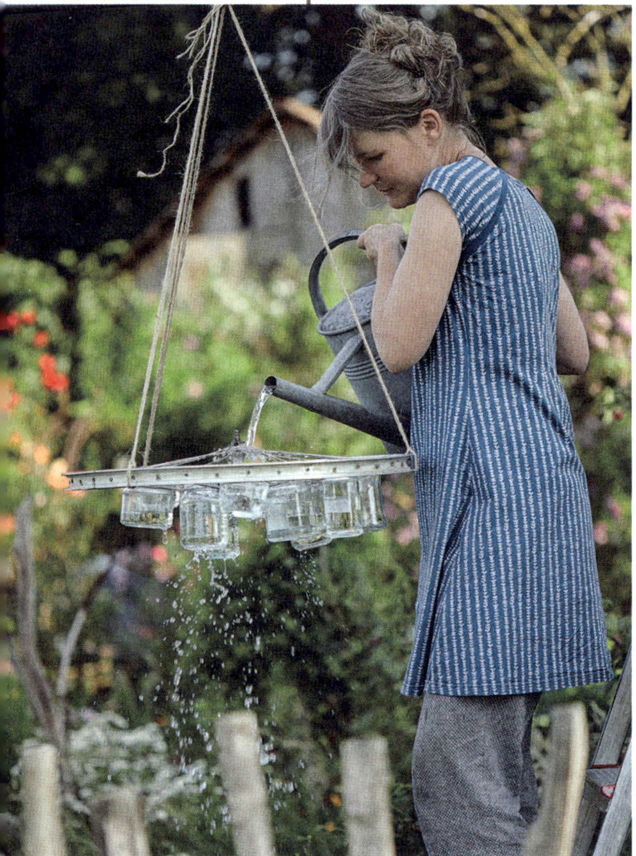

DANKESCHÖN!

Das zweite ganz eigene Buch, es war wieder unglaublich spannend und nochmal ganz anders aufregend als beim ersten. Wieder eine tolle Erfahrung, die ohne die Unterstützung vieler großartiger Menschen nicht möglich gewesen wäre.

Danke an meine Mindener Kollegen Dorothea, Viola, Michael, Doreen, Marion und Klaus, die mir immer mit Rat und Tat zur Seite stehen, Ihr seid super!

Lieben Dank an die wortgewandte und geduldige Redaktion mit Julia Bramhoff und Hella Henckel, ebenso an die ideenreiche Grafikerin Mandy Schubert und DTPlerin Britta Baschen.

Danke an meine Familie und an alle meine Freunde, die zuhören und immer zur Stelle sind, wenn man sie braucht, ohne Euch würde es nur halb so viel Spaß machen! Insbesondere Inge, Anne-Kathrin für die Hilfe bei den HTDs und Vivien, Moni und Greta für Eure Ideen zum Text. Und natürlich Hanna und Sophia, die bei Regen tapfer die Masken gehalten haben.

Für ganz wunderbare Räume und Plätze bedanke ich mich bei meinen lieben Freunden, die mir das Kulturgut Winkhausen immer wieder zur Verfügung stellen. Für ebenso schöne Räumlichkeiten zum Fotografieren bedanke ich mich bei der ganzen lieben Hofgemeinschaft auf dem Vauß-Hof in Salzkotten/Scharmede. Ganz herzlichen Dank auch an meine Freunde von der Cupcake Manufaktur Petit Pappillon in Salzkotten/Verlar, dafür dass Ihr mir so oft Euren schönen Ort für Bilder zur Verfügung stellt.

Das Beste zum Schluss, die Super-Fotografen: Alexander Heide, Hendrik Lemke, René Deppe und Timo Koch. Danke für Eure Tatkraft, den Humor und für Euren besonderen Blickwinkel!

Eure Dany

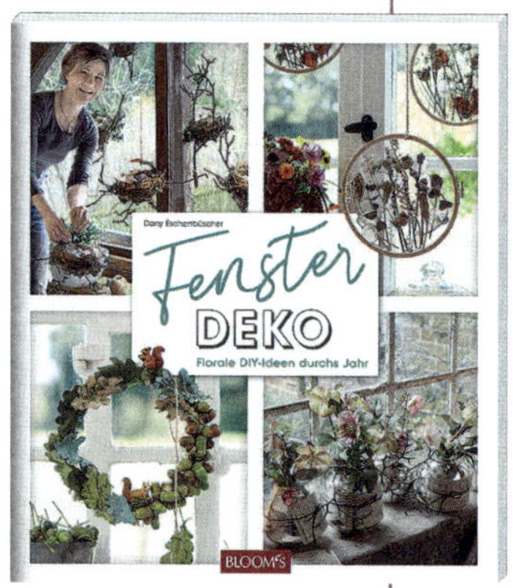

Mein erstes DIY-Buch „Fensterdeko" ist beim BLOOM's Verlag erhältlich. Weitere Infos und eine Leseprobe findet Ihr unter blooms.de/fensterdeko

IMPRESSUM

Herausgeber BLOOM's GmbH, Ratingen

Florale Gestaltung und Ideen Dany Eschenbüscher

Chefredaktion Hella Henckel

Redaktion Julia Bramhoff, Team BLOOM's

Grafikdesign Mandy Schubert

DTP Britta Baschen

Fotos BLOOM's GmbH, Patrick Pantze Images GmbH, Lage; Dany Eschenbüscher

BLOOM'S

© BLOOM's GmbH
Halskestraße 46 | 40880 Ratingen
T +49 (0)2102 9644-0
F +49 (0)2102 896073
info@blooms.de | blooms.de

1. Auflage 2021
ISBN 978-3-96563-070-3